深港澳金融科技师一级考试专用教材

财 会 通 识

主　编　吴德林　刘平生

副主编　游相华

参　编　于晓红　王世璇　刘　彬　曹　健

主　审　曲晓辉　刘运国　项有志

机械工业出版社

本书作为金融科技师了解财会领域知识的通识教材，涵盖了财务会计、财务管理、管理会计三个领域，并介绍了我国会计准则及其与国际会计准则的差异，以及ERP、财务共享服务等技术在财会领域的应用和最新发展，还系统介绍了会计学和财务管理的基础知识与基本原理，以及会计发展与会计改革的最新成果。本书内容丰富，覆盖面广，具有较强的可读性。

本书可作为深港澳金融科技师一级考试复习指导用书，也可作为从事或将来有志于从事金融科技的人员、金融机构相关业务部门工作者以及希望了解金融科技相关理论知识及实际应用的读者的参考用书。

图书在版编目（CIP）数据

财会通识/吴德林，刘平生主编 . —北京：机械工业出版社，2020. 5
（2023. 1 重印）

深港澳金融科技师一级考试专用教材

ISBN 978-7-111-65521-3

Ⅰ . ①财… Ⅱ . ①吴…②刘… Ⅲ . ①财务会计 – 资格考试 – 自学参考资料②财务管理 – 资格考试 – 自学参考资料③管理会计 – 资格考试 – 自学参考资料 Ⅳ . ①F234②F275

中国版本图书馆 CIP 数据核字（2020）第 077624 号

机械工业出版社（北京市百万庄大街22 号 邮政编码100037）
策划编辑：裴 泆 责任编辑：裴 泆 刘鑫佳
责任校对：李亚娟 张 薇 封面设计：鞠 杨
责任印制：刘 媛
涿州市般润文化传播有限公司印刷
2023 年 1 月第 1 版第 4 次印刷
169mm×239mm · 18. 5 印张 · 328 千字
标准书号：ISBN 978-7-111-65521-3
定价：59. 00 元

电话服务 网络服务
客服电话：010-88361066 机 工 官 网：www. cmpbook. com
010-88379833 机 工 官 博：weibo. com/cmp1952
010-68326294 金 书 网：www. golden-book. com
封底无防伪标均为盗版 机工教育服务网：www. cmpedu. com

编写说明

　　2019 年 2 月，中共中央、国务院印发的《粤港澳大湾区发展规划纲要》明确提出，将香港、澳门、广州、深圳作为区域发展的核心引擎；支持深圳推进深港金融市场互联互通和深澳特色金融合作，开展科技金融试点，加强金融科技载体建设。金融科技是粤港澳大湾区跻身世界级湾区的引擎推动力，人才是推动金融创新的第一载体和核心要素。为响应国家发展大湾区金融科技战略部署，紧扣科技革命与金融市场发展的时代脉搏，持续增进大湾区金融科技领域的交流协作，助力大湾区建成具有国际影响力的金融科技"高地"，深圳市地方金融监督管理局经与香港金融管理局、澳门金融管理局充分协商，在借鉴特许金融分析师（CFA）和注册会计师（CPA）资格考试体系的基础上，依托行业协会、高等院校和科研院所，在三地推行"深港澳金融科技师"专才计划（以下简称专才计划），建立"考试、培训、认定"为一体的金融科技人才培养机制，并确定了"政府支持，市场主导；国际化标准，复合型培养；海纳百川，开放共享；考培分离，与时俱进"四项原则。

　　为了使专才计划更具科学性和现实性，由深圳市地方金融监督管理局牵头，深圳市金融科技协会、资本市场学院等相关单位参与，成立了金融科技师综合统筹工作小组。2019 年 4 月，工作小组走访了平安集团、腾讯集团、招商银行、微众银行、金证科技等金融科技龙头企业，就金融科技的应用现状、岗位设置、人才招聘现状和培养需求等进行了深入的调研。调研结果显示：目前企业对金融科技人才的需求呈现爆炸式增长趋势，企业招聘到的金融科技有关人员不能满足岗位对人才的需求，人才供需矛盾非常突出。由于金融科技是一个新兴的交叉领域，对知识复合性的要求较高，而目前高等院校的金融科技人才培养又跟不上市场需求的增长，相关专业毕业生不熟悉国内金融科技的发展现状，不了解金融产品与技术的发展趋势，加入企业第一年基本无法进入角色，因此，各家企业十分注重内部培训，企业与高校合作成立研究院并共同开发培训课程，自主培养金融科技人才逐渐成为常态。但是，企业培养金融科技人才的成本高、周期长，已经成为制约行业发展的瓶颈。

工作小组本着解决实际问题的精神，在总结调研成果的基础上，组织专家对项目可行性和实施方案进行反复论证，最终达成以下共识。

专才计划分为金融科技师培训项目（简称培训项目）和金融科技师考试项目（简称考试项目）两个子项目。其中，培训项目根据当下金融场景需求和技术发展前沿设计课程和教材，不定期开展线下培训，并有计划地开展长期线上培训。考试项目则是培训项目的进一步延伸，目的是建立一套科学的人才选拔认定机制。考试共分为三级，考核难度和综合程度逐级加大：一级考试为通识性考核，区分单项考试科目，以掌握基本概念和理解简单场景应用为目标，大致为本科课程难度；二级考试为专业性考核，按技术类型和业务类型区分考试科目，重点考查金融科技技术原理、技术瓶颈和技术缺陷、金融业务逻辑、业务痛点、监管合规等专业问题，以达到本科或硕士学历且具备一定金融科技工作经验的水平为通过原则；三级考试为综合性考核，不区分考试科目，考察在全场景中综合应用金融科技的能力，考核标准对标资深金融科技产品经理或项目经理。考试项目重点体现权威性、稀缺性、实践性、综合性和持续性特点。权威性，三地政府相关部门及行业协会定期或不定期组织权威专家进行培训指导；稀缺性，控制每一级考试的通过率，使三级考试总通过率在10%以下，以确保培养人才的质量；实践性，为二级考生提供相应场景和数据，以考查考生的实践操作能力；综合性，作为职业考试，考查的不仅仅是知识学习，更侧重考查考生的自主学习能力、团队协作能力、职业操守与伦理道德、风险防控意识等综合素质；持续性，专才计划将通过行业协会为学员提供终身学习的机会。

基于以上共识，工作小组成立了教材编写委员会（简称编委会）和考试命题委员会，分别开展教材编写工作和考试组织工作。教材编写委员会根据一级考试的要求，规划了这套"深港澳金融科技师一级考试专用教材"。在教材编写启动时，教材编写委员会组织专家、学者对本套教材的内容定位、编写思想、突出特色进行了深入研讨，力求本套教材在确保较高编写水平的基础上，适应深港澳金融科技师一级考试的要求，做到针对性强，适应面广，专业内容丰富。教材编写委员会组织了来自北京大学、哈尔滨工业大学（深圳）、南方科技大学、武汉大学、山东大学、中国信息通信研究院、全国金融标准化技术委员会、深圳市前海创新研究院、上海交通大学上海高级金融学院、深圳国家高技术产业创新中心等高校、行业组织和科研院所的二十几位专家带领的上百人的团队，进行教材的编撰工作。此外，平安集团、微众银行、微众税银、基石资本、招商金科等企业为本套教材的编写提供了资金支持和大量实践案例，深圳市地方金融监督管理局工作人员为编委会联系专家、汇总资料、协调场地等，承担了大部分组织协调工作。在此衷心地感谢以上单位、组织和个人为本套教材编写及专才计划顺利实施做出的贡献。

2019 年 8 月 18 日，正值本套教材初稿完成之时，传来了中共中央、国务院发布《关于支持深圳建设中国特色社会主义先行示范区的意见》这一令人振奋的消息。该意见中明确指出"支持在深圳开展数字货币研究与移动支付等创新应用"，这为金融科技在深圳未来的发展指明了战略方向。

"长风破浪会有时，直挂云帆济沧海。"在此，我们衷心希望本套教材能够为粤港澳大湾区乃至全国有志于从事金融科技事业的人员提供帮助。

编委会

本书特邀指导专家

曲晓辉　哈尔滨工业大学（深圳）教授、会计学科带头人

刘运国　中山大学管理学院教授、博士生导师

项有志　平安银行股份有限公司 CFO、博士

前 言

　　深港澳三地金融主管部门联合推出的"深港澳金融科技师"专才计划，是在《粤港澳大湾区发展规划纲要》正式发布的背景下，顺应新一轮金融科技发展潮流、支持粤港澳大湾区建设、深化三地人才交流合作的重大举措，也是三地金融界的一致共识和共同呼声，对于推动大湾区核心城市的金融科技发展，构建有国际竞争力的现代产业体系具有重大战略意义。

　　本书是为准备参加"深港澳金融科技师"一级考试的人员而编写的财会通识教材。针对一级考试主要是强化金融和科技领域基础理论和基础知识的特点，本书内容主要侧重会计与财务领域的基本概念和基本原理，重在使考生掌握会计与财务的基本知识，并尽可能体现金融与科技的融合，特别是现代金融服务业的迅猛发展和人工智能及大数据等信息技术发展在会计业务与财务创新上的影响。

　　本书编写组在认真研究特许金融分析师（CFA）一级考试相关考试大纲与内容、香港银行学会的认证考试大纲与内容、初级会计师和会计师相关考试大纲与内容，以及深入调研金融科技师人才应具备的基本财会知识和能力的基础上，确定了本书内容涵盖财务会计、财务管理与管理会计三个领域，分上篇和下篇两部分。其中，上篇为财务会计基础，包括会计基本理论、会计循环与记账程序、主要经济业务核算与成本计算、财务报表、我国与国际会计准则概述五章内容；下篇为财务管理与管理会计基础，包括财务报表分析、财务管理基础、筹资管理、投资管理、营运资本管理、全面预算及绩效评价、信息技术在会计与财务中的应用七章内容。

　　作为金融科技师了解财会领域知识的通识教材，本书系统介绍了会计学和财务管理的基础知识和基本原理，以及会计发展与会计改革的最新成果，内容丰富，覆盖面广，具有较强的可读性。

　　本书编写人员分工如下：吴德林、刘平生任主编，游相华任副主编。主编和副主编提出编写设想、要求和大纲，并对初稿进行总纂。具体章节编写分工如下：吴德林执笔第二章；游相华执笔第六章、第十一章；于晓红执笔第七章、第九章、第十章；王世璇执笔第一章、第四章；刘彬执笔第三章、第五章；曹健执笔第八章、第十二章。

曲晓辉、刘运国、项有志担任本书主审，对全书进行了审核把关，感谢三位专家提出的宝贵意见。另外，还要特别感谢深圳市地方金融监督管理局、深圳市金融科技协会、资本市场学院、香港银行学会等单位对本书编写所提供的大力支持和帮助。

在编写过程中，编者参考了大量文献，在此对文献作者表示由衷的感谢！由于编者知识和经验有限，书中难免存在不足之处，欢迎读者批评指正，以便我们不断提高编写水平。

编　者

学习大纲

学习目的

本门课程的学习目的在于掌握会计与财务基本知识，包括会计基本理论、会计循环与记账程序、主要经济业务核算与成本计算、财务报表、财务报表分析、财务管理基础、筹资管理、投资管理、营运资本管理、全面预算及绩效评价、信息技术在会计和财务中的应用等内容，培养会计与财务的基本能力，提高对我国和国际会计规范以及信息技术在会计和财务中应用的认知水平。

学习内容及学习要点

学习内容		学习要点
第一章 会计基本理论	第一节　会计与环境	1. 掌握会计的基本概念 2. 掌握会计的基本特征 3. 掌握会计的基本职能
	第二节　会计主体、会计目标与会计信息质量特征	1. 掌握会计主体概念 2. 掌握会计的目标 3. 掌握会计信息质量特征
	第三节　会计基本假设、会计基本原则及新解	1. 掌握会计的基本假设 2. 掌握会计基本原则 3. 了解新技术环境对会计各方面的影响以及应对
第二章 会计循环与记账程序	第一节　会计循环	1. 了解会计循环的定义 2. 掌握会计循环的步骤和内容
	第二节　会计恒等式与复式记账	1. 掌握会计恒等式 2. 掌握复式记账法 3. 掌握借贷记账法
	第三节　账户设置与记账程序	1. 了解会计账户设置和账簿登记方法、分类 2. 熟悉三种记账程序
	第四节　账项调整与会计报表编制	1. 熟悉不同经济业务的账项调整方法 2. 熟悉会计报表的编制

（续）

学 习 内 容		学 习 要 点
第三章 主要经济业务核算与成本计算	第一节 主要经济业务核算	1. 熟悉企业生产经营过程中主要经济业务及其核算过程 2. 掌握不同业务涉及的账户及复式记账法的原理
	第二节 成本计算	1. 了解生产企业材料采购成本计算的基本原理和方法 2. 了解生产企业成本计算的基本原理和方法
第四章 财务报表	第一节 财务报表的概念、分类、意义和编制要求	1. 掌握财务报表的概念 2. 掌握财务报表的分类 3. 掌握财务报表的意义 4. 熟悉财务报表的编制要求
	第二节 资产负债表	1. 掌握资产负债表的内容 2. 掌握资产负债表的结构 3. 掌握资产负债表的编制方法
	第三节 利润表	1. 掌握利润表的内容 2. 掌握利润表的结构 3. 掌握利润表的编制方法 4. 熟悉资产负债表与利润表的关系
	第四节 现金流量表	1. 掌握现金流量表的内容 2. 掌握现金流量表的结构 3. 掌握现金流量表的填列方法 4. 掌握现金流量表的编制方法
第五章 我国与国际会计规范概述	第一节 会计准则	1. 熟悉我国会计准则体系构成及内容 2. 熟悉现行国际财务报告准则体系的构成及内容
	第二节 会计行业规范	1. 了解我国的会计行业规范 2. 了解国际通行的会计行业规范
第六章 财务报表分析	第一节 财务报表分析概述	1. 熟悉财务报表分析的目的 2. 熟悉财务报表分析的基础、方法
	第二节 百分比式财务报表分析	1. 掌握纵向分析方法 2. 掌握横向分析方法 3. 掌握百分比式财务报表的编制
	第三节 财务比率分析	掌握财务比率的含义、分类、计算方法和应用
第七章 财务管理基础	第一节 货币时间价值	1. 了解货币时间价值的含义 2. 了解终值、现值、复利、年金的概念 3. 掌握复利、年金的计算
	第二节 风险与报酬	1. 了解风险的含义 2. 了解风险与报酬之间的关系 3. 掌握风险与报酬的计算

（续）

学习内容		学习要点
第八章 筹资管理	第一节　筹资方式	1. 了解企业筹资的主要方式 2. 了解企业权益筹资和负债筹资的优缺点
	第二节　资本成本	1. 掌握资本成本的概念 2. 了解资本成本的影响因素 3. 掌握资本成本的计算方法
	第三节　杠杆系数与资本结构	1. 了解杠杆系数的定义以及资本结构的影响因素 2. 掌握资本结构的定义及理论基础 3. 了解经营杠杆、财务杠杆和总杠杆的计算方法
第九章 投资管理	第一节　债券投资	1. 了解债券的基本含义 2. 掌握债券估值的方法
	第二节　股票投资	1. 了解股票的基本含义 2. 熟悉影响股票估值的因素
	第三节　项目投资	1. 了解现金流量的概念 2. 了解项目投资的评价方法 3. 掌握现金流量的内容和估计，以及项目投资方法的具体应用
第十章 营运资本管理	第一节　现金管理	1. 了解企业持有现金的动机 2. 掌握最佳现金持有量的确定方法
	第二节　应收账款管理	1. 了解应收账款的功能和成本 2. 掌握应收账款政策的制定
	第三节　存货管理	1. 了解存货的功能和成本 2. 掌握存货最优订购批量的计算
	第四节　流动负债管理	1. 了解信贷额度、周转信贷协定及补偿性余额的含义 2. 了解商业信用的界定
第十一章 全面预算及绩效评价	第一节　本量利分析	1. 了解本量利分析的含义、基本假设及基本公式 2. 掌握边际贡献的含义及计算 3. 掌握保本点分析及保利分析
	第二节　标准成本法与差异分析	1. 了解标准成本法 2. 了解差异分析的方法
	第三节　全面预算	1. 了解全面预算的含义、作用及分类 2. 了解全面预算体系 3. 了解全面预算的编制方法
	第四节　绩效评价	1. 了解责任中心的划分方法及含义 2. 掌握投资中心绩效评价的两种方法

（续）

学 习 内 容		学 习 要 点
第十二章 信息技术在会计与财务中的应用	第一节 ERP 系统概述	1. 了解 ERP 系统的定义和特点 2. 了解 ERP 系统的发展和现状
	第二节 财务共享概述	1. 了解财务共享服务的概念与发展 2. 了解管控服务型财务共享的概念 3. 了解新 IT 技术对财务共享的推动作用

目 录

上篇　财务会计基础

上篇　财务会计基础

第一章

会计基本理论

【本章要点】

1. 掌握会计的概念、特征和职能。
2. 掌握会计主体、会计目标与会计信息质量特征等会计相关概念。
3. 掌握会计的基本假设和基本原则。
4. 了解新技术环境对会计各方面的影响及其应对。

第一节　会计与环境

一、会计的概念

会计是以货币为主要计量单位，反映和监督一个单位经济活动的一种经济管理工作，一个以提供有关单位财务信息为主的经济信息系统。单位是国家机关、社会团体、企业、事业单位和其他组织的统称。会计是随着人类社会生产的发展和经济管理的需要而产生、发展并不断完善起来的。随着人类文明不断进步，社会经济活动不断革新，生产力不断提高，会计的核算内容和核算方法也得到了较大的发展，逐步由简单的计量与记录发展成为主要以货币单位综合反映和监督经济活动过程的一种经济管理工作，并在参与单位经营管理决策、提高资源配置效率和促进经济健康持续发展等方面发挥积极作用。在企业，会计主要为企业的会计信息使用者提供企业的财务状况、经营成果和现金流量等信息，并对企业经营活动和财务收支情况进行监督。需要注意的是，目前的会计定义是对会计目前的认识，随着经济管理理论的进步和科学技术与会计信息系统的发展，会计的定义也会随之发展和深化。

二、会计的基本特征

从会计的概念可以概括出会计的基本特征：

（1）会计是一种经济管理活动，能够为企业经济管理提供各种数据，并对企业的经营管理活动进行核算和监督。

（2）会计是一个经济信息系统，将企业经营活动的各种数据转化为货币化的会计信息，这些信息是企业内部管理者和外部利益相关者进行决策的重要依据。

（3）会计以货币作为主要计量单位，便于统一衡量和综合比较，以全面反映企业的生产和经营情况。

（4）会计具有核算和监督的基本职能，为企业经营管理提供会计信息，以及利用会计信息，对经营活动进行监督与控制。

（5）会计采用一系列专门的方法，并形成完整的方法体系，对会计主体进行核算和监督，以实现会计目标。

三、会计的基本职能

会计的职能是指会计在经营管理活动中所具有的功能。会计具有会计核算和会计监督两项基本职能与预测经济前景、参与经济决策、评价经营业绩等拓展职能。

（一）基本职能

会计的基本职能包括会计的核算职能和会计的监督职能。

1. 核算职能

会计的核算职能，又被称为会计反映职能，是指会计以货币为主要计量单位，对特定会计主体的经济管理活动进行确认、计量和报告的职能。

会计确认解决的是定性问题，以判断发生的经济活动是否属于会计核算的内容、归属于哪类性质的业务等。会计计量解决的是定量问题，即在会计确认的基础上确定具体金额。会计报告是对确认和计量的结果加以报告，即通过报告，将确认、计量和记录的结果进行归纳和整理，以财务报告的形式提供给会计信息使用者。

会计核算贯穿于经济管理活动的全过程，是会计最基本的职能。会计核算的内容主要包括：款项和有价证券的收付，财物的收发、增减和使用，债券和债务的发生和结算，资本的增减，收入、支出、成本和费用的计算，财务成果的计算和处理，办理会计手续和进行会计核算的其他事项。

2. 监督职能

会计的监督职能，又被称为会计的控制职能，是指对特定会计主体经济管理活动和相关会计核算的真实性、合法性和合理性进行监督检查。会计监督是一个过程，它分为事前监督、事中监督和事后监督。具体来说：

（1）真实性审查是指检查各项会计核算是否根据实际发生的经济业务进行。

（2）合法性审查是针对各项经济业务是否遵守国家有关法律制度、是否执行国家各项方针政策等情况的审查，以杜绝违法乱纪的行为。

（3）合理性审查是指检查各项财务收支是否符合客观经济规律及经营管理方面的要求，保证各项财务收支符合特定的财务收支计划，实现预算目标。

（4）事前监督是在经济活动发生前进行的监督，主要是对未来经济管理活动是否符合法律、法规和政策的规定，在经济上是否可行进行分析判断，以及为未来经济活动制定定额和编制预算等。

（5）事中监督是对正在发生的经济管理活动过程及其核算资料进行审查，并据以纠正经济活动过程中的偏差和失误，使其按预定计划进行。

（6）事后监督是对已经发生的经济管理活动及其核算资料进行审查。

我国《中华人民共和国会计法》（以下简称《会计法》）确立了会计主体内部监督、社会监督和政府监督三位一体的会计监督体系，为会计监督的具体内涵及其实现方式赋予了新的内容。

（二）拓展职能

在会计基本职能的基础上，会计还包括预测经济前景、参与经济决策和评价经营业绩三项拓展职能。

1. 预测经济前景

预测经济前景是指根据会计主体的财务报告等信息，定量或定性判断和推测经济管理活动的发展变化规律，以指导和调节经济管理活动。

2. 参与经济决策

参与经济决策是指根据会计主体的财务报告等信息，运用定量分析和定性分析方法，对备选方案进行经济可行性分析，为企业生产经营管理提供与科学决策相关的信息。

3. 评价经营业绩

评价经营业绩是指利用主体的财务报告等信息，采用适当的方法，对企业一定会计期间的资产运营、经济消息等经营成果，对照相应的评价标准，进行定量分析和定性对比与分析，做出真实、客观、公正的综合评判。

第二节　会计主体、会计目标与会计信息质量特征

一、会计主体

会计主体是指会计所服务的特定单位，是会计确认、计量、记录和报告的空间范围。在经济活动中，经济组织有会计主体和非会计主体之分。

在经济活动中，一个独资企业、一个合伙企业或一个公司制企业都构成了独立的经济主体。在企业中，其人员、资产、负债、权益、经营活动、融资活动和投资活动等，均归属于这个经济主体。在对这样独立经济主体的各项会计行为进行会计核算时，必须将经济主体与其投资人（即独资企业的投资个人、合伙企业的合伙人和公司制企业的股东）区分开来。在此前提下，会计才有可能正确地反映经济主体的资产、负债、权益、经营活动、融资活动和投资活动，以及以上各项活动所产生的财务成果。这里所讲的经济主体即是会计主体。

经济活动中，同样有非会计主体的存在。例如，有些经济组织的支出是由上级组织事先拨付的款项支付并按规定项目进行开支的，同时需要将自身收支情况定期汇报给上级单位。这些经济组织当然也需要财务收支记录等反映组织的财务收支情况，但组织本身不需要按科学的记账方法在规定账户中进行记账，也不需要进行单独的会计核算。因此，这样的经济组织通常被称为报账单位，而不是一个会计主体。

在我国社会主义市场经济条件下，实行的是以公有制为主体、多种经济成分并存和共同发展的所有制政策。目前，我国的企业组织形式主要包括独资企业（个人独资或国有独资）、合伙制企业和公司制企业（包括有限责任公司和股份有限公司）等。公司制是现代企业制度的重要组织形式，在经济活动中，虽然独资企业和合伙制企业在数量占有绝对优势，但从经济总量上看，公司制企业是经济活动中的绝对主力。公司制企业即是会计主体的典型。

二、会计内容

会计内容是指会计主体可能和需要提供的相关会计信息，可以归纳为如下方面：

（一）会计主体资产方面的信息

一个企业的经济资源是指企业持有的或可以支配的、能够帮助企业在未来创造并实现新价值的价值，这些在会计上被称为"资产"。随着经济和技术的不断发展，资产的内涵和外延也在不断变化。目前，根据《企业会计准则》，会计主体的资产被定义为由企业过去的交易或事项形成的、由企业拥有或者控制的、预期会给企业带来经济利益的资源。

会计之所以应首先向会计信息使用者提供企业资产方面的信息，是因为只有通过这些信息，才能了解某一时点企业资产总量是多少，企业各类资产的比重和结构如何等信息，这也是会计信息使用者进行科学决策所必需的。

（二）会计主体所拥有的资产来源信息

企业所拥有或控制的资产，均有其来源。由于企业的组织形式多种多样，包括独资企业、合伙制企业和公司制企业等，其资产来源也不尽相同。就公司制企业而言，其资产来源可以为股东投资、举债和公司自身的积累等。

从一个企业的某一时点来看，其资产数量和资产来源数量是相等的，在了解企业所拥有或控制资产总量的基础上，会计信息使用者之所以还需要了解资产来源情况，是为了进一步了解企业资产来源结构的合理性、产生的债务的偿还情况等信息，这些信息对会计信息使用者做出科学决策至关重要。

（三）会计主体投资者权益的信息

投资者权益又被称为所有者权益，我国《企业会计准则》规定，企业的所有者权益是指企业资产扣除负债后，由所有者享有的剩余权益。所有者权益又被称为股东权益。企业所有者权益信息同样有助于会计信息使用者进行科学决策，因此会计主体需要向会计信息使用者提供相关会计内容。

（四）会计主体收入方面的信息

会计主体由于向其顾客销售商品或提供服务等所取得的收入，会引起所有者权益的增加。这部分所有者权益的增加，是企业在其所有者投入的资本的基础上，由企业自身经营产生的收入，也是企业能够存在和持续发展的前提。企业收入主要有主营业务收入和其他业务收入等，根据企业收入的信息，会计信息使用者能够了解、计算和分析企业资本运动中的现金流量，并能够通过与企业成本和费用信息相匹配，进一步确定企业的盈利能力。

（五）会计主体成本和费用等方面的信息

会计主体在制造和销售产品、提供劳务的过程中，会发生各种形式的耗费，这种耗费，在会计上被称为费用。根据我国《企业会计准则》，费用是指是企业在日常活动中发生的会导致所有者权益减少的、与向所有者分配利润无关的经济利益的总流出。在企业生产中耗费的各种原材料、支付给员工的薪酬、机器发生的折旧以及其他费用等，共同构成了产品的生产成本。在企业生产和经营活动的其他环节，例如企业管理部门为组织和管理生产经营活动而发生的管理费用和财务费用，销售部门发生的销售费用等，这些费用的发生会引起所有者权益的减少，但与向企业投资者分配利润无关。

会计信息使用者通过了解会计主体的成本和费用等方面的信息，可以预测和分析一定会计期间内企业的现金流出，并通过与企业收入相匹配，进一步了解企业的经营情况。

（六）会计主体在一定会计期间的经营成果及其分配的信息

会计主体在一定会计期间的经营成果，最主要的是营业利润。营业利润是指企业在从事生产经营活动中取得的利润，是企业利润的主要来源。对于制造业企业而言，营业利润是指营业收入扣除营业成本、税金及附加、销售费用、管理费用和财务费用，加投资净收益等项目后的数额。企业的净利润，是在营业利润的基础上考虑营业外收支的净额，再减去所得税费用。

企业在取得利润后，应按照有关政策和规定对利润进行分配，例如，提取盈余公积、向股东分配股利等。按照相关要求分配后的剩余利润被称为未分配利润，是企业所有者权益的一部分，也是企业未来发展的积累。

三、会计目标

会计目标也称为会计目的，是要求会计工作完成的任务、会计活动所应达到的目的或标准，即向财务报告使用者提供与企业的财务状况、经营成果和现金流量等有关的信息，反映企业管理层受托责任履行情况，有助于财务报告使用者更好地做出决策，是会计职能的具体化。

（一）会计目标能够反映企业管理层受托责任履行情况

现代企业制度强调企业所有权与经营权相分离，公司制作为现代企业制度的重要组织形式，其主要特征为企业外部资源所有者（委托人）将其所拥有的资源（资本）委托给企业经营管理人员（代理人）进行经营管理，形成委托代理关系。委托代理关系下，企业的所有权与经营权分离，企业经营管理者作为代理人，受资源所有者的委托管理企业的各项资产，负有受托责任。委托人为评价代理人的责任情况和业绩，并决定是否需要调整投资、是否需要加强企业内部控制和其他制度的建设、是否需要变更管理层等，因此需要及时或经常性地了解代理人保管和使用资产的情况。因此，在现代企业制度下，会计应当反映企业管理层受托责任的履行情况，以便外部投资者评价企业的经营管理责任和资源使用的有效性。

（二）会计目标能够向财务报告使用者提供决策的信息

在社会主义市场经济条件下，会计信息的使用者呈现多元格局，主要包括以下三方面会计信息的主要使用者：

1. 政府、有关部门和社会公众

在我国的社会主义市场经济条件下，国家是社会经济生活的组织和管理者，具有宏观调控国民经济的职能，因此政府和有关部门必须掌握足够的财务会计信息和其他相关的经济信息以进行政策制定。对于国有独资公司和国有控股公司，社会公众有知情和监督的权利，因此也是财务报告的重要使用者。

2. 会计主体外部的利益相关者

会计主体外部的利益相关者包括但不限于持有公司股票但不参与经营管理的股东、有购买公司股票意向的潜在投资者、向公司提供贷款的银行和金融机构、政府监管部门、负责公司审计事务的会计师事务所、公司的供应商和公司的客户等。这些会计主体外部的利益相关者通过各种经营活动和业务往来与会计主体联系在一起，因此会计主体的财务状况、经营成果和现金流量等信息对外部利益相关者进行决策至关重要。例如，通过会计主体披露的各项会计信息，持有股票的投资者和潜在投资者可以决定是否继续持有、增加持有或减少持有股票，银行和金融机构可以决定发放贷款的数量、利率和时限，供应商和客户可以决定是否继续合作以及扩大合作范围等。因此，会计主体的财务状况、经营成果和现金流量等信息能够帮助外部利益相关者更好地进行决策。

3. 会计主体内部的决策者

会计主体内部经营管理者的正确决策是保证企业资本的保值与增值、价值最大化的核心。因此企业的高层管理团队和各责任部门人员都需要及时、准确、完整的会计信息为制定企业内部经营、管理、投资和融资等决策提供依据。因此，会计主体内部的决策者是会计信息的重要使用者。

四、会计基础

企业会计的确认、计量和报告应当以权责发生制为基础。

权责发生制基础要求：凡是当期已经实现的收入和已经发生或应当负担的

费用，无论款项是否收付，都应当作为当期的收入和费用，计入利润表；凡是不属于当期的收入和费用，即使款项已在当期收付，也不应当作为当期的收入和费用。

在会计实务中，企业交易或事项的发生时间与货币收支时间有时并不完全一致。例如，款项已经收到，但销售并未实现；或款项已经支付，但并不是为本期生产经营活动而发生的。为了更加真实、公允地反映特定会计期间的财务状况和经营成果，基本准则明确规定：企业在会计确认、计量和报告中应以权责发生制为基础。

收付实现制是与权责发生制相对应的一种会计基础，它是以收到或支付的现金作为确认收入和费用等的依据。

目前，我国《企业会计准则》要求，企业会计的确认、计量和报告应当以权责发生制为基础。

五、会计信息质量特征

会计信息质量特征是对企业财务报告中所提供会计信息质量的基本要求，是使财务报告中所提供的会计信息对财务报告使用者决策有用应具备的基本特征。会计信息质量特征主要包括可靠性、相关性、可理解性、可比性、实质重于形式、重要性、谨慎性和及时性等。

（一）可靠性

会计信息的可靠性要求企业应当以实际发生的交易或者事项为依据进行确认、计量和报告，如实反映符合确认和计量要求的各项会计要素及其他相关信息，保证会计信息内容真实可靠，内容完整。

会计信息要对会计信息使用者的决策有用，必须以可靠为基础，如果财务报告所提供的会计信息是不可靠的，当会计信息使用者以不可靠的会计信息为依据进行决策时，就会给投资者等会计信息使用者的决策产生误导，甚至带来损失。会计信息的可靠性要求企业：

（1）以实际发生的交易或者事项为依据进行确认和计量，将符合会计要素定义及其确认条件的资产、负债、权益、收入、费用和利润等如实反映在财务报告中，不得根据虚构的、没有发生的或者尚未发生的交易或事项进行确认、计量和报告。

（2）在符合重要性原则和成本效益原则的前提下，保证会计信息的完整性，其中包括要求编报的报表及其附注内容应当保持完整，不能随意遗漏或者减少应当披露的信息，与会计信息使用者决策相关的有用信息都应当充分披露。

（3）包含在财务报告中的会计信息应当是中立的、无偏的。如果企业在财务报告中为了达到事先设定的结果或者效果，通过选择或列示相关信息以影响会计信息使用者决策和判断的，这样的财务报告信息就不是中立的。

（二）相关性

会计信息的相关性是指企业所提供的会计信息应与财务会计报告使用者的经济决策有关，要求在收集、记录、处理和提供会计信息的过程中能充分考虑会计信息使用者决策的需要。这有助于财务会计报告使用者对企业过去、现在或未来的情况做出评价或预测。

会计信息是否有用，是否具有价值，关键是看其与会计信息使用者的决策需要是否相关，是否有助于决策或者提高决策水平。相关的会计信息应当能够有助于使用者评价企业过去的决策，证实或者修正过去的有关预测，因而具有反馈价值。相关的会计信息还应当具有预测价值，并有助于使用者根据财务报告所提供的会计信息预测企业未来的财务状况、经营成果和现金流量。例如，区分收入和利得、费用和损失，区分流动资产和非流动资产、流动负债和非流动负债以及适度引入公允价值等，都可以提高会计信息的预测价值，进而提升会计信息的相关性。

会计信息质量的相关性要求企业在确认、计量和报告会计信息的过程中，需要充分考虑会计信息使用者的决策模式和信息需要。但是，需要强调的是，会计信息的相关性是以会计信息的可靠性为基础的，两者之间是统一的，并不矛盾，不应将两者对立起来。也就是说，会计信息在可靠性的前提下，会计信息应尽可能地做到与决策相关，以满足会计信息使用者的决策需要。

（三）可理解性

会计信息的可理解性是指企业提供的会计信息应当清晰明了，便于财务会计报告使用者理解和使用。

企业编制财务报告、提供会计信息的目的在于使用，而要让会计信息使用者有效地使用会计信息，就应当让其了解会计信息的内涵，理解会计信息的内容。这就要求企业提供的财务报告和相关信息应当清晰明了，易于理解。只有这样，才能提高会计信息的有用性，实现财务报告和会计信息的目标，满足向会计信息使用者提供对决策有用的信息的要求。

会计信息作为一种具有较强专业性的信息产品，在强调会计信息的可理解性要求的同时，还应假定会计信息使用者具有一定的企业经营活动和会计方面的专业知识，并愿意付出努力去分析和研究这些专业会计信息。对于一些复杂的会计信息，如交易本身较为复杂或者会计处理较为复杂，但其与会计信息使用者的经济决策相关，企业就应当在财务报告中予以充分披露。

（四）可比性

会计信息的可比性要求企业提供的会计信息应当互相可比。主要包含两层含义：

1. 同一企业不同时期可比

为了便于会计信息使用者了解企业财务状况、经营成果和现金流量的变化趋势，比较同一企业在不同时期的财务报告信息，全面、客观地评价过去、预测未来，从而做出决策。会计信息的可比性要求同一企业不同时期发生相同或相似的交易或事项，应当采用一致的会计政策，不得随意变更。

这里需要强调的是，满足会计信息可比性要求，并非要求企业不能变更会计政策，如果按照规定或者在会计政策变更后可以为会计信息使用者提供更可靠、更相关的会计信息，那么会计政策是可以变更的。有关会计政策变更的情况，应当在财务报告附注中予以说明。

2. 不同企业相同会计期间可比

为了让企业会计信息使用者比较同一会计期间不同企业的财务状况经营成果和现金流量及其变动情况，会计信息质量的可比性要求不同企业在同一会计期间发生的相同或者相似的交易或事项，应当根据会计准则要求，采用相同或相似的会计政策，确保会计信息口径一致、相互可比，以使不同企业按照一致的确认、计量和报告要求提供有关会计信息。

（五）实质重于形式

会计信息的实质重于形式要求企业应当按照交易或事项的经济实质进行会计确认、计量和报告，而不仅仅以交易或事项的法律形式为依据。

在多数情况下，企业发生的交易或事项的经济实质与法律形式是一致的。但在某些特定情况下，会出现不一致。例如，企业以融资租赁的形式租入的固定资产，虽然从法律形式来讲企业并不拥有其所有权，但是由于租赁合同中规定的租赁期相当长，接近于该资产的使用寿命；租赁期结束时承租企业有优先购买该资产的选择权；在租赁期内承租企业有权支配资产并从中受益等。因此，从其经济实质来看，企业能够控制融资租入资产所创造的未来经济利益，在会计确认、计量和报告上就应将以融资租赁方式租入的资产作为企业的资产，列入企业的资产负债表。

（六）重要性

会计信息的重要性要求企业提供的会计信息应当反映与企业财务状况、经营成果和现金流量有关的所有重要交易或者事项。当财务报告中提供的会计信息的省略或者错报会影响投资者等会计信息使用者据此做出决策的，该信息就具有重要性。

重要性的应用需要依赖职业判断，企业应当根据其所处环境和实际情况，从项目的实质和金额大小两方面加以判断。

（七）谨慎性

会计信息的谨慎性要求企业对交易或者事项进行会计确认、计量和报告应当保持应有的谨慎，不应高估资产或收益、低估负债或费用。

在市场经济环境下，企业的生产经营活动面临诸多风险和不确定性。例如，应收账款的可回收性、固定资产的使用寿命、无形资产的使用寿命和存货销售可能发生的退货或返修等。会计信息的谨慎性要求企业在面临不确定性因素进行职业判断时，应当保持应有的谨慎，充分估计各种风险和损失，既不高估资产或收益，也不低估负债或费用。例如，要求企业对可能发生的资产减值损失计提资产减值准备、对售出商品可能发生的保修义务等确认预计负债等，就体现了会计信息的谨慎性要求。

会计信息的谨慎性要求企业不能够设置秘密准备。如果企业故意低估资产或收益，或故意高估负债或费用，则不符合会计信息的可靠性和相关性要求，会降低会计信息质量，不能完全反映企业实际的财务状况和经营成果，从而对会计信息使用者的决策产生误导。

（八）及时性

会计信息的及时性要求企业对于已经发生的交易或者事项，应当及时进行确认、计量和报告，不得提前或延后。

会计信息的价值在于帮助会计信息使用者做出决策，只有及时的会计信息才不能让会计信息使用者及时做出相关决策。即便是可靠、相关的会计信息，如果不能及时提供，就失去了时效性，对于会计信息使用者的效用就大大降低，甚至不再具有实际意义。在进行会计确认、计量和报告过程中贯彻及时性，有以下具体要求：

（1）企业应该及时收集会计信息，即在经济交易或者事项发生后，及时收集整理各种原始单据或凭证。

（2）企业应该及时进行会计处理，即按照会计准则的规定，及时对经济交易或者事项进行确认和计量，并编制财务报告。

（3）企业应该及时传递会计信息，即按照国家规定的有关时限，及时将编制的财务报告传递给财务报告使用者，便于其及时使用和决策。

在会计实务中，为了及时提供会计信息，可能需要在有关交易或者事项的信息全部获取之前即进行会计处理。需要注意的是，这样的会计处理虽然满足了会计信息披露的及时性要求，但可能会影响会计信息的可靠性；反之，如果企业等到与交易或者事项有关的全部信息获取之后在进行会计处理，这样的会计信息披露提高了信息的可靠性，但可能会由于时效性的降低，会计信息对投资者等企业会计信息使用者决策的有用性随之降低。这就需要在及时性和可靠性之间做出相应的权衡和选择，以投资者等企业会计信息使用者的决策需要作为判断标准。

第三节　会计基本假设、会计基本原则及新解

一、会计的基本假设

会计基本假设是企业会计确认、计量和报告的前提，是对会计核算所处时间、空间和环境等所进行的合理设定。会计基本假设包括会计主体假设、持续经营假设、会计分期假设和货币计量假设。

（一）会计主体假设

会计主体假设，明确了企业会计确认、计量和报告的空间范畴，以向会计信息使用者反映企业财务状况、经营成果和现金流量，并提供与其决策有用的信息。企业的会计核算和财务报告的编制应集中于反映特定对象的活动，并将其与其他经济主体区别开来。

1. 明确会计主体是开展会计确认、计量和报告工作的重要前提

划分会计主体的主要目的是使各个主体的经济责任、经济权利和经济利益能够通过会计账表和其他会计信息严格地划分。会计主体假设要求每一个主体都是独立核算单位，是一个经济责任中心，而会计为会计主体进行会计确认、计量和报告，反映企业所从事的各项生产经营活动。

2. 明确会计主体能够划定会计所要处理的各项交易或者事项的范围

在会计工作中，只有那些影响企业本身经济利益的各项交易或者事项才能加以确认、计量和报告。会计工作中通常所讲的资产和负债的确认，收入的实

现和费用的发生等，均针对特定会计主体而言。

3. 明确会计主体能够将会计主体的交易或者事项与会计主体所有者的交易或事项以及其他会计主体的交易或者事项区分开来

企业所有者的经济交易或者事项是属于企业所有者主体发生的，不应纳入企业这一会计主体核算的范围，但是企业所有者投入到企业的资本或企业向其所有者分配的利润，则属于会计主体所发生的交易或者事项，应纳入会计主体的会计核算范围。

会计主体不同于法律主体。一般来说，法律主体必然是一个会计主体。例如，一个企业作为一个法律主体，应建立独立的会计系统以反映其财务状况、经营成果和现金流量等情况。但是，会计主体不一定是法律主体。例如，在企业集团的情况下，一个母公司下设若干个子公司，母公司和各子公司是不同的法律主体。但母公司对子公司拥有控制权，为了全面反映集团企业的财务状况、经营成果和现金流量，就有必要将整个集团企业作为一个会计主体，编制合并财务报表。再如，由企业管理的证券投资基金和企业年金基金等，尽管不属于法律主体，但属于会计主体，因此应对每项基金进行会计确认、计量和报告。

（二）持续经营假设

持续经营假设，是指在可以预计的将来，企业将会按当前的规模和状态继续经营下去，不会停业，也不会大规模削减业务。在持续经营前提下，会计确认、计量和报告应以企业持续的生产经营活动为前提。持续经营明确了会计工作的时间范围。在会计实践中，除非有相反的证据（如根据国家的相关规定，这个企业应当关、停、并、转等），会计总是假设企业的经营活动具有永续性。

企业是否持续经营，在会计原则和会计方法的选择上有很大区别。一般情况下，应假定企业将会按照当前的规模和状态持续经营下去。明确这个基本假设，就意味着会计主体将按照既定用途使用资产、按照既定合约条件清偿债务，会计人员就可以在此基础上选择相应的会计原则和会计方法。例如，如果判断企业会持续经营，就可以假定企业的固定资产会在持续经营的生产经营活动中长期发挥作用，并服务于企业的生产经营过程，固定资产就可以根据其历史成本进行计量，并采用相应的折旧方法，将固定资产的历史成本分摊到各个会计期间或相应的产品成本中。相反地，如果判断企业不会持续经营，固定资产就不应采用历史成本法进行会计计量和按期计提折旧。

因此，持续经营假设对会计计量企业的资产、负债、权益、收入、费用和利润等所采取的一系列原则、方法，有着决定性的影响。如果认为企业的经营活动将继续进行下去，那么定期总结企业的经营活动，反映其财务状况、经营成果和现金流量等就成了必要。

（三）会计分期假设

会计分期假设，是指将一个企业持续经营的生产经营活动划分为一个个连续的、间隔相同的期间。在持续经营的会计主体中，从时间看，其生产经营活动是一个连续不断的、动态的"流"。为了使企业自身、政府和相关部门、银行和金融机构和投资者等会计信息使用者能够定期获取企业的财务状况、经营成果和现金流量等信息，必须人为地把连续不断的生产经营活动"流"按时间截为若干"片段"，即会计分期假设。

会计分期的目的在于，通过会计期间的划分，将持续经营的生产经营活动划分成连续、相等的区间，并据此区间的划分结算盈亏，分期和按期编制财务报告，从而及时向会计信息使用者提供有关企业财务状况、经营成果和现金流量等信息。

在会计分期假设下，企业应划分会计期间，以分期结算账目和编制财务报告。会计期间通常分为年度和中期。年度，是指以一个完整的会计年度为报告期间；中期，是指短于一个完整会计年度的报告期间，如月度、季度和半年度等。会计期间一旦确定，会计就需要在期间终了时，核算经营盈亏并按照规定编制财务报告。即使在那些生产周期较长（一般指超过一年时间）的行业或企业（例如建筑和造船等），仍要按照规定的会计期间来编制财务报告。

根据持续经营假设，一个企业应当按照当前的规模和状态持续经营下去。但是，无论是企业管理层的生产经营决策还是企业投资者和债权人等的决策都需要及时的信息，都需要将企业连续的生产经营活动划分为一个个连续的、长短相同的期间，以分期确认、计量和报告企业的财务状况、经营成果和现金流量。明确会计分期假设对会计信息使用者意义重大，由于会计分期，才产生了当期与之前期间和以后期间的差别，才使得不同类型的会计主体有了记账的基准，进而出现了对固定资产的折旧和对无形资产的摊销等会计处理方法。

（四）货币计量假设

货币计量，是指会计主体在财务确认、计量和报告时以货币为计量单位，反映会计主体的生产经营活动。

在会计的确认、计量和报告过程中选择货币为基础进行计量，是由货币的自身属性决定的。货币计量包含两个方面的内容：

1. 会计计量的尺度是货币

货币是商品的一般等价物，是衡量一般商品价值的共同尺度，具有价值尺度、流通手段、贮藏手段和支付手段等特征。采用实物计量或采用其他计量单位，均只能从某一个侧面反映企业的生产经营状况，而无法在量上进行汇总和比较，不利于会计计量和生产经营管理，也不利于会计信息使用者使用会计信息进行相关决策。因此，只有采用货币尺度对会计信息进行计量，才能向会计信息的内部使用者和外部使用者充分反映企业的生产经营情况。据此，我国《企业会计准则——基本准则》规定：会计确认、计量和报告应选择货币作为计量单位。

2. 货币本身的价值是稳定或基本稳定的

货币作为其他商品的一般等价物，其自身又是商品，货币既体现了商品经济条件下的交换关系，也会受到货币流通规律的影响。因此，在商品经济条件下，币值的上下波动是不可避免的。如果货币币值的变动幅度不是太大，从长期来看币值升降的影响基本可以互相抵销，在会计计量时，就可以假设币值稳定或基本稳定，而不考虑币值变动的影响。

在有些情况下，统一采用货币计量也有其缺陷。例如，某些影响企业财务状况和经营成果的因素，如企业的经营战略、研发能力和市场竞争力等，往往难以以货币来计量，但这些信息对于企业会计信息使用者的科学决策也非常重要。因此，我国《企业会计准则》规定：企业可以在财务报告中补充披露有关非财务信息来弥补上述缺陷。

二、会计的基本原则

会计基本原则也被称为会计基本准则，是进行会计工作所应遵循的基本标准和规范。会计基本原则以会计基本假设为前提，来源于会计实践。对于会计基本原则的内容，国内外有不同说法，这里介绍客观性原则、全面性原则、收入确认原则、支出确认原则和例外原则。

（一）客观性原则

客观性原则，是进行会计事项处理必须遵循的原则。会计主体的空间范围要求每个主体必须相对独立经营、独立核算盈亏和独立承担经济责任，但企业必须提供符合客观实际、真实可靠的会计资料，杜绝偏见和舞弊。会计基本原则的客观性原则要求会计主体的一切会计确认、计量和报告都应以真实的原始凭证为依据，从而保证会计资料的可靠性、准确性和可验证性。因此，会计应当记录那些业已发生或完成的经济事项，因为这些经济事项已经成为客观事实。

但是，需要注意的是，会计上的客观性并不是绝对的，而是带有相对性。

这是因为企业的生产经营活动是连续的，许多经济活动甚至要到若干年后才能最终确定。例如，固定资产的使用年限，只有到固定资产报废时才能最终确定，因而在之前会计期间计提的折旧费用也就不够准确。因此，会计信息应尽可能地减少会计事项处理中的不确定性，努力接近和达到客观性的目标。

（二）全面性原则

全面性原则也被称为充分披露原则，是指企业在编制财务报告时，应详细披露会影响会计信息使用者决策的信息，这些信息通常在财务报告附注中进行披露。例如，货币计量假设要求在编制财务报告时以货币为计量单位，这样一些不能用货币形式表现的信息就无法反映出来，使得财务报告信息披露不完整。因此，为了会计信息使用者能够更好地做出相关决策，会计必须遵循全面性原则，对与会计信息使用者决策相关的信息进行尽可能完整和全面的披露。

（三）收入确认原则

收入确认原则为企业在何时确认收入提供了依据。如果收入确认过早，就会高估企业的实际盈利能力；如果收入确认过晚，则会低估企业的实际盈利能力。收入确认原则有以下要求：

1. 收入应在取得时加以确认

当服务完成或卖方将产品所有权转移给买方时，收入获取的过程才被认为完成，这时才能够确认收入。

2. 出售产品或提供服务获得的收入不一定以现金的形式存在

卖方所收到的、客户承诺在未来某天付款的承诺即是一种典型的非现金收入，这种销售形式被称为赊销。根据收入应在取得时加以确认的收入确认原则，当卖方以赊销的形式进行销售时，卖方的销售收入应在产品所有权转移时进行确认，而非收到现金的时候。

3. 收入等于收到的现金加所收到的其他物品的现金价值之和

收入可能以现金或非现金的形式存在，当收入有非现金形式时，确认的收入应为收到的现金与所收到的其他物品的现金价值之和。

（四）支出确认原则

支出确认原则也被称为配比原则。配比原则要求企业必须记录由于创造收入所产生的费用，即支出的确认应与收入的确认相"配比"。支出确认原则与收入确认原则是现代会计"权责发生制"下的关键原则。

（五）例外原则

例外原则也被称为灵活性原则。在一般情况下，会计事项的确认、计量和报告应遵循以上基本原则。但是，这些基本原则是在一般情况下会计事项处理的原则。考虑到客观经济情况复杂多变，上述基本原则可能需要在一定程度上进行变通。因此，会计基本原则中还需要包括灵活性原则，以在例外情况发生时，据此做出变通的处理。

允许做出这类变通处理的例外原则有以下两项：

1. 重要性原则

重要性原则认为，会计应当优先处理重要的经济事项，不重要的事项可以不予反映或予以灵活处理，以免成本较高而受益较小。例如，我国在对使用期限较短、单位价值较低的劳动资料进行会计处理时，通常不按固定资产而按低值易耗品处理，以便简化会计核算，即是运用了重要性原则。

2. 稳健性原则

稳健性原则认为，在对不能确定的事项进行会计处理时，例如当有两种或两种以上方法可以估计其金额的情况下，应选择其中比较谨慎的方法进行处理，尽可能估计可能发生的损失，而不予预计或尽可能谨慎地预计可能获得的收入。

三、新技术环境下的会计新解

会计的变革与社会经济环境及其他相关环境的发展与变革有直接联系。包括大数据、智能化、移动互联网和云计算等在内的新技术革命所引起的社会经济环境的巨大变化均向传统的会计体系和会计信息披露发起了挑战。这些挑战涉及会计信息系统的各个方面，从会计主体、会计内容、会计的基本假设到会计的基本原则，再到会计信息的最后输出——财务报告。具体来说，新技术的快速发展对传统会计系统和会计信息有如下影响：

1. 关于会计主体

在大数据和智能化等新技术快速发展的情况下，企业各项生产经营活动的虚拟化和业务的电子化使得会计主体日渐多元，会计主体的空间范围越来越具有不确定性。

2. 关于会计内容

传统会计信息内容强调对过去一定会计期间的企业生产经营情况进行确认、计量和报告。在新技术快速发展的影响下，企业所拥有的无形资产和人力资源等将成为企业盈利能力的重要组成部分，也将是企业财务报告中需要体现的重要报告内容。同时，与企业无形资产相关的研发支出等科目也是与会计信息使用者的决策相关的重要信息。因此，在新技术环境迅速发展变革的情况下，会计确认、计量和报告的内容也将改变。

3. 关于会计假设

新技术和新环境的发展对会计假设的影响主要体现在会计分期假设和货币计量假设上。

从会计分期假设来说，现行的以年度财务报告和中期财务报告为主的财务报告体系已经不能够满足会计信息使用者对于会计信息及时性的要求。原因在于：①随着新技术的发展，企业的生产经营周期已大大缩短，现行的年度财务报告和中期财务报告已无法及时向企业会计信息使用者提供与科学决策有关的信息。②传统的记账式会计受技术所限，需要人为对会计期间进行分割，以对过去一定会计期间企业的生产经营情况进行确认、计量和报告。随着会计信息化以及人工智能技术的引入，即时的会计确认、计量和报告成为可能，因此，会计分期假设不再成为必要假设之一。

从货币计量假设来说，传统的货币确认和计量体系在新形势和新技术下已不再适用。以企业编制现金流量表来说，我国现行企业会计准则规定：编制现金流量表时，应当将企业外币现金流量以及境外子公司的现金流量折算成记账本位币。此外，《企业会计准则》还规定：外币现金流量以及境外子公司的现金流量，应当采用现金流量发生日的即期汇率或按照系统合理的方法确定的、与现金流量发生日即期汇率近似的汇率折算。在新技术环境下的货币确认和计量系统下，一方面，现行的货币确认和计量规定完全可以被即期汇率所替代；另一方面，会计信息使用者对于获取即期汇率没有难度，直接以外币对企业外币现金流量以及境外子公司的现金流量进行确认、计量和报告，可以帮助企业信息使用者了解任何时点企业的涉外现金流情况，消除汇率的影响。

4. 关于财务报告

在新经济环境下，尤其是网络环境下，企业的财务报告体系无论是在报告内容和范围上，还是在财务报告形式以及传递方式上，都将发生深刻变化。

（1）企业公开披露的财务报告模式将由历史成本法下的、定量的财务信息向定性化信息与定量化信息相结合的、历史成本信息与具有前瞻性的信息相结合的、财务信息与非财务信息相结合扩展。新技术的发展使得经济活动风险加剧，预测信息日益重要，在历史成本信息的基础上增加预测信息，能够更好地向企业会计信息使用者提供与其科学决策相关的有用信息。此外，传统的财务报告以企业的财务信息为主，在新技术环境下，企业的非财务信息对企业会计信息使用者决策同样重要，因此新经济环境下的企业财务报告还应将企业财务信息与非财务信息相结合披露，以实现企业财务报告的有用性。

（2）新技术环境下，企业（特别是上市公司）各项信息的披露和财务报告的生成与传输也将由传统的披露形式向实时的网络信息和网络财务报告披露、移动客户端披露等新形式转变。新技术的发展极大地推动了企业会计信息披露的及时性，企业可以通过网络和移动客户端向其会计信息使用者及时披露和传递相关信息，以更好地帮助会计信息使用者进行科学决策。

综上，新技术环境的发展对传统会计体系的各方面都将产生深刻影响，在这里需要强调的是，新技术在会计领域的广泛应用必须在保证会计信息真实性与安全性的前提下进行，我国企业会计准则也应对新技术环境下会计体系的变化和发展进行及时应对，以保障企业和会计信息使用者的权益。

【要点回顾】

1. 会计、会计主体、会计基本特征、会计的职能与目标、会计信息质量特征、会计的基本假设与会计基本原则等会计的相关基本理论。

2. 在以大数据、智能化、移动互联网和云计算等为代表的新技术环境下，对会计信息和会计系统的新理解。

【复习题】

1. 在会计核算的基本前提中，界定会计工作和会计信息的空间范围的假设是（　　）。

　　A. 会计主体假设　　　　　　　　B. 持续经营假设

　　C. 会计分期假设　　　　　　　　D. 货币计量假设

2. 会计以货币为主要计量单位，通过确认、记录、计算和报告等环节，对特定主体的经济活动进行记账、算账和报账，为各有关方面提供会计信息的职能称为（　　）。

　　A. 会计控制职能　　　　　　　　B. 会计核算职能

　　C. 会计预测职能　　　　　　　　D. 会计监督职能

3. 根据我国《企业会计准则——基本准则》的规定，下列属于会计信息质量要求内容的是（　　）。

a. 企业应按照交易或事项的经济实质进行会计确认、计量和报告

b. 企业应以交易或事项的法律形式为依据

c. 企业提供的会计信息应当反映与公司财务状况、经营成果和现金流量等有关的所有重要交易或者事项

d. 企业提供的会计信息应当反映与公司财务状况、经营成果和现金流量等有关的所有交易或者事项，无论其重要与否

e. 企业对交易或者事项进行会计确认、计量和报告可以适当高估资产或者收益，低估负债或费用以吸引投资者投资

f. 企业对交易或者事项进行会计确认、计量和报告应当保持应有的谨慎，不应高估资产或者收益，低估负债或费用

g. 企业应当以权责发生制为基础进行会计确认、计量和报告

h. 企业应当以收付实现制为基础进行会计确认、计量和报告

A. bceh   B. acfg   C. adeg   D. bdfh

第二章

会计循环与记账程序

【本章要点】

1. 了解会计循环的定义。
2. 掌握会计循环的步骤和内容。
3. 掌握会计恒等式和复式记账法。
4. 了解会计账户设置和账簿登记方法、分类。
5. 熟悉三种记账程序。
6. 熟悉不同经济业务的账项调整方法。
7. 熟悉会计报表的编制。

第一节　会　计　循　环

一、会计循环定义

会计循环是指企业在经济业务发生后，从分析经济业务，填制和审核会计凭证，登记账簿，直至期末编制会计报表，依次继起、周而复始的一系列会计处理步骤、程序。一个完整的会计循环，最短为一个月，最长为一个会计年度。

二、会计循环具体步骤

一个完整的会计循环，通常由会计确认、会计计量、会计记录和会计报告四个程序组成，具体可细分为以下八个基本步骤：

（一）审核分析原始凭证所记载的经济业务

企业每完成一笔经济交易，都会获得用来记载经济业务具体信息的凭证，这类凭证是记账的原始依据，因此被称为原始凭证。常见的原始凭证有：增值税发票、货币收据、银行的支票、汇票、提货单、产品运输单、材料领用单等。

原始凭证按照来源可以划分为外来凭证与自制凭证，前面提到的增值税发票、货币收据、银行的支票、汇票、提货单都属于外来凭证，产品运输单、材料领用单则属于自制凭证，自制凭证是经济业务发生后，单位内部人员填制完成的凭证。

（二）编制会计分录

在将经济业务的数据登入账户前，需要针对每笔经济业务，编制会计分录，而编制会计分录需要确定每笔业务的金额，以及需要借记或贷记的会计科目。

针对经济业务编制好会计分录后，需要将会计分录编制在专门的表单中，这类表单被称为记账凭证（也称传票），是记账的一种会计凭证。记账凭证由原始凭证编制而成，在记账凭证的后面需要以附件形式附上相关的原始凭证，便于记账发生差错后，进行对账和查账，也便于原始凭证的保管。

（三）登记相关会计账簿

将记账凭证按一定程序分别过入日记账、总分类账和相应的明细分类账。

（四）编制调整前试算平衡表

在将所有经济交易凭证记账并登入账簿后，就可以编制账户数据调整前的试算平衡表，将分类账户中借方余额、贷方余额以及期末余额列示在一张总表上，该表列示了企业所有经济业务的借方和贷方科目。

（五）账项调整

期末对应调整事项，按权责发生制要求做出调整分录，并过入相应的分类账。期末应进行调整的项目主要有应计项目、递延项目、估计项目。

（六）编制调整后试算平衡表

根据账项调整后新的账簿数据，编制调整后的试算平衡表，确保会计记账的正确性。

（七）编制会计报表

完成上述分析编制凭证、过账、对账、调整账户操作后，就可以汇总全部的财务信息，根据调整后试算平衡表，编制会计报表。

（八）结账

会计期终了，收入、费用账户必须通过结账分录加以结清，以确定当期损益；资产、负债、所有者权益账户的余额结转至下期，以供连续记录。

三、会计循环流程

会计循环流程如图 2-1 所示。

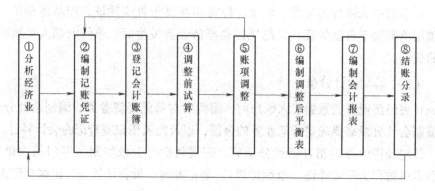

图 2-1　会计循环流程

第二节　会计恒等式与复式记账

一、会计恒等式

会计等式是表明会计要素之间基本关系的恒等式，也称会计平衡等式。

（一）资产 = 负债 + 所有者权益

企业经营的最终目标是获得利润，实现价值增值。企业想要运营，首先需要筹措一定的资金，这部分资金主要有两大来源渠道：一是企业所有者投入的资金，被列入企业的所有者权益项；二是企业的银行借款或通过发行债券等获得的融资，被列入企业的负债。企业用获得的资金采买设备、材料，雇佣劳动力，购买的所有生产要素被视为企业资产的不同表现形式。企业所有者与债权人对企业资产拥有权益，企业的每一份资产都对应着一份权益，资产与权益是彼此对应的关系，两者总额相等，用等式表示为

$$资产 = 权益$$

企业的权益包含企业的负债与企业的所有者权益，上述恒等式变为

$$资产 = 负债 + 所有者权益$$

上式被称为会计基本恒等式，该等式不会因为会计要素的变化而被破坏，资产余额的增加将会导致负债与所有者权益之和的余额增加，资产余额的减少将会导致负债与所有者权益之和的余额减少。因此可以看出，任何经济业务的

发生都只会引起资产、负债与所有者权益项目数值发生变化，但却不会破坏会计恒等关系。上述会计基本恒等式是复试记账以及会计报表编制的基础。

（二）收入－费用＝利润

企业有了启动资金之后，开始进行正常的经营活动，在这一系列活动中，企业通过销售产品、提供服务等获得收入，也会因为宣传、代理中介服务等产生费用。如果企业获得的收入大于产生的费用，则企业会产生利润结余，反之，如果企业获得的收入不足以支付费用，则企业会发生亏损，三者的关系可以用如下等式表示为

收入－费用＝利润

如果收入大于费用，利润为正值，企业盈利；反之，如果收入小于费用，利润为负值，企业发生亏损。企业利润增加，表现为企业的总资产和净资产增加，由于利润只能被企业所有者拥有，利润增加另一种表现是企业所有者权益的增加。所以，最后的会计等式又恢复成"资产＝负债＋所有者权益"的形式。

（三）经济业务的发生对于会计基本恒等式的影响

在企业的日常经营环节中，会发生众多的经济业务，这些经济业务均会导致会计基本恒等式中的因素发生增减变化，但却不会破坏会计基本恒等式的平衡关系。

这类经济业务大致可以分为两类，一类是企业对外的经济业务，另一类是企业对内的经济业务。其中，对外的经济业务包括企业采购设备、原材料，雇佣劳动力、销售产品等，对内的经济业务包括原材料领用等，企业发生的经济业务对会计恒等式中各要素的影响可归纳成表2-1。

表2-1 经济业务对会计恒等式中各要素的影响

经济业务	资　产	负　债	所有者权益
1	增加	增加	
2	增加		增加
3	减少	减少	
4	减少		减少
5	增加、减少		
6		增加、减少	
7			增加、减少
8		减少	增加
9		增加	减少

某项经济业务的发生可能同时对等式两边会计要素产生影响，如果经济业务导致企业资产总额增加，由于会计恒等式不会被打破，企业负债或者所有者权益数值会增加，同样的，企业资产总额减少，企业负债或者所有者权益数据就会减少。某项经济业务的发生也可能只对等式某一边会计要素产生影响，如导致资产项目下某一类别数值增加，另一类别数值减少；负债项目下某一类别数值增加，另一类别数值减少；所有者权益项目下某一类别数值增加，另一类别数值减少。

现以 A 公司发生的经济业务为例进行分析，列示经济业务如何对会计恒等式产生影响：

（1）A 公司采购加工设备一件，共计 10 000 元，尚未支付，该笔经济业务让企业的资产总额增加 10 000 元，同时，企业负债也增加 10 000 元，这一经济业务对会计等式的影响如下：

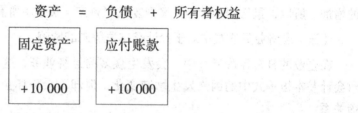

（2）甲给 A 公司投资 20 000 元，存入 A 公司银行账户，该笔经济业务让企业的资产总额增加 20 000 元，同时，企业所有者权益也增加 20 000 元，这一经济业务对会计等式的影响如下：

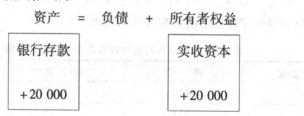

（3）A 公司用甲存入银行的投资金来偿还购买设备的欠款，该笔经济业务让企业的资产总额减少 10 000 元，同时，企业负债也减少 10 000 元，这一经济业务对会计等式的影响如下：

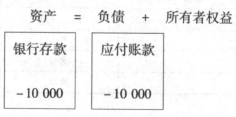

（4）甲决定撤资 5 000 元，A 公司用银行存款支付，该笔经济业务让企业的资产总额减少 5 000 元，同时，企业所有者权益也减少 5 000 元，这一经济业务对会计等式的影响如下：

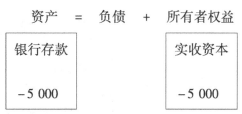

（5）A 公司用银行存款购买原材料，花费 5 000 元，该笔经济业务让企业资产总额增加 5 000 元的同时减少 5 000 元，这一经济业务对会计等式的影响如下：

（6）A 公司向银行借长期贷款 3 000 元来偿还即将到期的短期负债，该笔经济业务让企业负债总额增加 3 000 元的同时减少 3 000 元，这一经济业务对会计等式的影响如下：

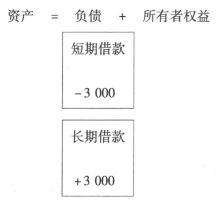

（7）乙将在 A 公司的投资资金 50 000 元，转投给 B 公司，该笔经济业务让

乙对 B 企业所有者权益增加 50 000 元的同时，减少对 A 公司所有者权益 50 000 元，这一经济业务对会计等式的影响如下：

资产　＝　负债　＋　所有者权益

实收资本（A）
− 50 000

实收资本（B）
＋ 50 000

（8）丙代替 A 公司偿还短期借款 70 000 元，作为对 A 公司的投资，该笔经济业务让 A 公司短期借款减少 70 000 元的同时，所有者权益增加 70 000 元，这一经济业务对会计等式的影响如下：

资产　＝　负债　＋　所有者权益

短期借款	实收资本
− 70 000	＋ 70 000

（9）A 公司对外宣称要发放 8 000 元现金股利，该笔经济业务让 A 公司的负债增加 8 000 元，所有者权益减少 8 000 元，这一经济业务对会计等式的影响如下：

资产　＝　负债　＋　所有者权益

应付股利	未分配利润
＋ 8 000	− 8 000

二、复式记账

（一）复式记账法定义

在介绍会计恒等式时已经说明，任何经济业务的发生都只会对会计恒等式中的因素造成增减变化，但并不会影响会计恒等式的平衡关系。根据平衡关系，可以为会计项目的每一个要素设置账户，当经济业务发生时，其导致的账户数据变动情况会被记录在两个相对应账户中，这就是复式记账法的基本原理。

复式记账法，是指企业发生的每一笔经济业务都要在两个及以上相关账户中进行登记，每笔经济业务都会以相同的金额在对应账户中重复记载，账户之间存在相互关联，可以通过试算方法检验账户的正确性，从而实现对账户的控制和监督。目前，国际上通用的复式记账法为借贷记账法。

（二）复式记账法特点

（1）企业设置完整的账户体系，对企业发生的全部经济业务进行记录，可以反映企业经济业务发展的全面情况。

（2）方便企业进行全面试算，每一笔经济业务都会在相对应账户中重复记录，从而达到账户平衡，企业建立完整的账户体系，就可以实现对全部经济业务的账户试算平衡。

（三）借贷记账法

1. 借贷记账法的概念

借贷记账法起源于意大利，是现在世界各国广泛采用的复试记账法。借贷记账法是以"借"、"贷"作为记账符号，记录每一笔经济业务的发生对会计要素各项目产生何种影响的一种复式记账方法。

借贷记账法一般采用"丁"字账的形式记录，左边记录"借"项相关科目，称为借方，右边记录"贷"项相关科目，称为贷方，借方与贷方称为登记经济业务数据的方位，具体账户形式如图2-2所示。

图2-2　"丁"字账形式

2. 借贷记账法的记账规则

借贷记账法的核心内容是分析一笔经济业务的发生应该在哪些账户内进行记录，是记录在借方，还是记录在贷方。

每一笔经济业务都要在两个相对应的账户中进行记录，其中一个账户记录在"借"方，对应账户则记录在"贷"方，且两账户记录的金额相等，这就是通常所称的"有借必有贷，借贷必相等"的借贷记账法记账规则。

3. 借贷记账法的账户结构与记账方法

（1）资产类账户结构与记账方法。资产类账户中，资产增加记入账户借方，资产减少记为账户贷方，资产余额一般是借方存在余额，表明期末的资产余额，资产类账户结构如图 2-3 所示。

借	资产类账户	贷
期初余额 本期增加额		本期减少额
本期增加额合计 期末余额		本期减少额合计

图 2-3　资产类账户结构

$$资产期末借方账户余额 = 资产期初借方账户余额 + 资产本期借方增加额 -$$
$$资产本期贷方减少额$$

（2）负债及所有者权益账户结构与记账方法。企业负债与所有者权益位于会计恒等式的同一边，所以，两者的记账方法相同，负债及所有者权益增加记为账户贷方，反之，负债及所有者权益减少记为账户借方。负债与所有者权益若存在余额，一般为贷方余额，表明期末的负债与所有者权益余额，负债及所有者权益类账户结构如图 2-4 所示。

借	负债+所有者权益账户	贷
本期减少额		期初余额 本期增加额
本期减少额合计		本期增加额合计 期末余额

图 2-4　负债与所有者权益类账户结构

（3）收入、费用以及利润账户结构与记账方法。企业运营过程中，通过销售商品、提供服务等活动获得收入，同时也因购买原材料、支付工资等活动产生费用，两者数值的大小比较，决定企业是获得利润还是发生亏损，这将最终影响企业所有者权益。理论上可以实现收入和费用直接在所有者权益账户进行登记，收入记为所有者权益账户的贷方，费用记为所有者权益账户的借方，收入大于费用，表现为企业获得利润，所有者权益增加；反之，收入小于费用，表现为企业发生亏损，所有者权益减少。但由于收入、费用与利润也是反映企业经营状况的重要指标，为了直接反映三者的变化，需要设置单独的收入、费用、利润账户。

1）收入类账户结构与记账方法。上面已经提到，收入增加记为所有者权益贷方，收入减少记为所有者权益借方。由此可见，收入与所有者权益记账方式相同，收入增加记为账户贷方，收入减少记为账户借方，用本期收入的增加额减去本期收入的减少额，得到的余额会列为转销额，转入利润账户。所以，收入账户不存在期末余额，收入类账户结构如图2-5所示。

借	收入类账户	贷
转销额 本期减少额		本期增加额
本期减少额合计		本期增加额合计

图2-5　收入类账户结构

2）费用类账户结构与记账方法。上面已经提到，费用增加记为所有者权益借方，费用减少记为所有者权益贷方。由此可见，费用与所有者权益记账方式相反，费用增加记为账户借方，费用减少记为账户贷方，用本期费用的增加额减去本期费用的减少额，得到的余额会列为转销额，转入利润账户。所以，费用类账户不存在期末余额，费用类账户结构如图2-6所示。

借	费用类账户	贷
本期增加额		转销额 本期减少额
本期增加额合计		本期减少额合计

图2-6　费用类账户结构

3）利润类账户结构与记账方法。利润类账户反映的是企业获取利润以及发生亏损的情况，前面提到，如果企业获取收入大于发生费用，则企业获取利润；反之，如果企业获取收入小于发生费用，则企业发生亏损。由此可见，利润类账户的记录与收入类、费用类账户相关，收入类账户记录的合计金额转入利润类账户的贷方，费用类账户记录的合计金额转入利润类账户的借方。如果贷方金额大于借方金额，企业产生利润；如果贷方金额小于借方金额，企业发生亏损。每个会计期结束后，企业产生的利润需要进行分配，企业发生的亏损需要进行弥补，利润以及亏损都会被转入利润分配账户。因此，利润类账户也没有期末余额，利润类账户结构如图 2-7 所示。

借	利润类账户	贷
期初余额(亏损)		期初余额(利润)
本期费用额转入		本期收入额转入
本期转入额合计		本期转入额合计
期末余额(亏损)		期末余额(利润)

图 2-7　利润类账户结构

综上所述，借贷记账法的记账方法为：资产增加记在借方，资产减少记在贷方；负债增加记在贷方，负债减少记在借方；所有者权益增加记在贷方，所有者权益减少记在借方；收入增加会使所有者权益增加，所以，收入增加应计入贷方；费用增加会使所有者权益减少，所以，费用增加应计入借方。

4. 借贷记账法试算平衡

借贷记账法的试算平衡方法主要有两种，一是发生额平衡试算，二是余额平衡试算。

（1）发生额平衡试算：

全部账户借方发生额合计 = 全部账户贷方发生额合计

（2）余额平衡试算：

账户的借方余额合计 = 账户的贷方余额合计

在借贷记账法中，企业发生的每笔经济业务都是按照"有借必有贷，借贷必相等"的记账规则进行记录的。所以，从经济业务发生额来看，每笔经济业务登记在借方的发生额一定等于登记在贷方的发生额，企业在账户中记录全部的经济业务，那么，借方发生额的合计必将等于贷方发生额的合计。

从余额角度看，账户的借方余额表明资产情况，账户的贷方余额表明负债以及所有者权益情况，根据会计恒等式"资产 = 负债 + 所有者权益"，可以看出，企业全部账户借方余额期末合计数额必将等于企业全部账户贷方余额期末合计数额。

第三节　账户设置与记账程序

会计工作伊始，一般预先设置账户，它是复式簿记系统中的第一个专门方法。在会计实务中，有会计科目和账户两个概念。会计科目是对会计要素科学分类下赋予的标准名称，而账户则更进一步，除了有账户名称——会计科目之外，还有用来记录的相应结构。

一、会计科目

（一）会计科目含义

会计对象的内容可具体细分为资产、负债、所有者权益及收入、费用、利润等六个会计要素，但会计要素的概念、囊括范围仍然比较宽泛，并没有解决信息分类问题。为了系统、连续地核算和监督企业资金运动的过程和结果，根据会计对象的具体内容和经济业务把每个会计要素的内容细分为若干项目，这些项目的名称就是会计科目。

会计科目需要将会计对象中具体内容相同的归为一类，设立一个会计科目，凡是具备这类信息特征的经济业务，都在这个科目下进行核算，会计对象中具体内容不相同的归为另外一类，设立相应的会计科目。例如，根据资产这一会计要素，可以设置"库存现金"、"银行存款"、"原材料"、"固定资产"等会计科目；根据负债这一会计要素，可以设置"应付账款"、"应交税费"、"应付利息"等会计科目。

会计科目是对会计要素具体内容的分类，可以为会计信息的使用者提供科学、详细的分类体系，它决定着账户开设和报表结构设计。

（二）会计科目体系

我国会计科目及核算内容由财政部统一规定，摘录部分《企业会计准则——应用指南》中的会计科目供参考，如表 2-2 所示。

表2-2 会计科目分类表

类别	编号	名称	类别	编号	名称
资产类	1001	库存现金	负债类	2001	短期借款
	1002	银行存款		2201	应付票据
	1121	应收票据		2202	应付账款
	1122	应收账款		2203	预收账款
	1123	预付账款		2211	应付职工薪酬
	1131	应收股利		2221	应交税费
	1132	应收利息		2231	应付利息
	1403	原材料		2501	长期借款
	⋮			⋮	
共同类	3001	清算资金往来	所有者权益类	4001	实收资本
	3002	货币兑换		4002	资本公积
	3101	衍生工具		4101	盈余公积
	3201	套期工具		4103	本年利润
	3202	被套期项目		4101	利润分配
	⋮			⋮	
成本类	5001	生产成本	损益类	6111	投资收益
	5101	制造费用		6301	营业外收入
	5201	劳务成本		6401	主营业务成本
	5301	研发支出		6602	管理费用
				6801	所得税费用
	⋮			⋮	

从以上会计科目分类表可知，会计科目依照一定标准排列，每一个会计科目均对应一个编号，每一个编号的第一位数字表示类别。如"1"代表资产类会计科目，"2"代表负债类会计科目，"4"代表所有者权益类会计科目，"5"代表成本类会计科目，"6"代表损益类会计科目。第二位数字及以后的数字则表示会计科目在这一类别中的顺序，这一顺序通常是分类账中账户排列的次序，

也是将来会计报表上排列的次序，其中各会计科目之间应保留若干空号，以便适应企业将来发展增添新会计科目之用。会计科目的编号对于会计电算化尤为便利。

二、会计账户

（一）会计账户的含义

企业任何一笔经济交易与事项的发生，都会影响会计要素及其有关内容发生增减变化。为了全面、序时、连续、系统地记录和反映会计要素的这种增减变动，就必须设置账户。账户设置对会计实践具有重要作用。一方面，要把大量多种会计信息定期地反映在会计报表中，需要借助账户把数据转换为初始信息；另一方面，企业伴随经营活动的开展，每天都要处理大量数据，必须要通过账户特定的规则把单个的、大量重复的数据进行分类、归并、汇总、整理和加工，压缩信息数量。

可以说，会计账户是用来反映、控制和监督经济交易与事项及其所引起的会计要素具体内容变动情况的一种"工具"。设置账户是对会计对象的具体内容进行科学分类、反映和控制的一种方法。会计账户与会计科目的关系非常密切，会计账户是根据会计科目设置的，但会计账户的内容比会计科目要丰富，它不仅是对会计要素的分类，而且要对所有特定分类的数量增减变化进行反映、控制和监督。

（二）会计账户的基本结构

为了记录各项经济业务，账户需要有一定的结构。账户结构应如实地反映某一部分资本的变动方向、变动金额及其结果。以库存现金为例，其账户记录的内容应包括以下几个方面：上期库存现金多少（期初余额）；本期现金收入（本期增加额）；本期库存现金使用额（本期减少额）；期末还有多少库存现金（期末余额）。可以看出，账户所包含的内容主要是三大类：增加额、减少额和余额。因此，账户的基本结构主要包括以下内容：

（1）账户的名称（会计科目）。

（2）经济业务的日期。

（3）经济业务的内容摘要。

（4）账户记录的记账凭证编号。

（5）增减金额及余额。

实务中，通常使用三栏式账户记账，常用的格式如表2-3所示。

表2-3　三栏式账户样式

年		凭证编号	摘　要	借　方	贷　方	借或贷	余　额
月	日						

从数量上看，经济业务的发生所引起的会计要素的变动，不外乎是增加和减少两种情况，因此，账户也相应地分成两个部分：一方登记增加额，另一方登记减少额。其中，本期增加的金额称为本期增加发生额，本期减少的金额称为本期减少发生额，增减相抵后的差额称为余额。按照表示的时间不同，余额又可分为期初余额和期末余额，本期的期末余额转入下期，就成为下期的期初余额。这四个金额要素的基本关系可用公式表示为

期末余额＝期初余额＋本期增加发生额－本期减少发生额

（三）会计账户体系

1. 会计账户体系结构

与会计六要素（资产、负债、所有者权益、收入、费用、利润）相对应，会计账户也相应地包括资产类账户、负债类账户、所有者权益类账户、收入类账户、费用类账户和利润类账户六大类，这六大类账户构成了会计账户体系的基本结构。我国企业会计准则所规定的企业会计账户的名称与上文中提到的会计科目一致，这里就不再单独列出。

2. 会计账户层次结构

每一个账户提供某一类特定经济内容的会计信息指标。会计上，将根据会计要素及其具体内容所设立的基本账户，统称为"总分类账户"或"一级账户"，简称为"总账户"，如库存现金账户、原材料账户、库存商品账户等。

按企业经济业务的要求对某一总分类账户内容进行细分所设立的账户，统称为"明细分类账户"，简称为"明细账户"，如对原材料账户细分所设立的"钢铁材料"账户、"塑料材料"账户等，对库存商品账户细分所设立的"A产品"账户、"B产品"账户、"C产品"账户等。

在某些情况下，需要对特定总分类账户的内容进行多次细分，设立多层次的明细分类账户，即三级账户，如图 2-8 所示。

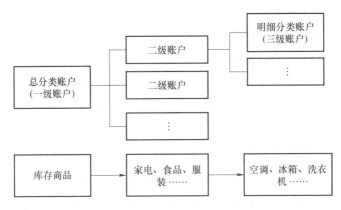

图 2-8　总分类账户的层次体系

三、会计账簿

账簿是由具有相同格式、相互连接的账页组成的，以审核无误的会计凭证为依据的，全面、连续、系统地记录各项经济业务的簿籍。

（一）账簿的种类

在企业日常经济业务中，使用的账簿数量很多，按照不同的分类标准，账簿可分为不同的类别。

1. 账簿按用途分类

（1）序时账簿。序时账簿又称日记账，是以每项经济业务为记录单位，根据原始凭证或记账凭证，对某类经济业务或全部经济业务按其发生时间的先后顺序，逐日逐笔连续进行登记的账簿。

（2）分类账簿。分类账簿又称分类账，是指按照分类账户开设的账簿，按其反映指标的详细程度，分为总分类账簿和明细分类账簿两种。

总分类账簿又称总分类账，简称总账，是根据总分类科目开设的，用以记录全部经济业务总括核算内容的账簿，提供关于各个会计要素及其具体项目增减变动的信息。明细分类账簿又称明细分类账，简称明细账，是根据总账科目及其所属的明细科目开设的，用以记录某一类经济业务详细核算内容的分类账簿。提供某一类经济业务的增减变化，提供明细核算资料。

（3）备查账簿。备查账簿是指对一些在序时账簿和分类账簿中不能记载或记载不全的经济业务进行补充登记的账簿。备查账簿属于辅助性账簿，它可以为经营管理提供参考资料，如委托加工材料登记簿、租入固定资产登记簿、代销商品登记簿等。

2. 账簿按外表形式分类

（1）订本式账簿。订本式账簿简称订本账，它是在启用前就已经按顺序编号并固定装订成册的账簿，库存现金日记账、银行存款日记账和总分类账一般采用这种形式。

（2）活页式账簿。活页式账簿简称活页账，是在启用前和使用过程中把账页置于活页账夹内，可以随时取放账页的账簿。活页账簿适用于一般明细分类账，其优点是可根据实际需要灵活使用，可以随时增减账页，便于分工记账；缺点是账页容易散失和被人为抽换。因此，在采用这种账簿时，空白账页在使用时也必须连续编号，并应定期装订成册，以防发生舞弊，一般适用于明细分类账。

（3）卡片式账簿。卡片式账簿简称卡片账，是由许多具有专门账页格式的硬纸卡片组成、存放在卡片箱中、可以随时取放的账簿。其数量可根据经济业务的需要进行增减，并且可以跨年度使用而无须更换账页，不必结旧转新，记录的内容详细具体，也便于分类汇总和管理的需要转移卡片。使用卡片账时，应将卡片连续编号；使用完毕不再登记时，应将卡片穿孔固定保管。但这种账簿的账页也容易散失和被抽换，故使用时也应采取一定的措施保证其安全。卡片式账簿一般适用于账页需要随着物资使用或存放地点的转移而重新排列的明细账，如固定资产明细分类账、低值易耗品登记卡等。

3. 账簿按账页格式分类

会计账簿按账页格式，可分为三栏式账簿、数量金额式账簿和多栏式账簿。

（1）三栏式账簿。三栏式账簿是指通过设置借方、贷方和余额三个栏目，用以分类核算各项经济业务，提供详细核算资料的一种账簿。这种账簿适用于总分类账和只进行金额核算、不需要进行数量核算的结算类账户的明细分类核算，如"应收账款""应收票据""预收账款""应付账款"和"预付账款"等总账账户的明细分类核算，就可采用三栏式明细账，其具体格式如表2-4所示。

三栏式账簿体现了账户的基本结构，是账簿的基本格式，其他格式的账簿均是在三栏式账簿格式的基础上演变而来的。

表2-4　三栏式账簿通用格式

总　页　分　页

总账科目：

明细科目：

年		摘　要	凭证号	借方金额	贷方金额	借或贷	余　额
月	日						

（2）数量金额式账簿。数量金额式账簿是指在账页的"借方（收入）""贷方（发出）""余额（结存）"三栏下均设置"数量"栏和"金额"（含单价和金额）栏，同时使用货币量度和实物量度来记录会计要素的具体内容，以核算某类会计要素具体变化过程和结果的一种账簿。它主要适用于既要进行金额核算，又要进行数量核算的各种财产物资类科目的明细分类核算、如"原材料""固定资产"等总账账户的明细分类核算，就可采用数量金额式明细账，其具体格式如表2-5所示。

表2-5　数量金额式账簿格式

总　页　分　页

总账科目：　　　　　　　　　　　　　　　　　计量单位：

明细科目：　　　　　　　　　　　　　　　　　存放地点：

年		摘要	凭证号	借　方			贷　方			余　额		
月	日			数量	单价	金额	数量	单价	金额	数量	单价	金额

（3）多栏式账簿。多栏式账簿是指在账页的借方或者贷方，依据账户的需要而划分为各个不同的专门栏目对其变动过程和结果进行核算的一种账簿。多栏式账簿的具体格式如表2-6所示。各栏（通常为借方栏）需要细分为若干专栏，以反映费用成本的具体构成。

表2-6 多栏式账簿格式

总 页 分 页

总账科目：

明细科目：

年		摘要	凭证号码	借方（项目）				贷方	余额
月	日						合计		

具体账簿登记时，需要注意总分类账簿与明细类账簿的平行关系。

（二）总分类账户与明细分类账户的平行登记原则

总分类账户与明细分类账户之间的关系，正如前面所指出的是一种统驭和被统驭的关系。对总分类账户与明细分类账户应当采用平行登记法。所谓平行登记，就是记入总分类账户和记入明细分类账户的资料，都应当以相同会计凭证为根据；当根据会计凭证在总分类账户与明细分类账户中记录经济业务时，必须独立地、互不依赖地进行。在具体操作上，平行登记法的要点可以概括如下：

（1）对于每一项经济业务，一方面要记入有关总分类账户，另一方面要分别记入各总分类账户所属的有关各明细分类账户。

（2）所记录经济业务的方向必须相同。如果在总分类账户中是借记，则在所属明细分类账户中也应是借记；如果在总分类账户中是贷记，则在所属明细分类账户中也应是贷记。

（3）记入总分类账户中的金额要同记入所属明细分类账户的金额相等。

（4）记入明细分类账户中的资料凭据，一般要根据原始凭证或记账凭证。记入总分类账户中的凭证则一般根据原始凭证为基础编制而成的记账凭证或有关的汇总凭证。

平行登记是把相同的原始会计数据，通过两个相互联系又相互制约的核算系统——总分类核算和明细分类核算进行处理，通过总分类账与明细分类账的核对，保证了会计信息的准确性。

（三）对账

为保证账簿记录的准确、可靠，从而也保证据以编制的会计报表信息的准确、可靠，必须做好对账工作。

对账就是对账簿记录进行核对。在会计信息系统中，已形成了一套以账簿为中心，账簿与实物、凭证、报表之间；账簿与账簿之间的相互控制、稽核和自动平衡的保护性机制。通过对账，促使账证相符、账账相符、账实相符和账表相符。为此，对账一般包括以下四个方面的内容：①账证核对：各种账簿记录与会计凭证核对相符；②账账核对：不同会计账簿之间的账簿记录核对相符，包括总账与总账、总账与其所属明细账、总账与日记账、明细账与明细账之间核对相符；③账实核对：会计账簿记录与财产实有数额核对相符，包括库存现金日记账账面余额与库存现金实际库存数相核对；银行存款日记账账面余额定期与银行对账单余额相核对；各种财产物资明细账账面余额与财产物资实存数额相核对；各种应收、应付明细账账面余额与有关债务、债权单位或个人相核对等；④账表核对：会计报表各项目的数据与会计账簿相关数据核对相符。

四、记账程序

会计实务中，为了提高会计核算工作效率，对于如何根据会计凭证登记账簿，如何登记总分类账簿，应有合理组织与科学安排。会计凭证与账簿之间的先后程序组合就是会计记账程序。常用的记账程序有：记账凭证记账程序、汇总记账凭证记账程序、科目汇总表记账程序、日记总账记账程序等。下面着重介绍记账凭证记账程序。

（一）记账凭证记账程序

记账凭证记账程序，是指对已发生的经济业务，根据原始凭证或原始凭证汇总表编制记账凭证，然后直接根据记账凭证逐笔登记总分类账的一种记账程序。在记账凭证记账程序下，企业一般需要设置三栏式总账和三栏式库存现金日记账与银行存款日记账，而明细账则根据企业经营管理需要来设置。记账凭证可以采取一种格式，也可以分别采用收款凭证、付款凭证和转账凭证三种格式。

记账凭证账务处理程序的操作步骤如图 2-9 所示，各步骤的说明如下：①根据原始凭证或原始凭证汇总表填制记账凭证。②根据记账凭证（或收、付款凭证）逐日、逐笔登记库存现金日记账和银行存款日记账。③根据记账凭证及所附的原始凭证或原始凭证汇总表登记各种明细分类账。④根据记账凭证逐笔登记总分类账。⑤会计期间终了，将库存现金日记账、银行存款日记账余额与总账有关账户余额相核对；将总账有关账户余额与其所属明细账余额相核对。⑥根据总账和明细账提供的数据编制会计报表。

记账凭证账务处理程序核算程序简单明了，手续简便，易于理解和掌握，每种账簿都能系统地反映某一类经济业务的发生情况，便于对相关活动内容进

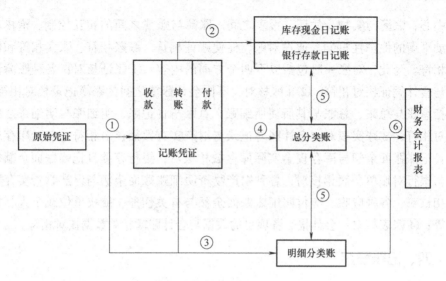

图 2-9　记账凭证账务处理程序

行分析和检查。其缺点是当单位的规模较大、业务量较多时，以记账凭证逐笔登记总分类账的工作量很大。因此，这种程序适用于一些规模较小、业务量较少的单位。

（二）科目汇总表记账程序

科目汇总表记账程序是根据记账凭证定期汇总编制科目汇总表，再根据科目汇总表登记总分类账的一种记账程序。其显著特点是登记总分类账的直接依据是科目汇总表，而非记账凭证。科目汇总表记账程序和记账凭证记账程序在凭证、账簿组织上基本相同，只是在登记总账的依据上略有差别。

科目汇总表账务处理程序的操作步骤如图 2-10 所示，与图 2-9 记账凭证处理程序的操作步骤相比，只在第④步存在差别，增加了"根据记账凭证编制科目汇总表"这个步骤，其他步骤均相同。

科目汇总表账务处理程序可以大大减少登记总分类账的工作量，而且将各个科目的本期借、贷方发生额的合计数进行试算平衡，可及时发现凭证填制中的错误，从而保证记账工作的正确性。其缺点是按照相同科目归类编制的科目汇总表不能反映各个科目的对应关系及经济业务的来龙去脉，不便于对经济业务进行分析和检查。这种账务处理程序一般适用于规模较大、经济业务量较多的单位。

（三）汇总记账凭证账务处理程序

汇总记账凭证账务处理程序指的是根据记账凭证定期汇总编制汇总记账凭证，然后根据汇总记账凭证登记总分类账的账务处理程序。其显著特点是登记

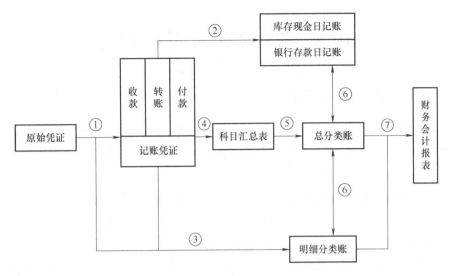

图 2-10 科目汇总表账务处理程序

总分类账的直接依据是汇总记账凭证，而非记账凭证或科目汇总表。在汇总记账凭证账务处理程序下，记账凭证应采取库存现金收款、付款，银行存款收款、付款和转账五种格式，且转账凭证应采用一借一贷或一贷多借的形式，否则将会增加编制汇总记账凭证的难度；账簿组织与科目汇总表的账务处理程序相同。

汇总记账凭证账务处理程序的操作步骤如图 2-11 所示，与图 2-10 科目汇总表账务处理程序的操作步骤相比，只是在第④步存在差别，即把"根据记账凭证编制科目汇总表"改为"根据记账凭证定期汇总编制汇总记账凭证"。

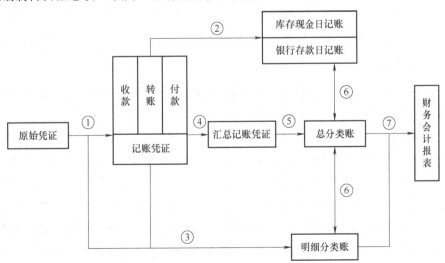

图 2-11 汇总记账凭证账务处理程序

第四节　账项调整与会计报表编制

一、权责发生制与账项调整

权责发生制也称应计制，是以收入的权利和支出的义务是否归属于本期为标准来记录收入的实现或费用的发生。会计实务中，基本采用权责发生制这一基础记账，所以本节主要介绍常见的基于权责发生制的账项调整。

由于日常企业的经济活动中，有关收入与费用等经济业务的发生与现金收支行为的发生有时是不一致的：有的现金收支行为先于经济业务发生；有的经济业务则先于现金收支行为发生。在会计期末时，要对有关不符合权责发生制要求的账项进行调整：将本期应收未收的收入和本期应付未付的费用记入账簿；将本期已收取现金的预收收入和已付出现金的预付费用在本期及以后各相连期间进行划分和摊销，以便合理地反映企业的经营成果。这种期末按权责发生制要求对部分会计事项予以调整的行为，就是账项调整。账项调整时所编制的会计分录，就是调整分录。企业通常的账项调整一般包括四类：应计收入的记录；应计费用的记录；预收收入的分配；预付费用的摊销。

（一）应计收入的账项调整

到会计期间终了时，往往有一些按权责发生制标准已经赚取，但因现金尚未收到的收入而没有入账。这种企业已赚取、现金尚未收取的收入，称为应计收入。在会计期间结束、编制报表之前，需要将这种未入账的应计收入计算入账，并按复式记账的要求予以记录，以使收入恰当地归属到应归入的会计期间。

1. 应收租金

对不以租赁业务为主要经营项目的企业来说，它可能会将暂时闲置的设备、建筑物等设施租出去，以取得租金收入

【例2-1】　假设A公司20×9年1月1日与B公司签订合同，将暂时闲置的仓库租给B公司，租期从20×9年1月1日至20×9年5月31日共计5个月，期满时B公司将一次性支付租金5 000元。从权责发生制的观点看，企业只要按要求履行了与该项收入有关的义务，就应该享有取得该项收入的权利。因此，20×9年1月31日，A公司已出租设备满1个月，这部分收入虽未收到现金，但企业已赚取并具有到期收取这部分租金收入的权利。为了准确反映A公司的各项资产、负债和所有者权益，就需要对这种租金收入予以调整入账：

借：其他应收款——B 公司   1 000

  贷：其他业务收入——租金收入   1 000

2. 应计利息收入

企业日常可能出现的利息收入，一般有两种情况：一是存放在银行中的款项；二是企业持有其他单位的带息债券或票据。

【例 2-2】 A 公司 20×9 年 12 月 1 日出售一批商品给 B 公司，货款共计 12 000 元，收到对方开出的利率 5%、期限 90 天的票据一张。到 12 月 31 日，本公司已持有该票据 1 个月，相应的利息收入已经"赚取"，应该予以确认。编制调整分录如下：

借：应收利息——B 公司   50

  贷：财务费用——利息收入   50

其他经济业务中应记收入的账项调整处理方法与上述一致。

（二）应计费用的账项调整

企业在期末还会产生已经发生、但尚未入账、也未支付现金的应计费用。这是因为在平时按现金收支来登记入账的账项时，对一些义务已完成，但尚未到支付日期的项目，无法记作费用。因此，到了每期期末，应将未入账的费用调整入账。

对企业来说，费用已经发生，企业就有支付现金的义务，从而形成了企业的负债。所以，对未入账费用的账项调整，也意味着企业负债的增加。

1. 应付服务费

企业有许多服务费用是在对方提供服务满一个计价单位或到全部服务提供完毕后，才支付相应费用的。由此形成企业已享受了服务，但尚未支付服务报酬的应付服务费项目。

【例 2-3】 假设 A 公司 20×9 年初与 C 公司签订一项服务合同，由 C 公司为其进行产品推广，为期 1 年。A 公司到期一次性支付全部的服务费 72 000 元。按照权责发生制的要求，只要企业已经享受 C 公司所提供的服务，就应该确认与这笔服务相关的费用，因此，A 公司当年每月月末的账项调整中，应确认这笔应计费用。12 月末所做调整分录如下：

借：销售费用   6 000

  贷：其他应付款——C 公司   6 000

2. 应计利息费用

应计利息费用与应计利息收入是一组对应的项目，它的发生情形也与应计利息收入相同。对上例中所述及的 A 公司销售商品给 B 公司的情形，若以 B 公司为记账主体，则 B 公司也应于 12 月 31 日做出确认该笔利息费用的调整分录。

借：财务费用——利息费用　　　　　　　　　　　　　　　　50

　　贷：应付利息——A 公司　　　　　　　　　　　　　　　　50

同样的，若企业发生借款行为，账项调整与上述类似。

（三）预收收入的分配

现实的经济生活中，还存在另一类现象：现金收支行为的发生，在时间上要早于实际经济活动的发生。这种现象就形成了下面所要述及的预收和预付交易事项。预收收入，指已经收到现金，但尚未交付产品或提供服务的收入。按照权责发生制，虽然企业已收到现金，但只要相应的义务未履行，这笔收入就不能算作企业已经实现的收入，在以后期间里，企业有义务履行相关的义务。对企业来说，预收收入上的义务要在后续期间里以交付商品或提供服务的方式来履行。同样，每期的期末，也要对预收收入账项进行调整；将已实现的部分分配作为本期的收入，未实现的部分递延到下期。

【例 2-4】　假设 A 公司于 20×9 年 1 月 30 日与 D 公司签订合同，由 A 公司在 20×9 年 2 月至 20×9 年 4 月间，向 D 公司提供 40 台空调，每台约定价格 4 000 元。D 公司于合同签订时一次性预付 100 000 元货款。到 20×9 年 2 月 28 日，A 公司已交付空调 20 台，A 公司年末应编制如下调整分录：

借：预收账款——D 公司　　　　　　　　　　　　　　　80 000

　　贷：主营业务收入　　　　　　　　　　　　　　　　　80 000

这笔调整分录过账后，预收的 100 000 元收入中，有 80 000 元已转作本期的收入，剩余 20 000 元的预收款将递延到下期。

需要说明的是，对预收收入的账项调整，取决于预收收入的入账方法。如果企业在收到预收款项时，能可靠地预计在当期能实现的部分，那么它就可以在入账时将当期可实现的部分直接记作已实现的收入。因而，首期期末就无须进行账项调整，后续期间的账项调整再按上述方式进行。

【例 2-5】　假设 A 公司 20×9 年 6 月 1 日与 D 公司签订合同，将暂时闲置的仓库租给 D 公司，租期从 20×9 年 6 月 1 日至 20×9 年 12 月 31 日共计 6 个月，签订合同时 D 公司一次性支付全部租金 9 000 元，则 A 供公司在收到这笔预付租金时，可将第一个月的租金记作当期已实现的收入，其余部分作为预收收入入账。分录处理为：

借：银行存款　　　　　　　　　　　　　　　　　　　　9 000

　　贷：其他业务收入　　　　　　　　　　　　　　　　　1 500

　　　　预收账款——D 公司　　　　　　　　　　　　　7 500

为此，A 公司在收到预付租金的当期不必进行调整；在以后的期间里，再逐月调整已实现的租金收入。

（四）预付费用的摊销

预付费用是企业在正常的营运过程中发生的一种支付在先、受益在后的费用。若受益时间不超过一个会计年度的，则称为收益性支出，它在一个会计年度内按实际发生或受益情况，遵循"谁受益，谁负担"原则全部摊销完毕；若受益时间长于一个会计年度的，则属于资本性支出，应该按它的可能受益年限分摊。前者在我国被称为待摊销费用，它在企业日常的经营过程中会有各种类型存在；企业大量的固定资产支出，属于后一种类型，固定资产支出的分摊一般称为折旧。

1. 待摊费用的记录和摊销

一般而言，待摊费用都是摊销期限不超过一个会计年度的预付费用，如预付保险费、预付报刊征订费、预付房屋租金（指租期短于1年的部分）等。它们都是与费用有关的现金支出支付在先，效益的实际发生在后。因此，其现金支出发生时，不应记入当期的费用，而作为预付费用，递延到以后的会计期间。

【例2-6】 A公司于20×8年11月30日一次性支付20×9年度财产保险费60 000元。由于这笔支出发生时并未给企业带来效益，企业真正的受益是在下一会计年度，因此，付款时应通过如下会计处理，将其递延到下一会计年度。

借：待摊费用　　　　　　　　　　　　　　　　　　60 000

　　贷：银行存款　　　　　　　　　　　　　　　　　　60 000

企业在每个会计期末，应明确预付费用的效益是否已经发挥、企业是已经受益。如果企业已经受益，就应该按实际受益情况对预付费用进行摊销，编制相应的调整分录。

上年所预付的财产保险费，本年度每月平均分摊。这样，本月末应摊销当月应负担的保险费5 000元，调整分录如下：

借：管理费用　　　　　　　　　　　　　　　　　　5 000

　　贷：待摊费用　　　　　　　　　　　　　　　　　　5 000

2. 折旧的账项调整

从经济意义上看，企业购买固定资产的支出，也是一种支付在先、受益在后的巨额预付费用。由于固定资产金额较大，且使用寿命一般长于一个会计年度，有的甚至达到数十年之久。因此，按照划分资本性支出与收益性支出的原则，固定资产上的支出应作为一项资本性支出。一般而言，固定资产在报废之前是在生产中长期被使用而不改变实物形态，但它的价值却是按照其在生产中的损耗程度逐渐地转移到产品中去，因此，它的收回是通过折旧的方式分期进行的。

折旧，是指固定资产等生产资料在使用过程中因损耗而转移到最终完工产品（或劳务）中去的那部分价值。它实际上是固定资产价值的减少。折旧发生时必须同时反映两个方面的内容：一是折旧费的计提；二是累计折旧额的增加。前已述及，累计折旧额的增加理论上可以直接贷记固定资产账户，减少固定资产价值。但在现实经济生活中，固定资产价值的多少，代表了一个企业的生产规模或生产能力，如果账面上固定资产的价值随折旧的计提而减少，将给人以企业规模在不断萎缩的印象。而实际上，固定资产在其有效使用寿命期内，只要维护适度，都能基本保持其生产能力或水平。这样，就要求固定资产账户能反映各固定资产购入或取得时的价值，对折旧的计提，另设"累计折旧"予以反映。

【例2-7】 假设 A 公司的全部管理用固定资产经过计算，20×8 年 12 月应当计提 1 000 元折旧，则调整分录为：

借：管理费用——折旧   1 000

贷：累计折旧   1 000

二、会计报表的编制

在会计报表编制之前，必要的准备工作是编制试算表，以方便会计报表的编制。一般而言，一个完整的会计循环要编制三次试算表：第一次是在对本期所发生的全部经济业务做出会计分录并入账后，称为调整前试算；第二次是在编制调整分录并登记到相应的账户中去后，称为调整后试算；第三次则是在结清所有暂记性账户后，称为结账后试算。

（一）工作底稿的编制

工作底稿是会计人员为工作方便而编制的多栏式表。工作底稿以方便的格式罗列期末编表所需的会计资料。工作底稿编制概要如下：

（1）表头。工作底稿上方应写明企业名称、工作底稿字样及日期。

（2）账户名称。首先移入调整前试算表中的账户，然后根据调整需要写入所用账户。

（3）试算表。将调整前各分类账余额一一移入"借方"栏或"贷方"栏，然后加总验证借贷总额的平衡。

（4）调整。将调整项目一一记入该栏内，"调整"栏内借贷总额也应加总并相互平衡。

（5）调整后试算表。将试算表金额与调整项目金额按同方向相加、反方向相减的原则，算出调整后余额列入该栏，其借贷总额仍维持平衡。

（6）利润表。根据调整后试算表，将属于利润表的各金额按原借贷方向移入"利润表"栏中，然后加总借、贷总额，并比较两者大小。若贷方大于借方则表示实现利润，应将此差额写入"借方"栏以便结平表中的合计数；若借方大于贷方，则表示发生亏损，应直接将差额列入"贷方"栏以便结平表中的合计数，此差额便为净损失。

（7）资产负债表。调整后试算表中未列入利润表的项目全部移入本栏中，但须分别账户性质，按原借贷方向移入本栏对应位置。移项完毕后，将利润表中的净利润作为平衡数列入"资产负债表"栏的同一行内，至此，本栏借贷总额合计也应相等。

以 HT 有限公司 2018 年发生的经济业务为例，简要说明会计报表的编制。这里忽略增值税。

HT 有限公司 2018 年发生的经济业务如下：

（1）1 月 1 日，所有者投入 1 000 000 元创建公司，公司将此笔款项存入银行。

（2）2 月 10 日，以银行存款支付商品广告费 5 000 元。

（3）3 月 15 日，预收客户货款 25 000 元，商品尚未交付。

（4）4 月 1 日，从银行借入 3 年期借款 300 000 元，已划入企业银行账户。假定利息每半年支付，年利率为 5%。

（5）6 月 1 日，以银行存款支付职工工资 20 000 元，其中，管理人员工资 8 000 元，销售人员工资 12 000 元。

（6）8 月 1 日，购入商品一批，货款 150 000，商品已验收入库，货款尚未支付。

（7）9 月 1 日，销售商品一批，销售价格 40 000 元，该批产品实际成本为 20 000 元。商品已经发出，价款尚未收到。

（8）9 月 20 日，收回应收账款 14 000 元。

（9）10 月 1 日，以银行存款支付借款利息 7 500 元。

（10）10 月 14 日，销售商品一批，销售价格 250 000 元，已经收到 100 000 元，该批商品成本为 120 000 元。

（11）11 月 1 日，以银行存款支付行政部门办公费 1 000 元。

（12）11 月 28 日，购入经营用设备，价款 200 000 元，以银行存款支付。

（13）12 月 1 日，以银行存款购买职工保险共计 12 000 元，保险有效期为 1 年。

（14）HT 公司于 12 月 1 日短期出租设备，约定 2 400 元租金，年底尚未收到。

（15）12 月 31 日，归还购货欠款 30 000 元；交付 3 月未交付产品，价款 3 000 元，成本 1 500 元。

注：HT 公司 2018 年 11 月 28 日购入经营用设备 20 000 元，假设估计残值为 2 000 元，估计使用年限为 6 年，每月折旧额为 2 750 元。

工作底稿如表 2-7 所示。

表 2-7　HT 公司工作底稿

2018 年 12 月 31 日

单位：元

行次	项 目	调整前试算		调整				调整后试算		利润表		资产负债表	
		借方	贷方	序号	借方	序号	贷方	借方	贷方	借方	贷方	借方	贷方
1	银行存款	1163 500						1163 500				1163 500	
2	应收账款	176 000						176 000				176 000	
3	应收票据	0											
4	存货	10 000				5	1 500	8 500				8 500	
5	预付账款	12 000				3	1 000	11 000				11 000	
6	其他应收款	0		2	2 400			2 400				2 400	
7	固定资产	200 000						200 000				200 000	
8	累计折旧					7	2 750		2 750				2 750
9	应付账款		120 000						120 000				120 000
10	预收账款		25 000	4	3 000				22 000				22 000
11	应付利息		0			1	3 750		3 750				3 750
12	长期借款		300 000						300 000				300 000
13	实收资本		1 000 000						1 000 000				1 000 000
14	主营业务收入		290 000			4	3 000		293 000		293 000		
15	主营业务成本	140 000		5	1 500			141 500		141 500			
16	其他业务收入					2	2 400		2 400		2 400		
17	销售费用	17 000						17 000		17 000			
18	管理费用	9 000		3	1 000			12 750		12 750			
19				7	2 750								
20													
21	财务费用	7 500		1	3 750			11 250		11 250			
22	小计	1 735 000	1 735 000		14 400		14 400	1 743 900	1 743 900	182 500	295 400	1 561 400	1 448 500
23	本年利润									112 900			112 900
合计										295 400	295 400	1 561 400	1 561 400

（二）基本会计报表的编制

财务会计的基本目标是向信息使用者提供对他们有用的财务信息，其手段是通过定期提供会计报表来进行。在长期的会计工作实践中，形成了以资产负债表、利润表、现金流量表和所有者权益变动表为核心的会计报表体系。

为了对会计循环有个完整的概念，下面将依据上述的工作底稿，简要地介绍会计报表的编制。

1. 利润表

利润表是汇集某一会计期所有收入及费用账户金额的报表，它反映了企业该期的经营成果。根据表 2-7 工作底稿"利润表"栏，HT 公司可编制单步式利润表，如表 2-8 所示。

表 2-8　利润表

编制单位：　　　　　　　　　　2018 年　　　　　　　　　单位：元

营业收入	295 400
减：营业成本	141 500
销售毛利	117 900
减：管理费用	12 750
销售费用	17 000
财务费用	11 250
本年利润	112 900

2. 资产负债表

资产负债表是反映企业某一特定日期财务状况的报表，它是反映企业资产、负债、所有者权益结余状况以及相互关系的报表，表明企业在某一特定日期所拥有或控制的经济资源、所承担的现有债务和所有者对净资产的要求权。根据表 2-7 工作底稿"资产负债表"栏，HT 公司可编制资产负债表，如表 2-9 所示。

表 2-9　资产负债表

编制单位：　　　　　　　　　　2018 年　　　　　　　　　单位：元

资产		负债及所有者权益	
流动资产		流动负债	
货币资金	1163 500	应付账款	120 000
应收账款净额	176 000	预收账款	22 000

（续）

资产		负债及所有者权益	
其他应收账款	2 400	应付利息	3 750
存货	8 500	流动负债合计	145 750
预付账款	11 000	非流动负债	
流动资产合计	1 361 400	长期借款	300 000
		负债合计	445 750
非流动资产		所有者权益	
固定资产净值	197 250	实收资本	1 000 000
		留存收益	112 900
		所有者权益合计	1112 900
资产总计	1 558 650	负债及所有者权益合计	1 558 650

三、结账

结账是指会计期末将各账户余额结清或转至下期，使各账户记录暂告段落的过程。结账一般可分为实账户结账和虚账户结账。

虚账户是指收入及费用两类账户，即列示在利润表上的账户，这类账户的余额应于期末结清转入留存利润，结转至"利润分配——未分配利润"账户。实账户是指资产、负债及所有者权益账户，即列示在资产负债表上的账户，这类账户的余额应于期末结转为下期期初余额。

（一）虚账户结账

结清虚账户时，应先设"本年利润"账户，整理当期收入、费用账户的余额。收入账户为贷方余额，结账时应借记各项收入账户予以结清，贷记"本年利润"账户；费用账户为借方余额，结账时应借记"本年利润"账户，贷记各类费用账户。最后将"本年利润"结转到"利润分配——未分配利润"账户中，以增加所有者权益。

根据 HT 公司 2018 年度虚账户资料，编制会计分录如下：

借：本年利润　　　　　　　　　　　　　　　182 500
　　贷：主营业务成本　　　　　　　　　　　　　141 500
　　　　管理费用　　　　　　　　　　　　　　　12 750
　　　　销售费用　　　　　　　　　　　　　　　17 000
　　　　财务费用　　　　　　　　　　　　　　　11 250

借：主营业务收入   295 400

  贷：本年利润   295 400

借：本年利润   112 900

  贷：利润分配——未分配利润   112 900

"本年利润"账户只在结账过程中使用。如果"本年利润"账户出现借方余额，即借方总额大于贷方总额，就表示本期亏损；而该账户的贷方余额即表示本期利润。

将以上结账分录登记入账，并结清账户余额，至此虚账户的结账工作全部完成。

（二）实账户结账

资产、负债及所有者权益账户的余额均须结转至下期。结账时，要计算各实账户借、贷方的本期发生额和期末余额，然后将期末余额结转下期。上文中原材料账户登记过程中已列示了该类账户的记账结账过程，此处不再赘述。

至此，一个周期的会计循环也就完成了。下一个会计年度开始时，再重新开设收入、费用等账户，记录新的会计年度经营成果。

📖【要点回顾】

1. 设置会计账户是会计核算的一种专门方法。

2. 复式记账法就是任何一笔经济业务的发生都要在两个或两个以上的账户中，平行地进行相互联系的登记。借贷记账法是以"借""贷"作为记账符号，以"有借必有贷，借贷必相等"为记账规则的复式记账法。

3. 账簿按用途可分为序时账簿、分类账簿和备查账簿；按外表形式可分为订本式账簿、活页式账簿、卡片式账簿；按账页格式可分为三栏式账簿、数量金额式账簿和多栏式账簿。

4. 总分类账一般采用借方、贷方、余额三栏式格式；明细分类账根据管理要求和经济业务的内容不同，可采用三栏式、数量金额式、多栏式格式。

5. 记账程序常见的有：记账凭证账务处理程序、科目汇总表账务处理程序、汇总记账凭证账务处理程序等。其区别主要在于登记总分类账的依据及方法不同。

6. 会计报表作为财务会计报告中最重要、信息最集中的组成部分，包括资产负债表、利润表等。

【复习题】

1. 会计循环的顺序是（　　　）。

A. 原始凭证，记账凭证，账簿，试算，调整，编表，结账

B. 原始凭证，分录，账簿，试算，调整，结账，编表

C. 记账凭证，日记账，试算，调整，编表，结账

D. 编制凭证，分录，账簿，试算，编表，结账

2. 下列（　　　）体现了借贷记账规则在损益类账户上的应用。

A. 费用账户增加应借记，并列示在资产负债表的左边

B. 收入账户增加应借记，并列示在资产负债表的右边

C. 费用账户增加应借记，并列示在利润表的左边

D. 收入和费用增减会对所有者权益发生影响

3. 财产物资的明细分类核算适用于（　　　）。

A. 三栏式明细分类账　　　　　　B. 数量金额式明细分类账

C. 多栏式明细分类账　　　　　　D. 总分类账

4. 如果发现会计分录中应借、应贷的账户或金额有错误并已登记入账，可用（　　　）进行更正。

A. 红字更正法　　　　　　　　　B. 涂改法

C. 补充登记法　　　　　　　　　D. 调整法

5. 以下哪类账簿以逐日、逐笔序时登记方式记录，全面、详细地反映了库存现金收入、支出和结存的原因及其金额。（　　　）

A. 银行存款日记账　　　　　　　B. 库存现金日记账

C. 明细分类账　　　　　　　　　D. 备查簿

6. 某公司所有者权益期初余额为 65 000 元，该公司当年收入为 430 000 元，费用为 360 000 元，以现金分红 50 000 元，则该公司当年净利润及所有者权益年末余额分别为（　　　）。

A. 20 000，95 000　　　　　　　B. 70 000，95 000

C. 60 000，75 000　　　　　　　D. 70 000，85 000

第三章

主要经济业务核算与成本计算

【本章要点】

1. 熟悉企业生产经营过程中主要经济业务及其核算过程。
2. 掌握不同业务涉及的主要账户以及复式记账法的原理。
3. 了解生产企业材料采购成本计算的基本原理和方法。
4. 了解生产企业成本计算的基本原理和方法。

第一节　主要经济业务核算

一、资金筹集的核算

企业的资金筹集主要包括负债资金筹集和所有者权益资金筹集，负债资金筹集主要包括短期借款、长期借款、债券筹资、商业信用筹资、融资租赁筹资等，所有者权益资金筹资主要包括吸收直接投资、发行股票、留存收益筹资等。本章主要介绍短期借款、长期借款以及吸收直接投资这几种筹资方式的核算。

（一）资金筹集核算涉及的主要账户

在资金筹集过程中，为核算资金筹集业务，反映资金筹集的具体方式和金额，企业一般会运用到以下账户：

1. "银行存款"账户

本账户属于资产类账户，用以核算企业存入银行等金融机构的各类存款。本账户的借方登记企业存入银行等金融机构的金额（即登记增加金额），贷方登记企业各类经济业务使用或提取银行存款的金额（即登记减少金额）。本账户期末余额在借方，表示期末企业存放在银行等金融机构的存款金额。本账户一般按开户银行等金融机构和存款种类等设置银行存款日记账。

2. "短期借款" 账户

本账户属于负债类账户，用以核算企业向银行等金融机构借入的期限在1年以下（含1年）的各类借款。本账户的贷方登记企业从银行等金融机构借入的各类短期借款，借方登记企业偿还银行等金融机构的各类短期借款。本账户期末余额在贷方，表示期末企业尚未偿还的短期借款金额。本账户一般按贷款银行等金融机构和贷款币种设置明细分类账。

3. "长期借款" 账户

本账户属于负债类账户，用以核算企业向银行等金融机构借入的期限在1年以上（不含1年）的各类借款。本账户的贷方登记企业从银行等金融机构借入的各类长期借款，借方登记企业偿还银行等金融机构的各类长期借款。本账户期末余额在贷方，表示期末尚未偿还的长期借款金额。本账户一般按贷款银行等金融机构、贷款币种分别设置 "本金" "利息调整" 等明细分类账。

4. "实收资本（或股本）" 账户

"实收资本" 账户（股份有限公司一般设置为 "股本" 账户）属于所有者权益类账户，用以核算企业投资者按照企业章程、合同或协议的约定，实际投入企业的资本金以及按照有关规定由资本公积、盈余公积等转增资本的资金。投资者的出资形式可以是货币资金（库存现金、银行存款等），也可以是实物资产（机器设备等）或无形资产（土地使用权等）。本账户的贷方登记企业实际收到投资者作为资本投入的现金、银行存款，以及房屋、机器设备等实物或无形资产，借方登记投资者收回的资本。本账户期末余额在贷方，表示期末投资者实际投入企业的资本金。本账户一般按投资者设置明细分类账。

5. "资本公积" 账户

本账户属于所有者权益类账户，用以核算企业收到投资者出资额超过其在注册资本中所占份额的部分，以及直接计入所有者权益的利得和损失。本账户的贷方登记资本公积的增加额，借方登记资本公积的减少额。本账户的期末余额一般在贷方，表示企业期末资本公积的结余金额。本账户一般按照资本公积的来源不同，分别设置 "资本溢价（或股本溢价）" "其他资本公积" 明细分类账。

资金筹集业务除了运用上述账户外，还可能涉及其他有关账户，如 "固定资产" "无形资产" 等。

（二）资金筹集的主要经济业务核算

1. 短期借款核算

短期借款是指企业为维持正常生产经营所需的资金或为抵偿某项债务而向银行或其他金融机构等外单位借入的、还款期限在 1 年以下（含 1 年）的各种借款。短期借款主要有经营周转借款、临时借款、结算借款、专项储备借款等。

【例 3-1】　由于正常生产经营的需要，甲企业向银行借入 20 000 元经营周转借款，借款期限为 6 个月。

这笔经济业务的发生，一方面企业由于生产经营需要而增加借款 20 000 元，且借款期限不超过 1 年，应记入"短期借款"账户的贷方；另一方面企业收到银行转入的借款资金，银行存款增加 20 000 元，应记入"银行存款"账户的借方。该业务会计分录如下：

借：银行存款　　　　　　　　　　　　　　　　　　　　20 000

　　贷：短期借款　　　　　　　　　　　　　　　　　　　　20 000

2. 长期借款核算

长期借款是指企业为进行长期投资而向银行或其他金融机构等外单位借入的、还款期限在 1 年以上（不含 1 年）的各种借款。长期借款主要有固定资产投资借款、更新改造借款、科技开发和新产品试制借款等。

【例 3-2】　甲企业为满足长远发展需要购置一套机器设备，向银行借入 50 000 元，借款期限为 3 年。

这笔经济业务的发生，一方面企业由于需要购置机器设备而增加借款 50 000 元，且借款期限大于 1 年，应记入"长期借款"账户的贷方；另一方面企业收到银行转入的借款资金，银行存款增加 50 000 元，应记入"银行存款"账户的借方。该业务会计分录如下：

借：银行存款　　　　　　　　　　　　　　　　　　　　50 000

　　贷：长期借款　　　　　　　　　　　　　　　　　　　　50 000

3. 吸收直接投资核算

吸收直接投资是指企业按照"共同投资、共同经营、共担风险、共享利润"的原则来吸收国家、法人、个人、外商投入资金的一种筹资方式。投资者可以用货币资金、固定资产、无形资产等形式进行投资。

【例 3-3】　甲公司分别收到乙公司、丙公司投入的资本金 100 000 元、200 000 元，并存入银行，全部投资款作为企业实收资本。

这笔经济业务的发生，一方面使得企业资本金增加 300 000 元，应记入"实收资本"账户的贷方；另一方面企业收到乙、丙公司投资款并存入银行，应记入"银行存款"账户的借方。该业务会计分录如下：

借：银行存款 300 000
　　贷：实收资本——乙公司 100 000
　　　　　　　　——丙公司 200 000

【例3-4】 甲公司接受丁公司投入的某机器设备，经投资双方确认，该设备评估价值为80 000元，该设备的所有移交手续已办妥。

这笔经济业务的发生，一方面使得甲公司收到丁公司以固定资产作为资本投入，应记入"实收资本"账户的贷方；另一方面甲公司新增了一项固定资产，应记入"固定资产"账户的借方。该业务会计分录如下：

借：固定资产——某机器设备 80 000
　　贷：实收资本——丁公司 80 000

【例3-5】 甲公司接受戊公司的一块土地使用权作为资本投入，该土地使用权评估价值为1 000 000元，根据甲公司所有者权益状况，双方商定该土地使用权可以享有600 000元的实收资本权益，剩余价值部分作为资本溢价。

这笔经济业务的发生，一方面使得甲公司收到戊公司以土地使用权作为资本投入，其中600 000元应记入"实收资本"账户的贷方，400 000元应记入"资本公积"账户的贷方；另一方面甲公司新增了一项无形资产，应记入"无形资产"账户的借方。该业务会计分录如下：

借：无形资产——某土地使用权 1 000 000
　　贷：实收资本——戊公司 600 000
　　　　资本公积——资本溢价 400 000

二、供应过程的核算

供应过程是生产企业经营过程中的物资准备阶段，其主要经济业务是进行材料物资采购，以保证后续生产活动的顺利进行。在物资采购过程中，企业主要是使用货币资金购买原材料、辅助材料，支付采购费用，计算采购成本。

（一）材料采购核算涉及的主要账户

在材料物资采购过程中，为对采购业务进行核算，反映采购材料的具体状态和金额，企业一般会运用到以下账户：

1."材料采购"账户

本账户属于资产类账户，用以核算企业采用计划成本进行日常核算而购入的材料采购成本。本账户的借方登记采购材料的实际成本（包括材料费和运杂费）以及材料入库结转的节约差异（即实际成本小于计划成本的差额），贷方登记材料入库时的计划成本以及材料入库时结转的超支差异（即实际成本大于计划成本的差额）。本账户的期末余额在借方，表示期末企业在途材料的实际采购成本。本账户一般按供应单位和材料品种设置明细分类账。

2."材料成本差异"账户

本账户属于资产类账户，用以核算企业采用计划成本进行日常核算的材料计划成本与实际成本的差额。本账户的借方登记入库材料形成的超支差异以及转出的发出材料应负担的节约差异，贷方登记入库材料形成的节约差异以及转出的发出材料应负担的超支差异。本账户的期末余额可在借方或贷方，借方余额表示企业库存材料等的实际成本大于计划成本的差异，贷方余额表示企业库存材料等的实际成本小于计划成本的差异。本账户一般按"原材料""周转材料"等账户设置明细分类账。

3."在途物资"账户

本账户属于资产类账户，用以核算采用实际成本法的企业已经购入但尚未到达或尚未验收入库的在途物资的采购成本。本账户的借方登记购入材料、商品等物资的实际成本，贷方登记已验收入库的材料、商品等物资应结转的实际采购成本。本账户期末余额在借方，表示期末在途材料、商品等物资的采购成本。本账户一般按供应单位和物资品种设置明细分类账。

4."原材料"账户

本账户属于资产类账户，用以核算企业库存各种材料的收入、发出和结存情况，包括原料及主要材料、辅助材料、外购半成品、外购材料、修理用备件、包装材料、燃料等的计划成本或实际成本。本账户的借方登记已验收入库材料的计划成本或实际成本，贷方登记材料发出、减少的数额。本账户期末余额在借方，表示库存材料的计划成本或实际成本。企业采用计划成本进行材料日常核算的，发出材料还应结转材料成本差异。本账户一般按材料的保存地点、类别、品种、规格等设置明细分类账。

5."应付账款"账户

本账户属于负债类账户，用以核算企业因购买材料、商品和接受劳务等经营活动而应支付的款项。本账户的贷方登记企业购入材料、商品和接受劳务等尚未支付的款项，借方登记企业实际偿还的款项、开出商业汇票抵付应付账款的款项以及冲销无法支付的款项。在实务中，本账户期末余额可在贷方或借方，期末贷方余额表示企业尚未支付的应付账款余额，期末借方余额表示企业预付账款余额。本账户一般按债权人设置明细分类账。

6. "预付账款"账户

本账户属于资产类账户，用以核算企业按照合同规定预付的款项。本账户的借方登记因购买货物而预付的款项，贷方登记企业收到所购货物而转销的款项。本账户期末余额可在借方或贷方，期末借方余额表示企业预付的款项，期末贷方余额表示企业尚需补付的款项。本账户一般供货单位设置明细分类账。

7. "应付票据"账户

本账户属于负债类账户，用以核算企业因购买材料、商品和接受劳务等开出并承兑的商业汇票，包括银行承兑汇票和商业承兑汇票。本账户的贷方登记已开出并承兑的商业汇票金额，借方登记已支付的到期商业汇票金额。本账户期末余额在贷方，表示企业尚未支付的未到期商业汇票金额。本账户一般按债权人设置明细分类账。

8. "应交税费"账户

本账户属于负债类账户，用以核算企业按税法等规定计算应缴纳的各项税费，包括增值税、消费税、所得税、资源税、土地增值税、城市维护建设税、房产税、城镇土地使用税、车船税等。本账户的贷方登记企业按规定应缴纳的各项税费，借方登记企业实际缴纳的各项税费。本账户期末余额可在贷方或借方，期末贷方余额表示企业尚未缴纳的各项税费，期末借方余额表示企业多缴或尚未抵扣的各项税费。本账户一般按税费项目设置明细分类账。其中，"应交增值税"明细账户还需要设置"进项税额""销项税额""出口退税""进项税额转出"及"已交税金"等专栏。

（二）材料采购的主要经济业务核算

企业在进行材料采购时，可实行计划成本计价或者实际成本计价。采用计划成本法的企业，在"材料采购"和"材料成本差异"账户中进行核算；采用实际成本法的企业，在"在途物资"中进行核算。

下面举例主要使用计划成本法，采用实际成本法的企业主要将"材料采购"账户转换成"在途物资"账户即可。为简化核算，暂不考虑"材料成本差异"账户，即假设所购材料的计划成本与实际成本一致，材料成本差异为零。

【例3-6】 甲公司向乙公司购入A材料2 000kg，每千克5元，企业事先已预付相关款项；向丙公司赊购B材料5 000kg，每千克4元；向丁公司购入C材料4 000kg，每千克10元，开出银行承兑汇票支付。该批材料适用16%的增值

税税率，增值税进项税额共计 11 200 元。（材料单价均不含税，且材料单价与计划成本一致）

这笔经济业务的发生，一方面表明甲公司购入 A、B、C 三种材料的金额分别为 10 000 元、20 000 元和 40 000 元，应记入"材料采购"账户的借方；三种材料的增值税进项税额 11 200 元应记入"应交税费"账户的借方。另一方面，A 材料货款 10 000 元及其增值税 1 600 元采用预付款支付，应冲销之前的预付款项，记入"预付账款"账户的贷方；B 材料货款 20 000 元及其增值税 3 200 元采用赊购形式，相关款项尚未支付，应记入"应付账款"账户的贷方；C 材料货款 40 000 元及其增值税 6 400 元采用银行承兑汇票支付，应记入"应付票据"账户的贷方。该业务会计分录如下：

借：材料采购——A 材料　　　　　　　　　　　　　10 000
　　　　　　　——B 材料　　　　　　　　　　　　　20 000
　　　　　　　——C 材料　　　　　　　　　　　　　40 000
　　应交税费——应交增值税（进项税额）　　　　　　11 200
　　贷：预付账款——乙公司　　　　　　　　　　　　　　　　11 600
　　　　应付账款——丙公司　　　　　　　　　　　　　　　　23 200
　　　　应付票据——丁公司　　　　　　　　　　　　　　　　46 400

【例 3-7】　接上例，甲公司购入的 A、B、C 三种材料的运输费用 4 000 元（假设不考虑增值税），以银行存款支付，另外 400 元装卸费用以现金支付（假定运输费和装卸费按重量进行分配）。

这笔经济业务的发生，一方面使得甲公司因采购 A、B、C 三种材料而发生的采购费用 4 400 元，应记入"材料采购"账户的借方，另一方面减少了甲公司的银行存款 4 000 元和库存现金 400 元，应分别计入"银行存款"和"库存现金"账户的贷方。由于该笔采购费用（包括运输费和装卸费）是因采购 A、B、C 三种材料而发生的，因而需要在这三种材料中根据重量进行分配，这笔采购费用 A、B、C 三种材料应分别负担 800 元、2 000 元和 1 600 元。该业务会计分录如下：

借：材料采购——A 材料　　　　　　　　　　　　　800
　　　　　　　——B 材料　　　　　　　　　　　　　2 000
　　　　　　　——C 材料　　　　　　　　　　　　　1 600
　　贷：银行存款　　　　　　　　　　　　　　　　　　　　4 000
　　　　库存现金　　　　　　　　　　　　　　　　　　　　400

【例 3-8】　甲公司向丁公司购买 C 材料开出的 46 400 元银行承兑汇票到期，甲公司以银行存款支付该到期商业汇票。

这笔经济业务的发生，一方面甲公司支付到期的银行承兑汇票 46 400 元，应记入"应付票据"账户的借方，另一方面企业使用银行存款支付这一款项，使得银行存款减少，应记入"银行存款"账户的贷方。该业务会计分录如下：

借：应付票据——丁公司   46 400

 贷：银行存款   46 400

【例 3-9】 月末，甲公司根据入库单结转本月 A、B、C 三种材料的采购总成本 74 400 元。

这笔经济业务的发生，表明这三种材料已经验收入库，各种材料的总成本已经计算确定（各种材料的成本计算方法，请参见本章第二节成本计算相关内容）。一方面，甲公司库存材料成本增加了 74 400 元，应记入"原材料"账户的借方；另一方面，甲公司的采购过程已完成，应减少材料采购成本 74 400 元，记入"材料采购"账户的贷方。该业务会计分录如下：

借：原材料——A 材料   10 800

    ——B 材料   22 000

    ——C 材料   41 600

 贷：材料采购——A 材料   10 800

      ——B 材料   22 000

      ——C 材料   41 600

三、生产过程的核算

生产过程是生产企业的中心环节，企业的生产过程既是产品制造过程，又是物化劳动和活劳动的耗费过程。企业生产过程中所发生的各种耗费被称为生产费用，主要包括：生产产品所消耗的原材料、辅助材料、燃料和动力，生产工人的工资及福利费，厂房和机器设备等固定资产的折旧费，以及管理和组织生产、为生产服务而发生的各种费用。这些生产费用按一定种类的产品进行归集和分配，进而计算产品的生产成本。

（一）生产过程核算涉及的主要账户

为核算产品生产业务，反映生产费用的形成及其分配，用以确定产品的生产成本，企业一般会运用到以下账户：

1."生产成本"账户

本账户属于成本类账户，用以核算企业进行生产发生的各项生产成本，包括生产各种产成品、自制半成品、自制材料、自制工具、自制设备等。本账户的借方登记应计入产品成本的各项耗费，包括直接计入产品成本的直接材料费、直接人工费和其他直接支出，以及按照一定标准分配计入产品成本的制造费用。本账户的贷方登记完工入库产品应结转的生产成本。本账户期末余额在借方，表示期末尚未完工的在产品实际生产成本。为具体核算每种产品的生产费用和实际生产成本，本账户一般按"基本生产成本"和"辅助生产成本"设置明细分类账，并可按产品种类设置三级明细账。

2. "制造费用"账户

本账户属于成本类账户，用以核算企业生产车间为生产产品而发生的各项间接费用。本账户的借方登记生产车间为生产产品而发生的机物料消耗、车间管理人员薪酬、机器设备和厂房的折旧费、修理费、车间办公费、水电费、劳动保护费、季节性停工损失等费用；贷方登记期末按一定标准分配转入"生产成本"账户的由各种产品负担的制造费用，期末一般无余额。本账户一般按不同车间、部门和费用项目设置明细分类账。

3. "管理费用"账户

本账户属于损益类账户，用以核算企业管理部门为组织和管理企业生产经营活动而发生的费用。本账户的借方登记企业发生的各项管理费用，包括企业在筹建期内发生的开办费、董事会和行政管理部门在企业经营管理中发生的或应由公司统一负担的经费（如行政管理部门职工工资和福利费、行政管理部门折旧费、物料消耗、办公费、差旅费、工会经费、聘请中介机构费用、咨询费、业务招待费、诉讼费、房产税、车船税、城镇土地使用税、印花税等）；贷方登记期末转入"本年利润"账户的金额；期末结转后应无余额。本账户一般按费用项目设置明细分类账。

4. "财务费用"账户

本账户属于损益类账户，用以核算企业在资金筹集过程中发生的各项费用，包括银行结算的手续费、借款利息、汇兑损益、企业发生的现金折扣等。本账户的借方登记本期发生的各项财务费用，贷方登记银行存款的利息收入及期末转入"本年利润"账户的金额，期末结转后本账户应无余额。本账户一般按费用项目设置明细分类账。

5. "库存商品"账户

本账户属于资产类账户，用以核算企业库存的各种商品的实际成本或计划成本，包括库存产成品、外购商品、存放在门市部准备出售的商品以及完工验收入库的来料加工制造的代制品和为外单位修理的代修品等。本账户的借方登记已经生产完工验收入库的各种产品实际生产成本或计划生产成本，贷方登记出库产品的实际成本或计划成本。本账户期末余额在借方，表示企业结存商品的实际成本或计划成本。本账户一般按库存商品的种类、品种和规格设置明细分类账。

6."应付职工薪酬"账户

本账户属于负债类账户，用以核算企业为获得职工提供的服务而给予各种形式的报酬以及其他相关支出，包括职工工资、奖金、津贴、工会经费、职工教育经费、社会保险费和住房公积金等。本账户的贷方登记本月计算的应付职工薪酬，借方登记实际支付的职工薪酬。本账户的期末余额在贷方，表示期末企业应付未付的职工薪酬。本账户一般按"工资""职工福利费""工会经费""社会保险费""住房公积金""职工教育经费""非货币性福利""辞退福利"等设置明细分类账。

7."累计折旧"账户

本账户属于资产类账户，是固定资产的备抵调整账户，用以核算固定资产因磨损、消耗而减少的价值。固定资产的价值减少本应计入"固定资产"账户的贷方，但为使"固定资产"账户保持固定资产的原价，以完整地体现固定资产的使用价值，因而设置"累计折旧"账户。本账户作为"固定资产"账户的备抵调整账户，用以记录固定资产价值的减少。本账户的结构与一般资产账户的结构刚好相反，累计折旧是贷方登记增加，借方登记减少。本账户的贷方登记按期计提的固定资产累计折旧，借方登记因处置固定资产而结转的累计折旧。本账户期末余额在贷方，表示现有固定资产累计折旧金额。

（二）生产过程中主要经济业务核算

企业在生产过程中，发生的主要经济业务包括：车间领用原材料进行生产、计算并分配职工薪酬、计提固定资产折旧费、分配制造费用、产品完工后结转产品生产成本等。按照不同的经济业务，现举例进行说明：

【例3-10】本月从仓库领用A、B、C三种材料，用以生产甲、乙两种产品和其他一般耗用，材料领用情况表如表3-1所示。

这笔经济业务的发生，一方面说明企业库存原材料减少44 000元（其中A材料减少17 000元，B材料减少14 000元，C材料减少13 000元），应记入"原材料"账户的贷方。另一方面说明企业增加生产费用44 000元，其中直接用于甲、乙产品的材料费用40 000元，应直接记入这两种产品的成本，记入"生产成本"账户的借方；生产车间一般耗用的材料费用2 000元属于间接成本，应记入"制造费用"账户的借方；管理部门领用的材料费用2 000元，属于期间费用，应记入"管理费用"账户的借方。该业务会计分录如下：

表3-1　材料领用情况表

项目	A 材料		B 材料		C 材料		合　计	
	数量/kg	金额（元）	数量/kg	金额（元）	数量/kg	金额（元）	数量/kg	金额（元）
生产甲产品耗用	1 000	5 000	2 000	8 000	500	5 000	3 500	18 000
生产乙产品耗用	2 000	10 000	1 000	4 000	800	8 000	3 800	22 000
小计	3 000	15 000	3 000	12 000	1 300	13 000	7 300	40 000
车间一般耗用	400	2 000					400	2 000
管理部门领用			500	2 000			500	2 000
合计	3 400	17 000	3 500	14 000	1 300	13 000	8 200	44 000

借：生产成本——甲产品　　　　　　　　　　　　　　18 000

　　　　　　——乙产品　　　　　　　　　　　　　　22 000

　　制造费用　　　　　　　　　　　　　　　　　　　2 000

　　管理费用　　　　　　　　　　　　　　　　　　　2 000

　　贷：原材料——A 材料　　　　　　　　　　　　　　　17 000

　　　　　　　——B 材料　　　　　　　　　　　　　　　14 000

　　　　　　　——C 材料　　　　　　　　　　　　　　　13 000

【例3-11】　计算本月份职工工资27 000，其中生产甲产品工人工资8 000元，生产乙产品工人工资12 000元，车间管理人员工资4 000元，企业管理人员工资3 000元。

这笔经济业务的发生，一方面表明企业的生产费用增加了25 000元，其中生产工人的工资18 000元属于直接费用，应记入"生产成本"账户的借方；车间管理人员的工资4 000元属于生产产品的间接费用，应记入"制造费用"账户的借方；企业管理人员的工资3 000元属于期间费用，应记入"管理费用"账户的借方。另一方面，企业本月新增应付职工工资25 000元，应记入"应付职工薪酬"账户的贷方。该业务会计分录如下：

借：生产成本——甲产品	8 000
——乙产品	12 000
制造费用	4 000
管理费用	3 000
贷：应付职工薪酬——工资	27 000

【例3-12】 月末，企业计提固定资产折旧费用5 000元，其中生产车间固定资产折旧费用4 000元，行政管理部门固定资产折旧费用1 000元。

固定资产折旧本质是固定资产的价值转移到有关产品的成本或者企业费用中，并通过销售产品等活动对这部分成本费用进行补偿。这笔经济业务的发生，一方面表明企业的生产成本和费用增加5 000元，其中生产车间使用的固定资产的折旧4 000元应记入"制造费用"账户的借方，行政管理部门使用的固定资产折旧1 000元应记入"管理费用"账户的借方；另一方面表明固定资产的价值减少了5 000元，应记入固定资产备抵调整账户"累计折旧"的贷方。该业务会计分录如下：

借：制造费用	4 000
管理费用	1 000
贷：累计折旧	5 000

【例3-13】 企业以银行存款支付本月水电费3 000元，其中生产车间水电费2 000元，行政管理部门水电费1 000元。

这笔经济业务的发生，一方面表明企业的生产费用增加了3 000元，其中间接生产费用增加2 000元，应记入"制造费用"账户的借方；管理费用增加1 000元，应记入"管理费用"账户的借方。另一方面，企业的银行存款减少3 000元，应记入"银行存款"账户的贷方。该业务会计分录如下：

借：制造费用	2 000
管理费用	1 000
贷：银行存款	3 000

【例3-14】 企业本月以银行存款支付公司办公费用5 000元，其中生产车间办公费3 000元，行政管理部门办公费2 000元。

这笔经济业务的发生，一方面要增加生产中的间接费用3 000元和行政管理部门的管理费用2 000元，记入产品成本和期间费用，应分别记入"制造费用"和"管理费用"账户的借方；另一方面企业的银行存款减少5 000元，应记入"银行存款"账户的贷方。

```
借：制造费用                                              3 000
    管理费用                                              2 000
    贷：银行存款                                                 5 000
```

【例 3-15】　企业将本月发生的制造费用 15 000 元按生产工人的工资比例分配到各产品成本中。

制造费用是企业为生产产品而发生的间接生产费用，属于产品成本的重要组成部分，最终应由各产品负担。对于制造费用的分配，企业常用的分配标准有按直接生产工人工资、机器制造小时等。这笔经济业务的发生，一方面使产品的生产成本增加 15 000 元，应记入"生产成本"账户的借方；另一方面企业要结转各项制造费用 15 000 元，应记入"制造费用"账户的贷方。该业务会计分录如下（制造费用的分配见本章第二节表 3-8）：

```
借：生产成本——甲产品                                      6 000
        ——乙产品                                          9 000
    贷：制造费用                                                15 000
```

【例 3-16】　企业以银行存款支付应由本期承担的短期借款利息 1 000 元。

短期借款利息属于财务费用，应记入当期损益。这笔经济业务的发生，一方面企业的利息费用增加 1 000 元，应记入"财务费用"账户的借方；另一方面企业减少银行存款 1 000 元，应记入"银行存款"账户的贷方。该业务会计分录如下：

```
借：财务费用                                              1 000
    贷：银行存款                                                1 000
```

【例 3-17】　接例 3-10、例 3-11、例 3-15，假设企业期初无在产品，本月生产的甲产品 1 000 件、乙产品 500 件，在月末全部完工并已验收入库。

这笔经济业务的发生，一方面表明企业的产成品（甲乙两种产品）均已生产完成，增加了企业的库存商品，应记入"库存商品"账户的借方；另一方面结转企业的生产成本，减少企业生产成本（即在产品），应记入"生产成本"账户的贷方。该业务会计分录如下（产品成本具体计算过程见本章第二节表 3-11）：

```
借：库存商品——甲产品                                     32 000
        ——乙产品                                         43 000
    贷：生产成本——甲产品                                       32 000
            ——乙产品                                         43 000
```

四、销售过程的核算

销售过程是企业将产成品销售给客户，实现产品价值的过程。在企业销售产品的过程中，还会发生各项费用，例如包装费、运输费、装卸费、保险费、展览费、广告费、商品维修费以及为销售产品而专设的销售机构的职工工资、福利费、业务费、折旧费等销售费用，这些费用应记入当期损益。

（一）销售过程核算涉及的主要账户

为核算企业销售业务，企业一般会运用到以下账户：

1.“主营业务收入”账户

本账户属于损益类账户，用以核算企业销售产品、提供劳务等日常活动中所产生的收入。本账户的贷方登记已销售产品、提供劳务等的收入，借方登记销售退回和销售折让发生额以及期末转入“本年利润”账户的金额，期末结转后本账户无余额。本账户一般按主营业务产品类别设置明细分类账。

2.“主营业务成本”账户

本账户属于损益类账户，用以核算企业确认销售产品、提供劳务等主营业务应结转的成本。本账户的借方登记本期销售各种产品、提供劳务应结转的主营业务成本，贷方登记期末转入“本年利润”账户的金额，期末结转后本账户无余额。本账户一般按主营业务产品类别设置明细分类账。

3.“销售费用”账户

本账户属于损益类账户，用以核算企业在销售产品、提供劳务的过程中发生的各种费用，包括运输费、装卸费、包装费、保险费、展览费、广告费、商品维修费、预计产品质量保证损失等费用。本账户的借方登记企业发生的各类销售费用，贷方登记期末转入“本年利润”账户的金额，期末结转后本账户无余额。本账户一般按费用项目设置明细分类账。

4.“税金及附加”账户

本账户属于损益类账户，用以核算企业经营活动所发生的税金及其附加费，包括消费税、城市维护建设税、资源税、教育费附加、房产税、城镇土地使用税、车船税、印花税等相关税费（增值税不通过本账户核算）。本账户的借方登记企业按规定计算应缴纳的各种税费，贷方登记期末转入“本年利润”账户的金额，期末结转后本账户无余额。本账户一般按税费项目设置明细分类账。

5.“应收账款”账户

本账户属于资产类账户，用以核算企业因销售商品、提供劳务等经营活动应收取的款项。本账户的借方登记影响购货单位或接受劳务单位收取的款项，包括应收取的价款、税款和代垫款等，贷方登记收回的应收款项、改用商业汇票结算以及转销为坏账的应收账款。本账户的期末余额可在借方或贷方，借方余额表示企业尚未收回的应收账款，贷方余额表示企业预收的账款。本账户一般按债务人设置明细分类账。

6."应收票据"账户

本账户属于资产类账户，用以核算企业因销售商品、提供劳务等而收到的商业汇票。本账户的借方登记企业收到的应收票据票面金额，贷方登记票据到期企业收回的应收票据票面金额。本账户的期末余额在借方，表示企业持有的尚未收到款项的商业汇票票面金额。本账户一般按开出、承兑商业汇票的单位设置明细分类账。

7."预收账款"账户

本账户属于负债类账户，用以核算企业按照合同规定预收的款项。本账户的贷方登记企业向购货单位预收的款项等，借方登记销售实现时按实际收入转销的预收款项等。本账户的期末余额可在贷方或借方，贷方余额表示企业预收的尚未实现收入的款项，借方余额表示企业应收取的款项。本账户一般按购货单位设置明细分类账。

8."其他业务收入"账户

本账户属于损益类账户，用以核算企业确认的除主营业务活动以外的其他经营活动实现的收入，包括出租固定资产、出租无形资产、出租包装物和商品、销售材料等。本账户的贷方登记企业实现的其他业务收入，借方登记期末转入"本年利润"账户的金额，期末结转后本账户无余额。本账户一般按其他业务类别设置明细分类账。

9."其他业务成本"账户

本账户属于损益类账户，用以核算企业确认的除主营业务活动以外的其他经营活动所发生的成本，包括销售材料的成本、出租固定资产的折旧、出租无形资产的摊销、出租包装物的成本或摊销额。本账户的借方登记企业发生的其他业务支出成本，贷方登记期末转入"本年利润"账户的金额，期末结转后本账户无余额。本账户一般按其他业务类别设置明细分类账。

（二）销售过程中主要经济业务核算

企业销售过程中，发生的主要经济业务包括：销售产品、结转成本、支付费用、计算税金及附加等。按照不同经济业务，现举例进行说明：

【例3-18】 企业向宏兴公司出售甲产品500件，每件售价60元，货款30 000元及增值税销项税额4 800元（增值税税率为16%），宏兴公司暂未付款；向宏兴公司销售乙产品400件，每件售价150元，货款60 000元及增值税销项税额9 600元（增值税率16%），宏兴公司开出商业汇票支付。

这笔经济业务的发生，一方面企业的应收货款及增值税增加34 800元，应记入"应收账款"账户的借方；企业收到宏兴公司因购买乙产品的货款及增值税而开出的商业汇票69 600元，应记入"应收票据"账户的借方。另一方面企业因销售甲乙两种产品而增加销售收入90 000元，应记入"主营业务收入"账户的贷方；企业向购货方宏兴公司收取的增值税销项税额14 400元是销售商品产生的增值税纳税义务，不能确认为企业收入，应作为企业的一项负债记入"应交税费——应交增值税（销项税额）"账户的贷方。该业务会计分录如下：

借：应收账款——宏兴公司　　　　　　　　　　　　　34 800

　　应收票据——宏兴公司　　　　　　　　　　　　　69 600

　　贷：主营业务收入　　　　　　　　　　　　　　　　　90 000

　　　　应交税费——应交增值税（销项税额）　　　　　14 400

【例3-19】 企业向利达公司销售乙产品100件，每件售价150元，货款15 000元及增值税销项税额2 400元（增值税税率16%），利达公司使用先前的预付款10 000元及银行存款7 400元支付。

这笔经济业务的发生，一方面企业的预收账款减少10 000元，应记入"预收账款"账户的借方；银行存款增加7 400元，应记入"银行存款"账户的借方。另一方面，企业销售乙产品增加销售收入15 000元，应记入"主营业务收入"账户的贷方；企业因销售乙产品而收取的增值税2 400元，需要上交给国家税务机关，应记入"应交税费——应交增值税（销项税额）"账户的贷方。该业务会计分录如下：

借：预收账款——利达公司　　　　　　　　　　　　　10 000

　　银行存款　　　　　　　　　　　　　　　　　　　　7 400

　　贷：主营业务收入　　　　　　　　　　　　　　　　　15 000

　　　　应交税费——应交增值税（销项税额）　　　　　2 400

【例3-20】 根据税法规定，企业销售的甲产品属于应税消费品，企业按照10%的税率计算应交消费税3 000元。

这笔经济业务的发生，一方面使得企业增加了3 000元的消费税支出，应记入"税金及附加"账户的借方；另一方面企业该笔税金尚未缴纳，形成企业的一项负债，应记入"应交税费"账户的贷方。该业务会计分录如下：

借：税金及附加——消费税   3 000

 贷：应交税费——应交消费税   3 000

【例 3-21】 企业向方圆公司销售 A 材料 1 000kg，每千克 8 元，材料款 8 000 元及增值税额 1 280 元（增值税税率 16%）已通过银行存款收讫，材料已由方圆公司运走。

这笔经济业务的发生，一方面使得企业的银行存款增加 9 280 元，应记入"银行存款"账户的借方。另一方面企业因销售材料而增加销售收入 8 000 元（非企业主营业务），应记入"其他业务收入"账户贷方；因销售材料而增加企业的增值税销项税额 1 280 元，应记入"应交税费——应交增值税（销项税额）"账户的贷方。该业务会计分录如下：

借：银行存款   9 280

 贷：其他业务收入   8 000

  应交税费——应交增值税（销项税额）   1 280

【例 3-22】 企业以银行存款支付本月销售产品的包装费 2 000 元，以库存现金支付销售产品的运费 500 元。

这笔经济业务的发生，一方面企业因销售业务增加包装费及运费 2 500 元，应记入"销售费用"账户的借方；另一方面，企业用银行存款支付包装费 2 000 元，应记入"银行存款"账户的贷方，用库存现金支付产品运输费 500 元，应记入"库存现金"账户的贷方。该业务会计分录如下：

借：销售费用   2 500

 贷：银行存款   2 000

  库存现金   500

【例 3-23】 企业结转本月销售甲产品 500 件成本 16 000 元、销售乙产品 500 件的成本 43 000 元。

这笔经济业务的发生，一方面企业因销售甲乙产品导致销售成本增加 59 000 元，应记入"主营业务成本"账户的借方；另一方面企业库存商品减少 59 000 元，应记入"库存商品"账户的贷方。该业务会计分录如下：

借：主营业务成本   59 000

 贷：库存商品——甲产品   16 000

  库存商品——乙产品   43 000

【例 3-24】 假设 A 材料的单位成本为每千克 5 元，企业结转本月销售 1 000kg A 材料的成本 5 000 元。

这笔经济业务的发生，一方面企业因销售原材料使得销售成本增加 5 000 元，应记入"其他业务成本"账户的借方；另一方面企业 A 材料减少 5 000 元，应记入"原材料"账户的贷方。该业务会计分录如下：

借：其他业务成本 　　　　　　　　　　　　　　　　　　　　5 000

　　贷：原材料——A 材料 　　　　　　　　　　　　　　　　　5 000

关于产品的销售成本，其大小取决于库存产品的生产成本。一般情况下，由于每批产品的直接材料成本、直接人工成本和机物料耗费等因素不同，因而每批入库完工产品的生产成本也不尽相同。根据我国的企业会计准则，企业对发出存货的计价方法可以采用先进先出法、月末一次加权平均法、移动加权平均法和个别计价法等方法。

1. 先进先出法

先进先出法是指假定先收到的存货先发出或先收到的存货先耗用，并根据这种假定的存货流转次序对发出存货和期末存货进行计价的一种方法。具体方法是：收入存货时，逐笔登记收入存货的数量、单价和金额；发出存货时，按照先进先出的原则逐笔登记存货的发出成本和结存金额。先进先出法可以随时结转存货发出成本，但较烦琐；如果存货收发业务较多且存货单价不稳定时，其工作量较大。

2. 月末一次加权平均法

月末一次加权平均法是指根据期初存货结余和本期收入存货的数量及金额，月末一次计算存货的本月加权平均单价，作为计算本期发出存货成本和期末结存价值的单价，以求得本期发出存货成本和结存存货价值的一种方法。计算公式如下：

$$本月加权平均单价 = \frac{期初结存金额 + 本期收入金额}{期初结存数量 + 本期收入数量}$$

$$产品销售成本 = 本期销售数量 \times 本月加权平均单价$$

3. 移动加权平均法

移动加权平均法是指每次收货后，立即根据库存存货数量和总成本，计算出新的平均单价或成本的一种方法。此方法与月末一次加权平均法比较类似，不同之处是本方法在每次收到材料或产成品时都计算一次加权平均成本。计算公式如下：

$$移动加权平均单价 = \frac{本次收入前结存金额 + 本次收入金额}{本次收入前结存数量 + 本次收入数量}$$

$$产品销售成本 = 本次销售数量 \times 移动加权平均单价$$

采用移动平均法能够使企业管理当局及时了解存货的结存情况，计算的平均单位成本以及发出和结存的存货成本比较客观。但由于每次收货都要计算一次平均单价，计算工作量较大，对收发货较频繁的企业不适用。

4. 个别计价法

个别计价法是指以每次（批）收入存货的实际成本作为计算各该次（批）发出存货成本的依据的一种方法。个别计价法亦称个别认定法、具体辨认法、分批实际法，采用这一方法是假设存货具体项目的实物流转与成本流转相一致，按照各种存货逐一辨认各批发出存货和期末存货所属的购进批别或生产批别，分别按其购入或生产时所确定的单位成本计算各批发出存货和期末存货成本的方法。

个别计价法的成本计算准确，符合实际情况，但在存货收发频繁情况下，其发出成本分辨的工作量较大。

五、利润及其分配的核算

利润是企业在一定会计期间内所取得的经营成果，是各类收入（收益）扣减成本费用后的差额，是反映企业经营效益的一个重要指标。若收入（收益）大于成本费用，则企业取得盈利；若收入（收益）小于成本费用，则企业发生亏损。企业取得利润后，还需要按有关法律规定或企业章程遵循一定的程序对利润进行分配。

（一）利润的组成

企业利润由营业利润、利润总额和净利润三个层次构成。

1. 营业利润

营业利润 = 营业收入 - 营业成本 - 税金及附加 - 销售费用 - 管理费用 -
　　　　　研发费用 - 财务费用 - 资产减值损失 - 信用减值损失 +
　　　　　公允价值变动收益（-公允价值变动损失）+
　　　　　其他收益 + 投资收益（-投资损失）+
　　　　　净敞口套期收益（-净敞口套期损失）+
　　　　　资产处置收益（-资产处置损失）

其中：　　营业收入 = 主营业务收入 + 其他业务收入
　　　　　营业成本 = 主营业务成本 + 其他业务成本

2. 利润总额（税前利润）

利润总额 = 营业利润 + 营业外收入 - 营业外支出

3. 净利润（税后利润）

净利润 = 利润总额 – 所得税费用

（二）利润分配的顺序

企业进行利润分配，需要按一定顺序进行。按照《中华人民共和国公司法》（以下简称《公司法》）规定，利润分配应按以下顺序进行：

1. 计算可供分配的利润

可供分配的利润 = 净利润（亏损用负数表示）+ 年初未分配利润（ – 弥补以前年度的亏损）+ 其他转入金额

如果可供分配的利润为负数（即累计亏损），则不能进行后续分配；如果可供分配利润为正数（即累计盈利），则可进行后续分配。

2. 提取法定盈余公积

根据《公司法》的规定，公司应当按照当年净利润（抵减年初累计亏损后）的 10% 提取法定盈余公积。

3. 提取任意盈余公积

公司提取法定盈余公积后，经股东会或股东大会决议，还可以从净利润中提取任意盈余公积。

4. 向投资者分配利润（或股利）

可供投资者分配的利润 = 可供分配的利润 – 提取的盈余公积

可供投资者分配的利润扣除向投资者分配利润的余额形成企业的未分配利润，未分配利润也是企业留存收益的重要组成部分。

（三）利润及其分配业务核算涉及的主要账户

企业进行利润及其分配核算时，企业一般会运用到以下账户：

1. "营业外收入"账户

本账户属于损益类账户，用以核算企业在日常经营活动以外取得的、应记入当期损益的各项利得，主要包括非流动资产处置利得、非货币性资产交换利得、债务重组利得、政府补助、盘盈利得、捐赠利得等。本账户的贷方登记企业发生的各项营业外收入，借方登记期末转入"本年利润"账户的金额，期末结转后本账户无余额。本账户一般按营业外收入项目设置明细分类账。

2. "营业外支出"账户

本账户属于损益类账户，用以核算企业在日常经营活动以外发生的、应记入当期损益的各项损失，主要包括非流动资产处置损失、非货币性资产交换损失、债务重组损失、公益性捐赠支出、盘亏损失、罚没支出等。本账户的借方登记企业发生的各项营业外支出，贷方登记期末转入"本年利润"账户的金额，期末结转后本账户无余额。本账户一般按营业外支出的项目设置明细分类账。

3."本年利润"账户

本账户属于所有者权益类账户，用以核算企业在当期实现的净利润或发生的净亏损。本账户的贷方登记企业当期所实现的各项收入，包括主营业务收入、其他业务收入、营业外收入等；借方登记企业当期所发生的各项费用与支出，包括主营业务成本、其他业务成本、税金及附加、销售费用、管理费用、财务费用、营业外支出、所得税费用等。期末企业应将本期的收入与支出相抵结出累计余额，贷方余额表示当期实现的净利润，借方余额表示当期发生的净亏损。年度终了，应将本年实现的净利润全部转入"利润分配"账户的贷方，净亏损转入"利润分配"账户的借方。年度结转后，本账户无余额。

4."所得税费用"账户

本账户属于损益类账户，用以核算企业实现的利润按照《中华人民共和国所得税法》（简称《所得税法》）规定计算缴纳的所得税。本账户的借方登记本期按《所得税法》规定的应纳税所得额及税率计算的所得税额；贷方登记期末转入"本年利润"账户的金额。期末结转后，本账户无余额。

5."利润分配"账户

本账户属于所有者权益类账户，用以核算企业在一定时期内实现的净利润分配情况。本账户的借方登记企业分配的利润，例如提取盈余公积金、应付现金股利，以及由"本年利润"账户转入的本年净亏损金额；贷方登记从"本年利润"账户转入的本年净利润金额，以及盈余公积弥补的亏损金额。本账户的期末余额可在贷方或借方，贷方余额表示企业在期末的未分配利润，借方余额表示企业在期末尚未弥补的亏损。本账户一般按"提取法定盈余公积""提取任意盈余公积""应付现金股利""盈余公积补亏"及"未分配利润"等分配项目设置明细分类账。

6."盈余公积"账户

本账户属于所有者权益类账户，用以核算企业按规定从净利润中提取的盈余公积，是企业留存收益的重要组成部分。本账户的贷方登记企业提取的盈余公积金额；借方登记企业实际使用的盈余公积金额，包括弥补亏损、转增资本等。本账户期末余额在贷方，表示企业期末结余的盈余公积金额。本账户一般按"法定盈余公积"和"任意盈余公积"设置明细分类账。

7."应付股利"账户

本账户属于负债类账户，用以核算企业经董事会、股东大会或类似机构审议确定分配的现金股利或利润。本账户的贷方登记企业应付给投资者的现金股利或利润金额，借方登记企业实际支付的现金股利或利润金额。本账户期末余额在贷方，表示企业应付未付的现金股利或利润金额。本账户一般按投资者设置明细分类账。

在利润及其分配核算中，还会使用到"其他业务收入""其他业务成本""管理费用""财务费用""销售费用"等账户，这些账户在前文中已经介绍，此处不再赘述。此外，利润及其分配核算中，还可能运用到"投资收益""公允价值变动损益""资产减值损失"等账户，这类账户由于其业务相对复杂，此处不进行介绍。

（四）利润及其分配主要经济业务核算

【例 3-25】 企业在期末盘盈 1 000 元现金，经反复核查，已无法查明来源。企业先前已记入"待处理财产损溢"账户，现根据批准处理意见，转入营业外收入。

这笔经济业务的发生，一方面企业已经批准无法查明原因的库存现金盘盈，使得企业营业外收入增加 1 000 元，应记入"营业外收入"账户的贷方；另一方面企业先前记入"待处理财产损溢"账户的 1 000 元需要转出，应记入"待处理财产损溢"账户的借方。该业务会计分录如下：

借：待处理财产损溢——待处理流动资产损溢　　　　　　　　1 000
　　贷：营业外收入　　　　　　　　　　　　　　　　　　　　　　1 000

【例 3-26】 企业在当期经营过程中发生罚没支出 500 元，以银行存款支付。

这笔经济业务的发生，一方面企业发生罚没支出 500 元，应记入"营业外支出"账户的借方，另一方面企业银行存款减少 500 元，应记入"银行存款"账户的贷方。

借：营业外支出　　　　　　　　　　　　　　　　　　　　　　500
　　贷：银行存款　　　　　　　　　　　　　　　　　　　　　　　500

【例 3-27】 接生产过程和销售过程核算中的相关例题，企业本期发生主营业务收入 105 000 元，其他业务收入 8 000，营业外收入 1 000 元，主营业务成本 59 000 元，其他业务成本 5 000 元，税金及附加 3 000 元，销售费用 2 500 元，管理费用 9 000 元，财务费用 1 000 元，营业外支出 500 元，企业期末将本期各损益账户余额转入"本年利润"账户。

（1）结转各收入类账户，会计分录如下：

借：主营业务收入　　　　　　　　　　　　　　　　　105 000

　　其他业务收入　　　　　　　　　　　　　　　　　　8 000

　　营业外收入　　　　　　　　　　　　　　　　　　　1 000

　　　贷：本年利润　　　　　　　　　　　　　　　　114 000

（2）结转各费用类账户，会计分录如下：

借：本年利润　　　　　　　　　　　　　　　　　　　80 000

　　贷：主营业务成本　　　　　　　　　　　　　　　59 000

　　　　其他业务成本　　　　　　　　　　　　　　　　5 000

　　　　税金及附加　　　　　　　　　　　　　　　　　3 000

　　　　销售费用　　　　　　　　　　　　　　　　　　2 500

　　　　管理费用　　　　　　　　　　　　　　　　　　9 000

　　　　财务费用　　　　　　　　　　　　　　　　　　1 000

　　　　营业外支出　　　　　　　　　　　　　　　　　　500

【例 3-28】　接【例 3-27】，企业按利润总额的 25% 计算并结转本期应缴纳的所得税（此处假设企业的利润总额即为应纳税所得额）。

（1）计算应交所得税。企业的营业利润、利润总额和净利润分别计算如下：

营业利润 = 主营业务收入 + 其他业务收入 - 主营业务成本 - 其他业务成本 -

　　　　　税金及附加 - 销售费用 - 管理费用 - 财务费用

　　　　= 33 500 元

利润总额 = 营业利润 + 营业外收入 - 营业外支出 = 34 000 元

净利润 = 利润总额 - 所得税费用 = 34 000 元 - 34 000 元 × 25%

　　　　= 34 000 元 - 8 500 元 = 25 500 元

这笔经济业务的发生，一方面使得企业所得税费用增加 8 500 元，应记入"所得税费用"账户的借方；另一方面使得企业应交税费增加 8 500 元，应记入"应交税费"账户的贷方。该业务会计分录如下：

借：所得税费用　　　　　　　　　　　　　　　　　　8 500

　　贷：应交税费——应交所得税　　　　　　　　　　　8 500

（2）结转所得税，即将所得税费用账户余额转入"本年利润"账户。

借：本年利润　　　　　　　　　　　　　　　　　　　8 500

　　贷：所得税费用　　　　　　　　　　　　　　　　　8 500

【例3-29】 接【例3-28】，期末企业将本年净利润25 500元转入"利润分配"账户。

这笔经济业务的发生，一方面企业需要将本年利润账户的贷方余额25 500元结转出来，应计入"本年利润"账户的借方；另一方面，企业要对本年的净利润25 500元进行利润分配，应计入"利润分配"账户的贷方。该业务会计分录如下：

借：本年利润　　　　　　　　　　　　　　　　　　　　25 500
　　贷：利润分配——未分配利润　　　　　　　　　　　　　　　25 500

【例3-30】 根据《公司法》的相关规定，企业按本年净利润的10%提取法定盈余公积2 550元（假设企业不存在年初未弥补亏损）。

这笔经济业务的发生，一方面企业进行了一项2 550元的利润分配，应记入"利润分配"账户的借方；另一方面企业法定盈余公积增加2 550元，应记入"盈余公积"账户的贷方。该业务会计分录如下：

借：利润分配——提取法定盈余公积　　　　　　　　　　2 550
　　贷：盈余公积——法定盈余公积　　　　　　　　　　　　　　2 550

【例3-31】 根据股东会决议，企业按本年净利润的10%提取任意盈余公积2 550元。

这笔经济业务的发生，一方面企业进行了一项2 550元的利润分配，应记入"利润分配"账户的借方；另一方面企业法定盈余公积增加2 550元，应记入"盈余公积"账户的贷方。该业务会计分录如下：

借：利润分配——提取任意盈余公积　　　　　　　　　　2 550
　　贷：盈余公积——任意盈余公积　　　　　　　　　　　　　　2 550

【例3-32】 根据股东会决议，企业向甲、乙两名股东各分配现金股利5 000元。

这笔经济业务的发生，一方面企业进行了一项10 000元现金股利的利润分配，应记入"利润分配"账户的借方；另一方面企业应支付给投资者的股利增加了10 000元，应记入"应付股利"账户的贷方。该业务会计分录如下：

借：利润分配——应付现金股利　　　　　　　　　　　　10 000
　　贷：应付股利——甲公司　　　　　　　　　　　　　　　　　5 000
　　　　　　——乙公司　　　　　　　　　　　　　　　　　5 000

【例3-33】 企业将本年所分配的利润转入"利润分配——未分配利润"账户中。

该业务会计分录如下：

借：利润分配——未分配利润　　　　　　　　　　　　　15 100

　　贷：利润分配——提取法定盈余公积　　　　　　　　　　2 550

　　　　利润分配——提取任意盈余公积　　　　　　　　　　2 550

　　　　利润分配——应付现金股利　　　　　　　　　　　10 000

第二节　成本计算

一、材料采购成本计算

材料采购成本的计算就是将供应过程中所发生的材料买价和有关采购费用，按一定种类的材料进行归集和分配，确定该种材料的实际成本。

材料采购成本的内容主要包括以下几项：买价、运杂费（如运输费、装卸费、保险费、包装费、仓储费等）、运输途中的合理损耗、入库前的挑选整理费用。

在计算材料采购成本中，凡是能直接计入各种材料的直接费用，应直接计入各种材料的采购成本；不能直接计入的各种间接费用，应按一定标准在有关材料之间进行分配，分别计入各种材料的采购成本。分配标准一般根据材料重量或是买价的比例进行计算。

下面根据例3-6和例3-7的资料说明材料采购成本的计算方法。

根据两个例题中的资料，企业购入A、B、C三种材料的各项支出如表3-2所示。

表3-2　材料采购成本支出表

单位：元

材料名称	重量/kg	单价	买价	运杂费
A材料	2 000	5	10 000	
B材料	5 000	4	20 000	4 400
C材料	4 000	10	40 000	
合计	11 000		70 000	4 400

根据表3-2的相关资料，材料的买价可以直接计入各种材料的采购成本，而运杂费为三种材料共同负担的间接费用，需按一定标准在三种材料中进行分配，然后分别计入各种材料的采购成本。根据例3-7的材料，三种材料的运杂费4 400元按重量进行分配。

材料采购成本的计算过程如下：

（1）分摊材料的运杂费。

每千克材料应负担的运杂费 = 4 400/(2 000 + 5 000 + 4 000)元 = 0.4 元

A 材料应分摊的运杂费 = 0.4 × 2 000 元 = 800 元

B 材料应分摊的运杂费 = 0.4 × 5 000 元 = 2 000 元

C 材料应分摊的运杂费 = 0.4 × 4 000 元 = 1 600 元

（2）根据 A、B、C 材料的买价和分摊的运杂费登记三种材料的"材料采购"明细分类账，并结转材料采购成本，如表 3-3、表 3-4、表 3-5 所示。

表 3-3 "材料采购"明细分类账

材料名称或类别：A 材料　　　　　　　　　　　　　　　　　　　单位：元

年		凭证号数	摘　　要	借 方 金 额			贷方金额	结余金额
月	日			买　　价	采购费用	合　　计		
			购入 2 000kg，单价每千克 5 元	10 000		10 000		10 000
			分摊运杂费		800	800		10 800
			结转材料采购成本				10 800	—
			发生额和余额	10 000	800	10 800	10 800	

表 3-4 "材料采购"明细分类账

材料名称或类别：B 材料　　　　　　　　　　　　　　　　　　　单位：元

年		凭证号数	摘　　要	借 方 金 额			贷方金额	结余金额
月	日			买　　价	采购费用	合　　计		
			购入 5 000kg，单价每千克 4 元	20 000		20 000		20 000
			分摊运杂费		2 000	2 000		22 000
			结转材料采购成本				22 000	—
			发生额和余额	20 000	2 000	22 000	22 000	

表 3-5 "材料采购"明细分类账

材料名称或类别：C 材料　　　　　　　　　　　　　　　　　　　单位：元

年		凭证号数	摘　　要	借 方 金 额			贷方金额	结余金额
月	日			买　　价	采购费用	合　　计		
			购入 4 000kg，单价每千克 10 元	40 000		40 000		40 000
			分摊运杂费		1 600	1 600		41 600
			结转材料采购成本				41 600	—
			发生额和余额	40 000	1 600	41 600	41 600	

（3）编制材料采购成本计算表，如表3-6所示。

表3-6　材料采购成本计算表

单位：元

成本项目	A 材料		B 材料		C 材料	
	总成本	单位成本	总成本	单位成本	总成本	单位成本
买价	10 000	5	20 000	4	40 000	10
采购费用	800	0.4	2 000	0.4	1 600	0.4
材料采购成本	10 800	5.4	22 000	4.4	41 600	10.4

二、产品生产成本计算

产品生产成本的计算，就是按照生产的各种产品，归集和分配在生产过程中所发生的各种生产费用，并按成本项目计算各种产品的总成本和单位成本。

（一）产品生产成本的内容

产品生产成本主要包括：劳动资料耗费的用费，即厂房、建筑物、机器设备等固定资产折旧；劳动对象耗费的费用，即原材料、辅助材料、燃料；活劳动耗费的费用，即职工工资、福利费；其他费用支出，即其他为生产产品而发生的间接费用。

（二）成本项目

1. 直接材料

直接材料是指企业生产过程中实际消耗的直接材料、辅助材料、设备配件、外购半成品、燃料、动力、包装物、低值易耗品以及其他直接材料和电力、蒸汽等动力。

2. 直接人工

直接人工是指企业直接从事产品生产人员的工资、福利费、奖金、津贴和补贴等。

3. 制造费用

制造费用是指为生产产品和提供劳务而发生的各种间接费用，如车间、分厂管理人员、技术人员的工资及福利费，车间使用的固定资产折旧费和修理费、办公费、水电费、机物料消耗、劳动保护费、季节性停工损失、修理期间的停工损失等。

（三）成本计算方法

在计算产品生产成本时，应将生产过程中发生的各项生产费用，按产品的名称或类别分别进行归集和分配，以便分别计算各种产品的生产总成本和单位成本。在不同类型的企业里，因生产组织和工艺过程各有特点，可采用不同的产品成本计算方法。常见的成本计算方法包括以下三种：

1. 品种法

品种法是以产品品种为成本计算对象来归集生产费用，计算产品成本的方法。它是工业企业计算产品成本最基本的方法之一，主要适用于大量大批的简单生产或管理上不要求分步骤计算成本的复杂生产，如发电、供水、采掘、玻璃制品和水泥生产等。

2. 分步法

分步法是以产品生产步骤和产品品种为成本计算对象，来归集和分配生产费用、计算产品成本的一种方法。分步法适用于连续、大量、多步骤生产的工业企业，如冶金、纺织、酿酒、砖瓦等企业。这类产品的生产过程，从原材料投入到产品完工，要经过若干连续的生产步骤，除最后一个步骤生产的是产成品外，其他步骤生产的都是完工程度不同的半成品。根据是否计算半成品成本，分步法又主要分为逐步结转分步法和平行结转分步法。

逐步结转分步法也称顺序结转分步法，它是按照产品连续加工的先后顺序，根据生产步骤所汇集的成本、费用和产量记录，计算半成品成本，半成品成本随着半成品在各加工步骤之间移动而顺序结转的一种方法。即从第一步骤开始，先计算该步骤完工半成品成本，并转入第二步骤，加上第二步骤的加工费用，算出第二步骤半成品成本，再转入第三步骤，依此类推，到最后步骤算出完工产品成本。

平行结转分步法是指在有些多阶段生产企业中，由于不必单独计算半成品成本，而可直接按最终产品来确定各步骤加入产成品成本的份额，借以加速产品成本计算的一种方法。在这种方法下，半成品成本并不随半成品实物的转移而结转，而是在哪一步骤发生就留在该步骤的成本明细账内，直到最后加工成产成品，才将其成本从各步骤的成本明细账转出。

3. 分批法

分批法是按照产品批别归集生产费用，并计算产品成本的一种方法。分批法主要适用于单件和小批的多步骤生产，如重型机床、船舶、精密仪器和专用设备等。分批法的成本计算期是不固定的，一般把一个生产周期（即从投产到完工的整个时期）作为成本计算期计算产品成本，一般不需要将生产费用在完工产品和在产品之间进行分配。

这些成本计算方法中，分步法相对较为复杂，分批法适用情况较少，本书不再详细展开分析。下面仅就品种法进行举例说明：

根据例 3-10 至例 3-15 以及例 3-17 的资料，将企业本月生产甲、乙两种产品所发生的各项生产费用按其用途进行归集整理，如表 3-7 所示。

表 3-7 甲、乙产品生产费用资料

单位：元

产品名称	完工产品数量（件）	直接材料	直接人工	制造费用	合计
甲产品	1 000	18 000	8 000	15 000	—
乙产品	500	22 000	12 000		—
合计	1 500	40 000	20 000	15 000	75 000

从表 3-7 可以看出，直接材料 40 000 元和直接人工 20 000 元属于直接成本项目，可直接分别计入甲、乙两种产品的生产成本；而制造费用 15 000 元是甲、乙两种产品共同负担的间接费用，需按一定标准在两种产品之间进行分配，然后再分别计入两种产品的生产成本。分配的标准一般包括：生产工人工资、生产工人工时、机器工时、直接原材料成本、直接总成本等。企业在使用某种分配标准时，要认真考虑各种间接费用的发生与该种分配标准有无直接关系、是否接近实际，以保证产品生产成本的计算相对正确。

产品生产成本的计算过程如下：

（1）按甲、乙产品生产工人的工资比例分摊共同负担的制造费用，如表 3-8 所示。

每元工资应负担的制造费用 = 15 000 元/20 000 = 0.75 元

甲产品应分摊的制造费用 = 8 000 元 × 0.75 = 6 000 元

乙产品应分摊的制造费用 = 12 000 元 × 0.75 = 9 000 元

表 3-8 制造费用分配计算表

单位：元

产品名称	生产工人工资	分配率	制造费用分配额
甲产品	8 000	15 000/20 000 = 0.75	6 000
乙产品	12 000	15 000/20 000 = 0.75	9 000
合计	20 000	—	15 000

（2）登记甲、乙两种产品生产成本明细分类账，如表 3-9 和表 3-10 所示。

表3-9 "生产成本"明细分类账

产品品种或类别：甲产品 单位：元

年		凭证号数	摘 要	借方金额				贷方金额	结余金额
月	日			直接材料	直接人工	制造费用	合 计		
			生产耗用材料	18 000			18 000		18 000
			生产工人工资		8 000		8 000		26 000
			分配制造费用			6 000	6 000		32 000
			结转完工产品生产成本					32 000	—
			发生额和余额	18 000	8 000	6 000	32 000	32 000	—

表3-10 "生产成本"明细分类账

产品品种或类别：乙产品 单位：元

年		凭证号数	摘 要	借方金额				贷方金额	结余金额
月	日			直接材料	直接人工	制造费用	合 计		
			生产耗用材料	22 000			22 000		22 000
			生产工人工资		12 000		12 000		34 000
			分配制造费用			9 000	9 000		43 000
			结转完工产品生产成本					43 000	—
			发生额和余额	22 000	12 000	9 000	43 000	43 000	—

（3）编制产品生产成本计算表，如表3-11所示。

表3-11 产品生产成本计算表

单位：元

成本项目	甲产品（1 000 件）		乙产品（500 件）	
	总 成 本	单位成本	总 成 本	单位成本
直接材料	18 000	18	22 000	44
直接人工	8 000	8	12 000	24
制造费用	6 000	6	9 000	18
合计	32 000	32	43 000	86

【要点回顾】

1. 企业资金筹集、供应过程、生产过程、销售过程、利润及其分配等主要经济业务的核算。

2. 企业材料采购、产品生产成本计算的基本原理和方法。

【复习题】

1. 企业发生的下列费用中，哪项不属于企业的管理费用（　　　）？

A. 企业筹建开办费　　　　　　B. 车间办公费

C. 工会经费　　　　　　　　　D. 管理部门折旧费

2. 根据我国企业会计准则，企业不允许采用下列哪种存货计价方法（　　　）？

A. 先进先出法　　　　　　　　B. 后进先出法

C. 加权平均法　　　　　　　　D. 个别计价法

3. 下列项目中，哪个项目不会影响企业净利润（　　　）？

A. 其他业务收入　　　　　　　B. 管理费用

C. 制造费用　　　　　　　　　D. 所得税费用

第四章

财务报表

【本章要点】

1. 掌握财务报表的概念、分类和意义，熟悉财务报表的编制要求。
2. 掌握资产负债表的内容、结构和编制方法。
3. 掌握利润表的内容、结构和编制方法，熟悉资产负债表与利润表的关系。
4. 掌握现金流量表的内容、结构、填列方法和编制方法。

第一节　财务报表的概念、分类、意义和编制要求

一、财务报表的概念

财务报表是指以会计核算资料为依据，按照规定的格式、内容和方法定期编制的，企业对外提供的反映企业某一特定时间或日期财务状况和某一会计期间的经营成果和现金流量的结构性表述。

财务报表至少应包括以下组成部分：资产负债表、利润表、现金流量表、所有者权益变动表（或股东权益变动表）和附注。财务报表的这些组成部分同等重要。

二、财务报表的分类

财务报表可以按照不同的标准进行分类：

（一）按编制期间分类

按照财务报表编制期间的不同，可以分为年度财务报表和中期财务报表。与会计分期的定义相似，中期财务报表是以短于一个完整会计年度的报告

期间为基础编制的财务报表，包括月报、季报和半年报等；年度财务报表是以一个完整会计年度的报告期间为基础编制的财务报表。其中，月报一般包括资产负债表和利润表，季报或半年报一般包括资产负债表、利润表和现金流量表，年报一般包括资产负债表、利润表、现金流量表和所有者权益变动表以及相关报表附注。在上述三类报表中，年度财务报表要求的种类和揭示的信息最为完整。

（二）按编制主体分类

按照财务报表编制主体的不同，可以分为个别财务报表和合并财务报表。

个别财务报表是指由企业在自身会计核算基础上对账簿记录进行加工而编制的财务报表，它主要用以反映企业自身财务状况、经营成果和现金流量情况。

合并财务报表是指以母公司和子公司组成的企业集团为会计主体，根据母公司和其所属子公司的财务报表，由母公司编制的综合反映企业集团财务状况、经营成果和现金流量的财务报表。

（三）按服务对象分类

按照财务报表提供信息的服务对象不同，可以分为内部报表和外部报表。

内部报表是指企业根据其内部生产、经营和管理需要而编制的、仅供企业内部管理人员使用的报表。内部报表的格式和编制方法由企业内部自行设计决定，并可以根据企业的生产、经营和管理需要不断进行调整和修订。内部报表主要包括期间费用表、制造费用表、主营业务成本表和主营业务利润表等。

外部报表是指供企业会计信息的外部使用者使用的报表。外部报表的种类、格式、编制方法和应包含内容等均由公认的会计准则规定（例如，由我国财政部制定的《企业会计准则》规定了对我国上市公司公开披露的财务报表的各项要求），任何企业不得随意增减或变更。外部报表主要包括资产负债表、利润表、现金流量表和所有者权益变动表以及相关报表附注等。

（四）按资本运动状态分类

按照财务报表所反映的资本运动状态不同，可以分为静态报表和动态报表。

静态报表又被称为存量报表，是反映资本运动处于相对静止状态的报表，即反映企业在某一特定时间点（通常是某一天）的财务状况，例如资产负债表是静态报表。

动态报表又被称为流量报表，是反映资本运动处于显著变动状态的报表，即反映企业在某一时间段（根据会计分期假设，时间段可以为月度、季度、半年度或年度）内的经营成果和现金流量，例如利润表、现金流量表和所有者权益变动表等均属于动态报表。

三、财务报表的意义

作为正式向包括投资者、债权人、政府和有关部门等会计信息使用者提供关于企业财务状况、经营成果和现金流量等会计信息的结构性表述，财务报表的主要意义有：

（一）实现会计日常核算资料的综合化和系统化

日常核算资料（最终汇集为账簿记录）可以为日常经营管理提供所必须资料，但由于日常核算资料的数量太多，又分散于各种账证中，不利于概括了解企业总体的经营状况或某一方面的汇总指标。因此，为了进一步发挥会计智能，最终实现会计目标，企业还必须以日常资料为依据，通过一定的会计核算方法，对日常核算资料进行整理和必要的加工，以形成具有内在联系的综合指标体系，以更集中、更概况、更深刻地反映企业生产经营活动的全貌。因此，通过编制财务报表，可以使企业日常核算资料更加综合化和系统化。

（二）反映企业管理层的受托经营管理责任

公司制企业是现代企业的典型组织形式，其主要特点是所有权与经营权分离。企业的所有者是企业外部资源的提供者，是委托人；企业的管理层是企业资源的管理者，是代理人，两者构成经济上的委托与代理关系。作为不直接参与企业日常生产经营活动决策而对企业有资源投入的投资者，需要经常了解企业管理层对其委托代理人管理的资本的保值与增值情况。财务报表能够更集中、更概况地跟踪和反映企业投入资源的分布情况、来源渠道和运用效果，从而能够用于评价企业的财务状况、经营成果和现金流量等生产经营情况，以反映企业管理层对其受托资源经营管理责任的履行情况。

（三）帮助投资者、债权人、政府和有关部门等外部会计信息使用者进行合理决策，优化社会资源配置

在企业会计信息的外部使用者中，投资者和债权人是财务报表的主要使用者。作为投资者，无论是现有投资者还是企业的潜在投资者，其主要决策是是否购买、继续持有或出售某一企业的股票？与投资者决策最相关的信息是企业未来的盈利能力，特别是预期现金净流入的大小，以判断投资风险和预计投资报酬。作为企业的债权人，其主要决策是是否应该增加贷款、保持现有贷款或收货贷款？与债权人决策最相关的信息是贷款收益与贷款安全。投资者和债权人作为企业会计信息的外部使用者，上述信息均需要从企业对外公布的财务报表中取得。

此外，投资者和债权人还可以根据不同企业提供的财务报表，对各企业的财务状况、经营成果和现金流量进行比较、分析和预测，从而决定其资金投向。投资者和债权人的有效决策能够促进社会资源流向更高收益的行业或企业，从而实现社会资源的优化配置。

（四）帮助企业管理层加强内部管理

企业管理层是企业会计信息的内部使用者，通过企业财务报表披露的信息，管理层能够更好地了解企业在过去一段会计时期的财务状况、经营成果和现金流量以及发现存在的问题，以及时采取有效措施并改善经营管理。

此外，企业管理层还可以通过将本企业的财务报表与其他企业公开披露的财务报表进行比较，以了解本企业与同行业的其他企业（即同行竞争者）的资本结构、偿债能力和盈利能力等方面的情况，以决策是否需要优化生产要素的配置、进行投资和融资等。

四、财务报表的编制要求

根据会计信息质量要求，充分发挥财务报表的作用，编制财务报表有以下三项基本要求。

（一）真实可靠性

财务报表的真实可靠性要求企业在编制财务报表时，必须根据企业的客观实际，即根据企业真实数据来编制，而不是凭主观臆想，甚至弄虚作假来编制。根据会计信息质量的要求，只有真实可靠的信息才能够有效帮助会计信息使用者进行决策，如果财务报表包含的信息与客观事实不符，则可能误导财务报表使用者，导致他们做出错误的判断和决策。

（二）决策有用性

决策有用性同样也是会计信息质量的要求。有用性要求财务报表提供的信息必须对财务报表使用者需要做出的相关决策有用，即能够提供财务报表使用者在面向未来进行决策时可能导致决策差别的信息。为此，从财务报表的内容选择、指标体系设置到项目的分类、排列等都应注意提高财务报表对其使用者"导致差别"的能力。

（三）及时性

财务报表向其使用者提供的信息应该具有及时性。真实可靠和相关的信息只有及时传递给财务报表使用者，才能够有效帮助其尽快进行决策。因此，各国政府监管部门均要求公司在会计年度结束后应及时编制和报送财务报表。

第二节　资产负债表

一、资产负债表的内容

资产负债表是指反映企业在某一特定日期财务状况的报表。它反映企业在某一特定日期所拥有或控制的经济资源、所承担的现时义务和所有者对净资产的要求权。具体来说,资产负债表包含以下内容:

(1) 通过资产负债表,企业可以提供在某一日期其资产的总额及其结构,表明企业拥有或控制的资源及其分布情况,使用者可以从资产负债表上了解企业在某一特定日期所拥有的资产总量及其结构。

(2) 通过资产负债表,企业可以提供在某一日期其负债的总额及其结构,表明企业未来需要用多少资产或劳务清偿债务以及清偿时间。

(3) 资产负债表可以反映所有者的权益,据以判断资本保值、增值的情况以及对负债的保障程度。

(4) 资产负债表还可以提供对企业进行财务分析所需的各项基本数据,以便于财务报表使用者计算企业变现能力、偿债能力和盈利能力等,从而更好地做出相关决策。

二、资产负债表的结构

根据资产负债表中资产、负债和所有者权益账户的不同排列,资产负债表有两种常用格式——账户式和报告式。在我国,资产负债表采用账户式形式列报。

(一)账户式资产负债表

账户式资产负债表又被称为横式或水平式资产负债表,遵循会计等式"资产＝负债＋所有者权益"列报。在账户式资产负债表的格式要求下,资产负债表分为左右两边——左边列示资产类项目,反映企业全部资产的分布及存在形态;右边列示负债类和所有者权益类项目,反映企业全部负债和所有者权益的内容和构成情况。资产负债表保持左右两边数额相等,左右双方平衡。

此外,为使会计信息使用者能够通过比较不同时点企业资产负债表的数据,以掌握企业的财务状况的变动情况和发展趋势,企业还需要提供比较资产负债表,就各项目再分为"年初余额"和"期末余额"两栏分别填列。

账户式资产负债表的格式如表4-1所示。

表 4-1　资产负债表　　　　　　　　　　会企 01 表

编制单位：　　　　　　　　　　年　月　日　　　　　　　　单位：元

资　　产	期末余额	年初余额	负债和所有者权益 （或股东权益）	期末余额	年初余额
流动资产：			流动负债：		
货币资金			短期借款		
交易性金融资产			交易性金融负债		
衍生金融资产			衍生金融负债		
应收票据及应收账款			应付票据及应付账款		
预付款项			预收款项		
其他应收款			合同负债		
存货			应付职工薪酬		
合同资产			应交税费		
持有待售资产			其他应付款		
一年内到期非流动资产			持有待售负债		
其他流动资产			一年内到期非流动负债		
流动资产合计			其他流动负债		
非流动资产：			流动负债合计		
债权投资			非流动负债：		
其他债权投资			长期借款		
长期应收款			应付债券		
长期股权投资			其中：优先股		
其他权益工具投资			永续债		
其他非流动金融资产			长期应付款		
投资性房地产			预计负债		
固定资产			递延收益		
在建工程			递延所得税负债		
生产性生物资产			其他非流动负债		
油气资产			非流动负债合计		
无形资产			负债合计		
开发支出			所有者权益（股东权益）：		
商誉			实收资本（或股本）		

（续）

资　　产	期末余额	年初余额	负债和所有者权益 （或股东权益）	期末余额	年初余额
长期待摊费用			其他权益工具		
递延所得税资产			其中：优先股		
其他非流动资产			永续债		
非流动资产合计			资本公积		
			减：库存股		
			其他综合收益		
			盈余公积		
			未分配利润		
			所有者权益（或股东权益）合计		
资产总计			负债和所有者权益（或股东权益）总计		

（二）报告式资产负债表

报告式资产负债表又被称为竖式或垂直式资产负债表，遵循会计等式"资产 − 负债 = 所有者权益"列报。在报告式资产负债表的格式要求下，资产负债表先列示资产，再列示负债，最后列示所有者权益。

表 4-2 简单列示了报告式资产负债表的格式。

表 4-2　资产负债表

编制单位：　　　　　　　　　　年　月　日　　　　　　　　单位：元

	期末余额	年初余额
流动资产		
非流动资产		
资产合计		
流动负债		
非流动负债		
负债合计		
所有者权益（或股东权益）		
所有者权益合计		
负债及所有者权益（或股东权益）总计		

三、资产负债表的编制

（一）编制原理

由于资产负债表是静态地反映企业在某一特定日期财务状况的报表，即揭示企业在特定日期（一般为会计期末）的资产、负债和所有者权益信息，因此资产负债表的编制应以企业所有资产、负债和权益类账户的账簿记录为依据。一般来说，在编制资产负债表时，资产类项目应根据资产类账户的期末借方余额填列，负债及所有者权益类项目应根据负债类和所有者权益类账户的期末贷方余额填列。

（二）列报要求

根据财务报表列报准则规定，资产负债表上资产和负债应按流动性分别分为流动资产和非流动资产、流动负债和非流动负债列示。

1. 资产的流动性

满足下列条件之一的资产，应归类为流动资产：

（1）预计在一个正常生产经营周期中变现、出售或耗用。这主要包括存货、应收票据及应收账款等资产。这里需要指出的是，变现一般针对应收票据及应收账款等而言，是指将资产变为现金；出售一般是指将存货转变为另一种形态。

（2）主要为交易目的而持有。例如，根据《企业会计准则第22号——金融工具确认和计量》划分的交易性金融资产。但是，并非所有的交易性金融资产均为流动资产，比如自资产负债表起超过12个月到期且预期持有超过12个月的衍生工具应划分为非流动资产或非流动负债。

（3）预计在资产负债表日起1年内（含1年）变现。

（4）自资产负债表日起1年内，交换其他资产或清偿负债的能力不受限制的现金或现金等价物。

所谓"正常生产经营周期"，是指企业从购买用于加工的资产起至实现现金或现金等价物的期间。正常营业周期通常短于一年，在一年内有几个经营周期。但是，因为生产周期较长等导致正常营业周期长于一年的，尽管相关资产往往超过一年才变现、出售或耗用，仍应当划分为流动资产。当正常营业周期不能确定时，企业应当以一年作为正常营业周期。

2. 负债的流动性

满足下列条件之一的负债，应归类为流动负债：

（1）预计在一个正常营业周期中清偿。

（2）主要为交易目的而持有。

（3）自资产负债表日起 1 年内到期应予以清偿。

（4）企业无权自主将清偿推迟至资产负债表日后 1 年以上。但是，企业正常营业周期中的经营性负债项目即使在资产负债表日超过 1 年才予以清偿的，仍应划分为流动负债。

经营性负债项目包括应收票据及应付账款和应付职工薪酬等，这些项目属于企业正常营业周期中使用的营运资金的一部分。

（三）编制方法

资产负债表属于对比报表，其各项目均需填列"期末余额"和"年初余额"两栏。

1."期末余额"栏的填列方法

根据资产负债表的编制期间，"期末余额"可分为月末、季末或年末的数字，根据其资料来源分别填制。资产负债表数据的来源有以下几种：

（1）根据总账科目余额直接填列。资产负债表的各项目，主要根据总账科目的期末余额直接填列。例如"短期借款"项目，根据"短期借款"总账科目的期末余额直接填列。

（2）根据总账科目余额计算填列。资产负债表的某些项目需要根据若干总账科目的期末余额计算填列。例如"货币资金"项目，需要根据"库存现金""银行存款"和"其他货币资金"科目的期末余额的合计数计算填列。

（3）根据明细科目的余额计算填列。资产负债表的某些项目不能根据总账科目的期末余额，或若干总账科目的期末余额计算填列，而是需要根据有关科目所述的相关明细科目的期末余额计算填列。例如，"应付票据及应付账款"项目，根据"应付票据"科目的期末余额，以及"应付账款"、"预付账款"科目的所述相关明细科目的期末贷方余额计算填列。

（4）根据总账科目的余额和明细科目的余额分析计算填列。资产负债表的某些项目需要根据总账科目的余额和明细科目余额分析计算填列。例如，"长期借款"项目，根据"长期借款"总账科目的余额扣除"长期借款"所述明细科目中反映的将于 1 年内到期的长期借款部分分析计算填列。

（5）根据有关科目余额减去其备抵科目余额后的净额填列。有些项目需要根据有关科目余额减去备抵科目余额后的净额填列。例如，"固定资产"项目，要根据"固定资产"科目余额减去"累计折旧"和"无形资产减值准备"科目的余额后的净额填列。

（6）综合运用上述填列方法填列。例如，"存货"项目，应根据"材料采购""在途物资""原材料""包装及低值易耗品""周转材料""消耗性生物资产""库存商品""发出商品""委托加工物资""委托代销商品""生产成本"等科目的期末余额合计，减去"受托代销商品款"和"存货跌价准备"科目期末余额后的金额填列。

（7）资产负债表附注的内容，根据实际需要和有关备查账簿等记录分析填列。例如，或有负债的披露，应按照备查账簿中记录的商业承兑汇票贴现情况，填列"已贴现的商业承兑汇票"项目。

2."年初余额"栏的填列方法

资产负债表的"年初余额"栏通常根据上年末有关项目的期末余额填列，且与上年末资产负债表"期末余额"栏一致。如果企业上年度资产负债表规定的项目和内容与本年度的不一致，应当对上年年末资产负债表相关项目的名称和数字按照本年度的规定进行调整，填入"年初余额"栏。

第三节　利　润　表

一、利润表的内容

利润表是指反映企业在一定会计期间的经营成果的报表。利润表的列报应充分反映企业经营业绩的主要来源和构成，有助于财务报表使用者判断净利润的质量及其风险，有助于使用者预期净利润的持续性，从而做出正确的决策。具体来说，利润表能够反映以下信息：

（1）通过利润表，可以反映企业一定会计期间的收入情况，包括实现的营业收入、实现的投资收益、实现的营业外收入各有多少。

（2）通过利润表，可以反映企业一定会计期间的费用消耗情况，如耗费的营业成本、税金及附加、销售费用、管理费用、研发费用、财务费用、营业外支出各有多少。

（3）通过利润表，可以反映企业生产经营活动的成果，即净利润的实现情况，据以判断资本保值和增值情况等。

将利润表中的信息与资产负债表中的信息相结合，可以为财务报表使用者提供进行财务分析的基本资料，可以计算出企业的各项财务指标，便于财务报表使用者更好地判断企业未来发展趋势，并做出相关决策。

二、利润表的结构

根据具体会计科目排列方式不同，利润表常见的格式一般有单步式利润表和多步式利润表两种。在我国，企业利润表多采用多步式结构。

（一）多步式利润表

多步式利润表即通过对当期的收入、费用、支出项目按性质加入归类，按利润形成的主要环节列示一些中间性利润指标，分步计算当期净损益，便于财务报表使用者理解企业经营成果的不同来源。

利润表通常包括表头和表体两部分。表头应列明报表名称、编制报表单位、报表涵盖的会计期间和人民币金额单位等内容。利润表的表体应反映形成经营成果的各个项目和其计算过程。此外，为了使财务报表使用者通过比较不同期间利润的实现情况，判断企业经营成果的未来发展趋势，企业需要提供比较利润表，利润表还就各项目再分为"本期金额"和"上期金额"来分别填列。

多步式利润表的格式如表4-3所示。

表4-3 利润表　　　　　　　　　　　　　会企02表

编制单位：　　　　　　　　年　月　　　　　　　　单位：元

项　　目	本 期 金 额	上 期 金 额
一、营业收入		
减：营业成本		
税金及附加		
销售费用		
管理费用		
研发费用		
财务费用		
其中：利息费用		
利息收入		
资产减值损失		
信用减值损失		
加：其他收益		
投资收益（损失以"－"填列）		
其中：对联营企业和合营企业的投资收益		
净敞口套期收益（损失以"－"填列）		
公允价值变动收益（损失以"－"填列）		

（续）

项　　目	本 期 金 额	上 期 金 额
资产处置收益（损失以"－"填列）		
二、营业利润（亏损以"－"填列）		
加：营业外收入		
减：营业外支出		
三、利润总额（亏损总额以"－"填列）		
减：所得税费用		
四、净利润（净亏损以"－"填列）		
（一）持续经营净利润（净亏损以"－"填列）		
（二）终止经营净利润（净亏损以"－"填列）		
五、其他综合收益的税后净额		
（一）不能重分类进损益的其他综合收益		
1.重新计量设定受益计划变动额		
2.权益法下不能转损益的其他综合收益		
3.其他权益工具投资公允价值变动		
4.企业自身信用风险公允价值变动		
⋮		
（二）将重分类进损益的其他综合收益		
1.权益法下可转损益的其他综合收益		
2.其他债券投资公允价值变动		
3.金融资产重分类进入其他综合收益的金额		
4.其他债券投资信用减值准备		
5.现金流量套期储备		
6.外币财务报表折算差额		
⋮		
六、综合收益总额		
七、每股收益：		
（一）基本每股收益		
（二）稀释每股收益		

在多步式利润表中，企业净收益或净损失是按照企业利润的构成，分层次、分步骤进行计算的。在形式上，多步式利润表比较复杂，但可以提供更为丰富的信息。因为，多步式利润表可以通过对不同性质的收入和费用类别进行对比，从而得出有意义的利润信息，例如营业利润、利润总额和净利润等。对这些收

入、费用和利润信息进行分类列示能够充分反映企业经营业绩的主要来源和构成，有助于会计信息使用者了解企业各方面业务对企业利润的贡献，并能够帮助企业会计信息使用者正确评估企业管理层的业绩和对未来盈利能力进行预测。

（二）单步式利润表

在单步式利润表中只列示收入和费用两大类，并根据收入和费用相关信息计算企业的经营成果。

单步式利润表的格式如表4-4所示。

表4-4 利润表

编制单位：　　　　　　　　　　　　　年　月　　　　　　　　　　　　　单位：元

主营业务收入		
其他业务收入		
营业外收入		
减：主营业务成本		
其他业务成本		
营业税费		
销售费用		
管理费用		
财务费用		
营业外支出		
所得税费用		
净利润		

单步式利润表的优点是能够以最简单明了的形式，表述企业的经营成果，且比较便于编制。在一切费用被扣减前，在单步式利润表中，并不把任何项目称为利润，这样的编制形式在一定程度上避免了可能使人误解或引起混乱的分类，但是这样的形式同样不便于分析企业利润的构成情况。

三、利润表的编制

（一）编制原理

利润表是动态地反映企业在某一时期财务成果的报表，利润表揭示的是企业在一定会计期间的收入、费用及利润的信息。因此，利润表的编制，首先应以损益类账户的账簿记录为依据；其次应以损益类账户的本期发生额为依据。通常来说，收入类项目应根据收入类账户的本期贷方发生额填列，费用类项目应根据费用类账户的本期借方发生额填列。

（二）编制方法

利润表属于对比报表，其各项目均需填列"本期金额"和"上期金额"两栏。

1."本期金额"栏的填列方法

利润表"本期金额"栏一般应根据损益类科目和所有者权益类有关科目的发生额进行分析和填列。其中，"营业利润""利润总额"和"净利润"等科目根据利润表中相关项目计算填列。

（1）"营业收入"项目，反映企业经营主要业务和其他业务所确定的收入总额。本项目应根据"主营业务收入"和"其他业务收入"科目的发生额分析填列。

（2）"营业成本"项目，反映企业经营主要业务和其他业务所发生的成本总额。本项目应根据"主营业务成本"和"其他业务成本"科目的发生额分析填列。

（3）"税金及附加"项目，反映企业经营业务应负担的消费税、城市维护建设税、资源税、土地增值税和教育费附加、房产税、车船税、城镇土地使用税、印花税等。本项目应根据"税金及附加"科目的发生额分析填列。

（4）"销售费用"项目，反映企业在销售商品过程中发生的包装费、广告费等费用和为销售本企业商品而专设的销售机构的职工薪酬、业务费等经营费用。本项目应根据"销售费用"科目的发生额分析填列。

（5）"管理费用"项目，反映企业为组织和管理生产经营发生的管理费用。本项目应根据"管理费用"科目的发生额分析填列。

（6）"研发费用"项目，反映企业进行研究与开发过程中发生的费用化支出。本项目应根据"管理费用"科目下的"研发费用"明细科目的发生额分析填列。

（7）"财务费用"项目，反映企业为筹集生产经营所需资金等而发生的筹资费用。本项目应根据"财务费用"科目的发生额分析填列。

其中，"利息费用"项目，反映企业为筹集生产经营所需资金等而发生的应予费用化的利息支出，本项目应根据"财务费用"科目的相关明细科目的发生额分析填列。"利息收入"项目，反映企业确认的利息收入，本项目应根据"财务费用"科目的相关明细科目的发生额分析填列。

（8）"资产减值损失"项目，反映企业各项资产发生的减值损失。本项目应根据"资产减值损失"科目的发生额分析填列。

（9）"信用减值损失"项目，反映企业计提的各项金融工具减值准备所形成的预期信用损失。本项目应根据"信用减值损失"科目的发生额分析填列。

（10）"其他收益"项目，反映企业计入其他收益的政府补助等。本项目应根据"其他收益"科目的发生额分析填列。

（11）"投资收益"项目，反映企业以各种方式对外投资所取得的收益。本项目应根据"投资收益"科目的发生额分析填列。如为投资损失，本项目以"－"号填列。"对联营企业和合营企业的投资收益"项目，应根据"投资收益"科目所属的相关明细科目的发生额分析填列。

（12）"公允价值变动收益"项目，反映企业应当计入当期损益的资产或负债公允价值变动损益。本项目应根据"公允价值变动收益"科目的发生额分析填列。如为净损失，本项目以"－"号填列。

（13）"资产处置收益"项目，反映企业出售划分为持有待售的非流动资产（不包括金融工具、长期股权投资和投资性房地产）或处置组（不包括子公司业务）时确认的处置利得或损失，以及处置为划分为持有待售的固定资产、在建工程、生产性生物资产及无形资产而产生的处置利得或损失。债务重组中因处置非流动资产产生的利得或损失、非货币性资产交换中换出非流动资产产生的利得或损失也包括在本项目。本项目应根据"资产处置收益"科目的发生额分析填列。如为处置损失，本项目以"－"号填列。

（14）"营业利润"项目，反映企业实现的营业利润。如为亏损，本项目以"－"号填列。

（15）"营业外收入"项目，反映企业发生的除营业利润以外的收益，主要包括债务重组利得、与企业日常活动无关的政府补助、盘盈利得、捐赠利得（不包括企业接受股东或股东的子公司直接或间接的捐赠，即经济实质属于股东对企业的资本性投入）等。本项目应根据"营业外收入"科目的发生额分析填列。

（16）"营业外支出"项目，反映企业发生的与经营业务无直接关系的各项支出，主要包括债务重组损失、公益性捐赠损失、非常损失、盘亏损失、非流动资产毁损报废损失等。本项目应根据"营业外支出"科目的发生额分析填列。

（17）"利润总额"项目，反映企业实现的利润。如为亏损，本项目以"－"号填列。

（18）"所得税费用"项目，反映企业应从当期利润总额中扣除的所得税费用。本项目应根据"所得税费用"科目的发生额分析填列。

（19）"净利润"项目，反映企业实现的净利润。如为亏损，本项目以"－"号填列。

（20）"其他综合收益的税后净额"项目及其各组成部分，反映企业根据《企业会计准则》规定的、未在损益中确认的各项利得和损失扣除所得税影响后的净额。本项目应根据"其他综合收益"科目所属的相关明细科目的本期发生额分析填列。

（21）"综合收益总额"项目，反映企业净利润与其他综合收益的合计金额。本项目应根据利润表中相关项目计算填列。

（22）"每股收益"项目，包括基本每股收益和稀释每股收益两项指标，反映普通股或潜在普通股已公开交易的企业以及正处在公开发行普通股或潜在普通股过程中的企业的每股收益信息。

利润表的相关计算公式如表4-5所示。

表4-5 利润表的相关计算公式

项　　目	计　算　公　式
营业收入	营业收入 = 主营业务收入 + 其他业务收入
营业利润	营业利润 = 营业收入 － 营业成本 － 税金及附加 － 销售费用 － 管理费用 － 研发费用 － 财务费用 － 资产减值损失 － 信用减值损失 ± 公允价值变动收益（损失）± 投资收益（损失）± 资产处置收益（损失）+ 其他收益
利润总额	利润总额 = 营业利润 + 营业外收入 － 营业外支出
净利润	净利润 = 利润总额 － 所得税费用
其他综合收益的税后净额	反映企业根据《企业会计准则》规定未在损益中确认的各项利得和损失 扣除所得税影响后的净额
综合收益总额	综合收益总额 = 净利润 + 其他综合收益的税后净额
每股收益	普通每股收益 = 归属普通股股东的当期净利润/当期发行在外普通股的加权平均数 稀释每股收益 = 归属普通股股东的当期净利润/假定稀释性潜在普通股转化为已发行普通股的前提下普通股的加权平均数

2. "上期金额"栏的填列方法

利润表中的"上期金额"栏应根据上年同期利润表"本期金额"栏所列数字填列。如果上年同期利润表规定的项目名称和内容与本期不一致，应对上期同期利润表各项目的名称和金额按照本期的规定进行调整，填入"上期金额"栏。

四、资产负债表与利润表的关系

资产负债表与利润表作为企业基本会计报表的重要组成部分，资产负债表反映的是企业在某一时点的财务状况，包括资产、负债和所有者权益的具体构成；而利润表则反映的是企业在某一期间的财务成果，包括收入、费用和利润。资产负债表是静态报表，也叫存量报表；利润表是动态报表，也叫流量报表。

静止与运动是一种辩证的统一。就某一时点来看，事物处于静止状态，但如果从某一期间（两个时点之间的间隔）来看，事物又是运动的。从这一层面来看，静止既是运动的起点，又是运动的终点。资产负债表与利润表的关系也反映了事物静止与运动的辩证统一关系。资产负债表作为静态报表，反映的是资本运动处于相对静止的状态，既是资本运动的起点，又是资本运动的终点。而利润表作为动态报表，反映的是资本运动处于显著变化中的状态，是资本运动的过程。在期初资产、负债和所有者权益平衡的基础上，经过某一期间的经营，企业取得了收入、发生了费用，经营的成果必然会影响所有者权益。因为，企业取得收入，一方面会增加资产或减少负债，另一方面会增加所有者权益；而发生费用，一方面会减少资产或增加负债，另一方面会减少所有者权益。至于最后是增加所有者权益还是减少所有者权益，就要看收入与费用相对比的结果——若是实现利润，则所有者权益增加；若是发生亏损，则所有者权益减少。所以，资本运动过程若从一定的会计期间来看，期末的资产负债表是在期初资产负债表的基础上，考虑了利润表影响的结果。

此外，从数量关系而言，由于利润表本身只体现企业的收入和费用项目，因此利润表无法表明期初资产负债表和期末资产负债表上资产和负债的具体变化情况。利润表是所有者权益的一部分，在没有其他影响所有者权益业务的条件下，它们之间存在的关系为——期初所有者权益 + 本期利润 = 期末所有者权益。

第四节　现金流量表

一、现金流量表的内容

现金流量表是指反映企业在一定会计期间现金和现金等价物流入和流出的报表。

从编制原则上看，现金流量表按照收付实现制原则编制，将权责发生制下的盈利信息调整为收付实现制下的现金流量信息，便于会计信息使用者了解企业净利润的质量。从内容上看，现金流量表被划分为经营活动、投资活动和筹资活动三个部分，每类活动又分为各个具体项目，这些项目从不同角度反映企业业务活动的现金流入与流出，弥补了资产负债表与利润表提供信息的不足。

通过现金流量表，企业财务报表使用者能够了解现金流量的影响因素，评价企业的支付能力、偿债能力和周转能力，预测企业未来现金流量，为企业财务报表使用者决策提供有力依据。

二、现金流量表的结构

在现金流量表中，现金和现金等价物被视为一个整体，企业现金形式的转换不会产生现金的流入和流出。例如，企业从银行提取现金，是企业现金存放形式的转换，并未流出企业，不构成现金流量。同样，现金与现金等价物之间的转换也不产生现金流量的变化。例如，企业用现金购买三个月到期的国库券。

根据企业业务活动的性质和现金流量的来源，现金流量表在结构上将企业在一定会计期间内产生的现金流量分为三类——经营活动产生的现金流量、投资活动产生的现金流量和筹资活动产生的现金流量。我国《企业会计准则》规定的现金流量表的具体格式如表4-6所示。

表4-6 现金流量表　　　　　　　　　　　　　　会企03表

编制单位：　　　　　　　　　　年　月　　　　　　　　　　单位：元

项　目	本 期 金 额	上 期 金 额
一、经营活动产生的现金流量：		
销售商品、提供劳务收到的现金		
收到的税费返还		
收到其他与经营活动有关的现金		
经营活动现金流入小计		
购买商品、接收劳务支付的现金		
支付给职工以及为职工支付的现金		
支付的各项税费		
支付其他与经营活动有关的现金		
经营活动现金流出小计		
经营活动产生的现金流量净额		
二、投资活动产生的现金流量：		
收回投资收到的现金		

（续）

项 目	本期金额	上期金额
取得投资收益收到的现金		
处置固定资产、无形资产和其他长期资产收回的现金净额		
处置子公司及其他营业单位收到的现金净额		
收到其他与投资活动有关的现金		
投资活动现金流入小计		
购建固定资产、无形资产和其他长期资产支付的现金		
投资支付的现金		
取得子公司及其他营业单位支付的现金净额		
支付其他与投资活动有关的现金		
投资活动现金流出小计		
投资活动产生的现金流量净额		
三、筹资活动产生的现金流量：		
吸收投资收到的现金		
取得借款收到的现金		
收到其他与筹资活动有关的现金		
筹资活动现金流入小计		
偿还债务支付的现金		
分配股利、利润或偿付利息支付的现金		
支付其他与筹资活动有关的现金		
筹资活动现金流出小计		
筹资活动产生的现金流量净额		
四、汇率变动对现金及现金等价物的影响		
五、现金及现金等价物净增加额		
加：期初现金及现金等价物余额		
六、期末现金及现金等价物余额		

三、现金流量表的填列方法

从内容上，现金流量表被划分为经营活动、投资活动和筹资活动等部分，各部分具体填列方法如下：

（一）经营活动产生的现金流量

经营活动是指企业投资活动和筹资活动以外的所有交流和事项。各类企业由于行业特点不同，对经营活动的认定存在一定差异。

例如，对于工商企业而言，其经营活动主要包括销售商品、提供劳务、购买商品、接收劳务、支付职工薪酬和支付税费等。对于商业银行而言，其经营活动主要包括吸收存款、发放贷款、同业存放和同业拆借等。对于保险公司而言，其经营活动主要包括原保险业务和再保险业务等。对于证券公司而言，其经营活动主要包括自营证券、代理承销证券、代理兑付证券和代理买卖证券等。

在我国，根据《企业会计准则》要求，企业经营活动产生的现金流量应采用直接法填列。直接法是指通过现金收入和现金支出的主要类别列示经营活动的现金流量。

（二）投资活动产生的现金流量

投资活动是指企业长期资产的构建和不包括在现金等价物范围内的投资及其处置活动。

长期资产是指固定资产、无形资产、在建工程和其他资产等持有期限在 1 年或一个营业周期以上的资产。这里所讲的投资活动，既包括实物资产投资活动，也包括金融资产投资活动。需要强调的是，这里之所以将"包括在现金等价物范围内的投资"排除在外，是因为已经将包括在现金等价物范围内的投资视同现金。

不同企业由于行业特点不同，对投资活动的认定也存在差异。例如，交易性金融资产所产生的现金流入或流出，对于工商企业而言，属于投资活动的现金流量，而对于证券公司而言，属于经营活动的现金流量。

（三）筹资活动产生的现金流量

筹资活动是指导致企业资本及债务规模和构成发生变化的活动。这里所说的资本，既包括实收资本（股本），也包括资本溢价（股本溢价）；这里所说的债务，是指对外举债，包括向银行借款、发行债券以及偿还债务等。通常情况下，应付票据及应付账款等商业应付款属于经营活动，不属于筹资活动。

此外，对于企业日常活动之外的、不经常发生的特殊项目，如自然灾害损失、保险赔款和捐赠等，应当归并到相关类别中，并单独反映。比如，对于自然灾害损失和保险赔款等，如果能够确指属于流动资产损失，应当列入经营活动产生的现金流量，属于固定资产损失，应当列入投资活动产生的现金流量。

（四）汇率变动对现金及现金等价物的影响

编制现金流量表时，应当将企业外币现金流量以及境外子公司的现金流量折算成记账本位币。外币现金流量以及境外子公司的现金流量，应当采用现金流量发生日的即期汇率或按照系统合理的方法确定的、与现金流量发生日即期汇率近似的汇率折算。汇率变动对现金的影响应当作为调节项目，在现金流量表中单独列报。

汇率变动对现金的影响，是指企业外币现金流量及境外子公司的现金流量折算成记账本位币时，所采用的是现金流量发生日的即期汇率或按照系统合理的方法确定的、与现金流量发生日即期汇率近似的汇率，而现金流量表"现金及现金等价物净增加额"项目中外币现金净增加额是按资产负债表日的即期汇率折算的。这两者的差额即为汇率变动对现金的影响。

（五）现金流量表补充资料

除现金流量表反映的信息外，企业还应在附注中披露将净利润调节为经营活动现金流量（即按照间接法编制的现金流量表）、不涉及现金收支的重大投资和筹资活动、现金及现金等价物净变动情况等信息。

四、现金流量表的编制方法

（一）直接法与间接法

在编制现金流量表时，列报经营活动现金流量的方法有两种：一是直接法，二是间接法。

在间接法下，一般是以利润表中的净利润为起点，调节与经营活动有关的项目的增减变动，然后计算出经营活动产生的现金流量。在间接法下，将净利润调整为经营活动现金流量，实际上就是将按权责发生制原则确定的净利润调整为现金净流量，并排除投资活动和筹资活动对现金流量的影响。

采用直接法编制的现金流量表，便于分析企业经营活动产生的现金流量的来源和用途，预测企业现金流量的未来前景；采用间接法编制的现金流量表，便于将净利润与经营活动产生的现金流量净额进行比较，了解净利润与经营活动产生的现金流量差异的原因，从现金流量的角度分析净利润的质量。所以，我国《企业会计准则》规定企业应采用直接法编制现金流量表，同时要求在附注中提供以净利润为基础调节到经营活动现金流量的信息。

（二）工作底稿法、丁字账户法和分析填列法

在具体编制现金流量时，企业可以采用工作底稿法、丁字账户法和分析填列法，也可以根据有关科目记录分析填列。

1. 工作底稿法

采用工作底稿法编制现金流量表，是以工作底稿为手段，以资产负债表和

利润表数据为基础，对每一项目进行分析并编制调整分录，从而编制现金流量表。

2. 丁字账户法

采用丁字账户法编制现金流量表，是以丁字账户为手段，以资产负债表和利润表数据为基础，对每一项目进行分析并编制调整分录，从而编制现金流量表。

3. 分析填列法

分析填列法是直接根据资产负债表、利润表和有关会计科目明细账的记录，分析计算出现金流量表各项目的金额，并据以编制现金流量表的一种方法。

【要点回顾】

1. 财务报表概念、分类、意义和编制要求等内容。
2. 资产负债表、利润表和现金流量表的内容、基本结构格式和基本编制方法。
3. 资产负债表、利润表和现金流量表之间的关系。

【复习题】

1. 资产负债表中的负债项目是按照负债的（　　）顺序排列的。

A. 稳定性　　　　B. 重要性　　　　C. 金额大小　　　D. 流动性

2. 利润表是反映企业在一定会计期间（　　）的报表，属于（　　）报表。

A. 经营成果，静态报表　　　　B. 财务状况，动态报表

C. 现金流量，静态报表　　　　D. 经营成果，动态报表

3. 现金流量表在内容上主要包括（　　）、（　　）和（　　）三个部分的现金流量信息。

a. 经营活动产生的现金流量

b. 投资活动产生的现金流量

c. 筹资活动产生的现金流量

d. 生产活动产生的现金流量

A. abc　　　　B. bcd　　　　C. acd　　　　D. abd

第五章

我国与国际会计规范概述

【本章要点】

1. 熟悉中国企业会计准则体系构成及内容。
2. 熟悉现行国际财务报告准则体系的构成及内容。
3. 了解中国会计行业规范。
4. 了解国际通行的会计行业规范。

第一节　会计准则

一、我国会计准则

（一）我国会计准则发展历程

我国财政部于 1992 年 11 月发布"两则两制"，即《企业会计准则》和《企业财务通则》，以及 13 项行业会计制度和 10 项行业财务制度。1992 年颁布的"两则两制"，规定了会计要素确认、计量、记录、报告的统一标准，自此我国的会计模式发生了根本性的巨大转变，即开始由计划经济体制下的会计模式转变为市场经济体制下的会计模式。

在经济全球化的大背景下，特别是自 2001 年 11 月我国加入世界贸易组织（WTO）以来，外资企业在华投资日益增多，同时，我国越来越多的企业走出国门，踏入世界市场竞争的大舞台中。然而，我国的会计制度与国际会计准则相比差异较大，对我国改革开放战略的深入推进构成了一定的阻碍。我国财政部于 2006 年 2 月 15 日正式颁布了企业会计准则体系，并于 2007 年 1 月 1 日起在所有上市公司实施。该体系包括 1 项基本准则和 38 项具体准则，是一部全面、规范、完整的企业会计准则体系,首次被国际会计界承认"与国际财务报告准则实现了实质性趋同"。

此后,我国一直紧跟国际会计准则改革的步伐。2010 年 4 月 9 日,我国财政部发布《中国企业会计准则与国际财务报告准则持续趋同路线图》,明确了与国际财务报告准则实现持续趋同的时间安排。之后,我国财政部在 2014 年、2017 年及 2018 年对先前发布的一系列会计准则进行了大量修订。此外,在新增准则方面,2014 年,我国企业会计准则新增了第 39 号准则《公允价值计量》、第 40 号准则《合营安排》和第 41 号准则《在其他主体中权益的披露》;2017 年,我国企业会计准则又新增了第 42 号准则《持有待售的非流动资产、处置组和终止经营》。

因此,我国会计准则的发展历程主要就是逐步实现与国际财务报告准则持续全面趋同的过程,同时依据我国的具体国情,针对准则实施过程中发现的新问题不断完善我国的企业会计准则。

(二)我国现行会计准则体系

我国现行的会计准则体系主要包括企业会计准则和小企业会计准则。小企业会计准则主要适用于小企业,其内容主要在企业会计准则基础上进行了简化,因此本书重点对企业会计准则进行介绍。企业会计准则主要由三部分构成,分别是基本准则、具体准则和应用指南。本部分将简要介绍我国的企业会计准则。

1. 基本准则

我国现行的企业会计基本准则是由国家财政部 2006 年 2 月 15 日通过财政部令 33 号颁布的,自 2007 年 1 月 1 日起施行。2014 年 7 月 23 日,基本准则根据财政部令 76 号《财政部关于修改〈企业会计准则——基本准则〉的决定》进行了修订,自公布之日起施行。

基本准则在整个准则体系中起到统驭作用。一方面,它是"准则的准则",指导具体会计准则的制定;另一方面,当出现新的业务,具体会计准则暂未涵盖时,企业应当按照基本准则所确立的原则进行会计处理。基本准则共包括 11 章 50 条内容,主要是规范财务报告目标、会计基本假设、会计信息质量要求、会计要素定义和确认标准、计量基础、财务报告基本要求等。

(1)第一章为总则,主要从以下方面对准则进行了界定:

1)准则制定目的:规范企业会计确认、计量和报告行为,保证会计信息质量。

2)准则适用范围:中华人民共和国境内设立的企业(包括公司)。

3）财务报告的目标：向财务会计报告使用者提供与企业财务状况、经营成果和现金流量等有关的会计信息，反映企业管理层受托责任履行情况，有助于财务会计报告使用者做出经济决策。

4）会计基本假设：会计主体、持续经营、会计分期、货币计量。

5）记账基础：权责发生制。

6）会计要素：资产、负债、所有者权益、收入、费用、利润。

7）记账方法：借贷记账法。

（2）第二章为会计信息质量要求，主要从以下八个方面对会计信息提出质量要求：

1）可靠性：要求企业应当以实际发生的交易或者事项为依据进行确认、计量和报告，如实反映符合确认和计量要求的各项会计要素及其他相关信息，保证会计信息真实可靠、内容完整。

2）相关性：要求企业提供的会计信息应当与财务报告使用者的经济决策需要相关，有助于财务报告使用者对企业过去、现在或者未来的情况做出评价或者预测。

3）可理解性：要求企业提供的会计信息应当清晰明了，便于财务报告使用者理解和使用。

4）可比性：要求企业提供的会计信息应当具有可比性。具体包括下列要求：同一企业对于不同时期发生的相同或者相似的交易或者事项，应当采用一致的会计政策，不得随意变更（即纵向可比）；不同企业发生的相同或者相似的交易或者事项，应当采用规定的会计政策，确保会计信息口径一致、相互可比（即横向可比）。

5）实质重于形式：要求企业应当按照交易或者事项的经济实质进行会计确认、计量和报告，不应仅以交易或者事项的法律形式为依据。

6）重要性：要求企业提供的会计信息应当反映与企业财务状况、经营成果和现金流量有关的所有重要交易或者事项。

7）谨慎性：要求企业对交易或者事项进行会计确认、计量和报告时应当保持应有的谨慎，不应高估资产或者收益、低估负债或者费用。

8）及时性：要求企业对于已经发生的交易或者事项，应当及时进行确认、计量和报告，不得提前或者延后。

（3）第三至八章详细介绍了会计六要素，分别为资产、负债、所有者权益、收入、费用和利润，阐述了会计六要素的定义、确认条件等。

资产：是指企业过去的交易或者事项形成的、由企业拥有或者控制的、预期会给企业带来经济利益的资源。资产的确认条件为满足资产定义的同时，还应同时满足：与该资源有关的经济利益很可能流入企业；该资源的成本或者价值能够可靠地计量。

负债：是指企业过去的交易或者事项形成的、预期会导致经济利益流出企业的现时义务。负债的确认条件为满足负债定义的同时，还应同时满足：与该义务有关的经济利益很可能流出企业；未来流出的经济利益的金额能够可靠地计量。

所有者权益：是指企业资产扣除负债后由所有者享有的剩余权益。所有者权益的来源包括所有者投入的资本、直接计入所有者权益的利得和损失、留存收益等。

收入：是指企业在日常活动中形成的、会导致所有者权益增加的、与所有者投入资本无关的经济利益的总流入。收入只有在经济利益很可能流入从而导致企业资产增加或者负债减少且经济利益的流入额能够可靠地计量时才予以确认。

费用：是指企业在日常活动中发生的、会导致所有者权益减少的、与向所有者分配利润无关的经济利益的总流出。费用只有在经济利益很可能流出从而导致企业资产减少或者负债增加且经济利益的流出额能够可靠地计量时才能予以确认。

利润：是指企业在一定会计期间的经营成果。利润包括收入减去费用后的净额、直接计入当期利润的利得和损失等。

（4）第九章为会计计量，主要阐述了会计计量的五种属性，分别是历史成本、重置成本、可变现净值、现值、公允价值。企业在对会计要素进行计量时，一般应当采用历史成本，采用重置成本、可变现净值、现值、公允价值计量的，应当保证所确定的会计要素金额能够取得并可靠地计量。

（5）第十章为财务会计报告，主要阐述了财务会计报告的定义和内容。财务会计报告是指企业对外提供的反映企业某一特定日期的财务状况和某一会计期间的经营成果、现金流量等会计信息的文件。财务会计报告的内容包括会计报表及其附注和其他应当在财务会计报告中披露的相关信息和资料。会计报表至少应当包括资产负债表、利润表、现金流量表等报表，小企业编制的会计报表可以不包括现金流量表。

（6）第十一章为附则，主要规定了准则的解释由财政部负责，以及准则的施行时间。

2. 具体准则

中国实行的具体会计准则是根据基本准则的原则要求对有关业务和报告做

出的具体规定。具体会计准则主要规范企业发生的具体交易或者事项的会计处理，为企业处理会计实务问题提供具体而统一的标准，总共包含42项具体准则。

这42项具体会计准则分别为《存货》《长期股权投资》《投资性房地产》《固定资产》《生物资产》《无形资产》《非货币性资产交换》《资产减值》《职工薪酬》《企业年金基金》《股份支付》《债务重组》《或有事项》《收入》《建造合同》《政府补助》《借款费用》《所得税》《外币折算》《企业合并》《租赁》《金融工具确认和计量》《金融资产转移》《套期保值》《原保险合同》《再保险合同》《石油天然气开采》《会计政策、会计估计变更和差错更正》《资产负债表日后事项》《财务报表列报》《现金流量表》《中期财务报告》《合并财务报表》《每股收益》《分部报告》《关联方披露》《金融工具列报》《首次执行企业会计准则》《公允价值计量》《合营安排》《在其他主体中权益的披露》《持有待售的非流动资产、处置组和终止经营》。

3. 应用指南

《企业会计准则——应用指南》是对准则的进一步诠释，详细阐述了准则中的相关概念、难点以及新的会计科目等，为企业执行会计准则提供操作性规范。

《企业会计准则——应用指南》主要包括两部分：第一部分为应用指南主体部分，第二部分为会计科目和主要账务处理。对于42项具体会计准则，每一项会计准则都有相关的应用指南，针对准则中的概念、难点等都进行了详细解释。会计科目和主要账务处理涵盖了各类企业的各种交易或者事项，是以会计准则中确认、计量原则及其解释为依据所做的规定，其中对涉及商业银行、保险公司和证券公司的专用科目做了特别注明。会计科目和主要账务处理就会计的确认、计量、记录和报告中记录做出了相关规定。这部分规定赋予企业一定的灵活性，即在不违反准则及其解释的前提下，企业可根据实际需要设置会计科目及明细科目。

二、国际财务报告准则

（一）国际财务报告准则发展历程

1973年6月，澳大利亚、加拿大、法国、德国、日本、墨西哥、英国、美国以及荷兰等9国的16个会计职业团体发起并成立了国际会计准则委员会（IASC），负责国际会计准则（IAS）的制定。

1973~1988年，国际会计准则委员会共制定了26项国际会计准则。当时国际会计准则委员会的权威性比较低，其主要目标是推动会计标准的国际协调，采取了求同存异的协调策略，使得当时的国际会计准则存在大量备选的会计政策，财务报告的可比性较低。

1989～1994年，国际会计准则委员会致力于提高财务报告的可比性，开始大量减少相同交易可供选择的会计方法，规定同种交易只规定一至两种基本方法，另外提供一种备选方法。正常情况下，企业应选择基准方法，符合特定条件时可选择备选方法，若选择备选方法，应增加披露不选择基准方法的原因及由此造成的差异等。

1995～2000年，国际会计准则的质量不断提高，其权威性与影响力不断增强。1995年，国际会计准则委员会与国际证监会组织（IOSCO）达成"核心准则"合作协议，到1998年年底，国际会计准则委员会已完成了40项核心准则的制定工作。2000年5月，国际证监会组织批准并向成员国证券监管机构推荐了其中的30项核心准则。这一过程大大增强了国际会计准则的影响力，使得国际会计准则委员会实现由全球会计准则的协调者到制定者的转变。

2001年至今，这一阶段属于全球会计准则的国际趋同阶段。为顺应经济全球化的发展，国际会计准则委员会于2001年3月成功改组，更名为国际会计准则理事会（IASB）。国际会计准则理事会新发布的准则改称国际财务报告准则（IFRS），其主要负责国际财务报告准则的制定及全球推广。国际会计准则理事会对之前的IAS进行了一些修订，未被废止的IAS依然有效，因此目前的国际财务报告准则中的具体准则包括IFRS和IAS两部分内容。近年来，为了适应国际业务的快速发展，国际财务报告准则也一直在进行改革，不断对现有准则体系进行完善。例如，2017年对《国际财务报告准则第9号——金融工具》和《国际会计准则第28号——联营和合营中的投资》两项准则进行了修订，并发布一项新准则《国际财务报告准则第17号——保险合同》。

（二）现行国际财务报告准则体系

现行国际财务报告准则体系主要由国际财务报告准则和中小主体国际财务报告准则构成。中小主体国际财务报告准则主要适用于中小企业，但不适用于上市公司、银行、保险及其他公众利益实体。中小主体国际财务报告准则在考虑了中小主体财务报表使用者需求和成本效益后，主要在国际财务报告准则的基础上进行了简化。因此，本书主要介绍国际财务报告准则，它主要由以下几个部分构成：财务报告概念框架、国际财务报告准则、国际会计准则、解释公告。

1. 财务报告概念框架

财务报告概念框架类似于我国内地会计准则的基本准则，它的作用主要为指导国际财务报告准则和国际会计准则尚未涵盖业务的会计处理，帮助审计师和其他报告使用者评估企业财务报告对财务报告准则与会计准则的遵从性等。财务报告概念框架主要对财务报告的目标，有用财务信息的质量特征，财务报表构成要素的定义、确认和计量等内容进行了界定。

财务报告概念框架主要包括以下四章内容：第一章为通用财务报告的目标，第二章为报告主体，第三章为有用财务信息的定性特征，第四章为《框架（1989）》的其余部分。其中，第一章主要阐述了通用财务报告的目标是为潜在投资者、银行及其他债权人提供有关于企业的决策有用信息；第二章主要阐述了报告主体的边界及如何确定报告主体；第三章主要阐述了有用财务信息的基本质量特征（相关性、重要性、忠实表达）和高级质量特征（可比性、可验证性、及时性、可理解性）；第四章主要阐述了会计假设、财务报表要素及其确认和计量、资本及资本保全的概念等。

2. 国际财务报告准则

国际财务报告准则共计包括 16 项准则，主要对有关业务和报告做出具体指导，规范具体交易或事项的会计处理。具体来说，这 16 项国际财务报告准则分别是《首次采用国际财务报告准则》《以股份为基础的支付》《企业合并》《持有待售的非流动资产和终止经营》《矿产资源的勘查与评估》《金融工具披露》《经营分部》《金融工具》《合并财务报表》《合营安排》《在其他主体中权益的披露》《公允价值计量》《递延管制账户》《客户合同收入》《租赁》《保险合同》。

3. 国际会计准则

国际会计准则共计包括 25 项准则，同国际财务报告准则类似，也主要对有关业务和报告做出具体指导，只是两者规范内容有所不同。国际会计准则由于是之前国际会计准则委员会颁布的，后续不断被国际会计准则理事会废止或者重新发布为国际财务报告准则，因此现行的国际会计准则的编号并不是连续的。

这 25 项国际会计准则分别是《财务报表列报》《存货》《现金流量表》《会计政策、会计估计变更和差错》《报告期后事项》《所得税》《不动产、厂场和设备》《雇员福利》《政府补助的会计和政府援助的披露》《汇率变动的影响》《借款费用》《关联方披露》《退休福利计划的会计与报告》《单独财务报表》《在联营企业和合营企业中的投资》《恶性通货膨胀经济中的财务报告》《金融工具：列报》《每股收益》《中期财务报告》《资产减值》《准备、或有负债和或有资产》《无形资产》《金融工具：确认和计量》《投资性房地产》《农业》。

4. 解释公告

为了加强各利益相关者对相应会计准则的理解和运用，国际会计准则理事会及其前身国际会计准则委员会出台了各类解释公告，具体包括国际会计准则理事会出台的国际财务报告解释公告和国际会计准则委员会出台的解释公告。

我国香港地区和澳门地区也主要采用国际财务报告准则体系，香港会计师公会和澳门特区财政局下属的核数师暨会计师注册委员会是两地区的准则制定机构。我国香港地区在国际财务报告准则基础上仅做了少量修改，与国际财务报告准则趋同性水平非常高；而我国澳门地区选取了部分国际财务报告准则作为澳门会计准则，但属于直接利用，并没有加以修改。

第二节　会计行业规范

一、我国会计行业规范

（一）我国会计法律制度

会计法律制度是指国家权力机关和行政机关制定的各种有关会计工作的规范性文件的总称。它是调整各种会计关系的法律规范，是从事会计工作、办理会计事务必须遵循的行为准则。我国会计法律制度包括会计法律、会计行政法规、国家统一的会计制度、地方性会计法规等层次的内容。

1. 会计法律

会计法律是指由全国人民代表大会及其常务委员会经过一定立法程序制定的有关会计工作的法律。我国最主要的会计法律是 1985 年 1 月通过的《中华人民共和国会计法》（以下简称《会计法》），此后 1993 年、1999 年、2017 年又经过了三次修订。《会计法》是调整我国经济生活中会计关系的法律总规范，是我国会计法律制度中层次最高的法律规范，是制定其他会计法规的依据，也是指导会计工作的最高准则。

《会计法》的立法宗旨是为了规范会计行为，保证会计资料真实、完整，加强经济管理和财务管理，提高经济效益，维护社会主义市场经济秩序。该法主要包括以下几个方面的内容：规定会计工作的基本目的；会计管理的权限；会计核算和会计监督的基本要求；会计机构和会计人员的职责权限。

除《会计法》之外，我国的会计法律还包括1993年10月颁布、2014年修订的《中华人民共和国注册会计师法》（以下简称《注册会计师法》），该法是为了发挥注册会计师在社会经济活动中的鉴证和服务作用，加强对注册会计师的管理，维护社会公共利益和投资者的合法权益，促进社会主义市场经济的健康发展而制定的。《注册会计师法》是我国第一部中介行业法律。

2. 会计行政法规

会计行政法规是指由国务院制定发布或者由国务院有关部门拟定并经国务院批准发布的，用于调整经济生活中某些方面会计关系的法律规范。我国当前施行的会计行政法规主要有《总会计师条例》和《企业财务会计报告条例》。

《总会计师条例》是国务院1990年12月颁布，后又于2011年进行修订的，该条例主要是为了确定总会计师的职权和地位，发挥总会计师在加强经济管理、提高经济效益中的作用。《企业财务会计报告条例》是国务院于2000年6月颁布的，主要为了规范企业财务会计报告，保证财务会计报告的真实、完整。

3. 国家统一的会计制度

国家统一的会计制度是指国务院财政部门根据《会计法》制定的关于会计核算、会计监督、会计机构、会计人员以及会计工作管理的制度，包括会计规章和会计规范性文件。

会计规章是根据《立法法》规定的程序，由财政部制定，并由部门首长签署命令予以公布的制定办法，如以财政部令形式发布的《企业会计准则——基本准则》《财政部门实施会计监督办法》《注册会计师注册办法》《代理记账管理办法》等。

会计规范性文件是指主管全国会计工作的行政部门，即国务院财政部以部门文件形式印发的《企业会计制度》《会计基础工作规范》《企业会计准则——具体准则》系列、《民间非营利组织会计制度》，以及财政部与国家档案局联合发布的《会计档案管理办法》等。

4. 地方性会计法规

地方性会计法规是指由省、自治区、直辖市人民代表大会或常务委员会在同宪法、会计法律、行政法规和国家统一的会计准则制度不相抵触的前提下，根据本地区情况制定发布的关于会计核算、会计监督、会计机构和会计人员以及会计工作管理的规范性文件。地方性会计法规如《深圳经济特区注册会计师条例》《云南省会计条例》等。

（二）我国会计职业道德规范

会计职业道德规范是指从事会计职业的人们在共同的职业兴趣、爱好、习惯、心理基础上形成的思想和行为方面的道德规范，如会计的职业责任、职业纪律等。

会计工作能否提供客观、公正的会计信息，能否对本单位经济活动的合法性、合规性、真实性进行监督，在很大程度上取决于会计人员在会计工作中是否遵守会计职业道德规范，按会计法律和会计准则的要求进行。会计职业道德规范贯穿于会计工作的所有领域和整个过程，着重点在于调整会计领域人与人之间、人与社会之间的关系，它的实现依靠人们内心的观念、惯例、传统、社会教育以及舆论的压力。我国会计职业道德规范包括以下八个方面的主要内容：

（1）爱岗敬业。爱岗敬业是指忠于职守的事业精神，这是会计职业道德的基础。爱岗敬业是职业道德的基本要求，是否爱岗敬业是判断每个从业者是否有职业道德的首要标志。

（2）诚实守信。诚实是指言行思想一致，不弄虚作假、不欺上瞒下，做老实人，说老实话，办老实事。守信就是遵守自己所做出的承诺，讲信用、重信用、信守诺言、保守秘密。诚实守信是做人的基本准则，也是会计职业道德的精髓。

（3）廉洁自律。廉洁就是不贪污钱财，不收受贿赂，保持清白。自律是指自律主体按照一定的标准，自己约束自己、自己控制自己的言行和思想的过程。廉洁自律是会计职业道德的前提，也是会计职业道德的内在要求。

（4）客观公正。客观是指按事物的本来面目去反映，不掺杂个人的主观意愿，也不为他人意见所左右。公正就是平等、公平、正直，没有偏失。客观公正是会计职业道德所追求的理想目标。

（5）坚持准则。坚持准则是指会计人员在处理业务过程中，要严格按照会计法律制度办事，不为主观或他人意志左右。这里所说的"准则"，不仅指会计准则，而且包括会计法律、国家统一的会计制度以及与会计工作相关的法律制度。会计人员在发生道德冲突时，应坚持准则，以维护国家利益、社会公众利益和正常的经济秩序。

（6）提高技能。提高技能是指会计人员通过学习，培训和实践等途径，持续提高会计职业技能，以达到和维持足够的专业胜任能力的活动。作为一名会计工作者必须不断地提高其职业技能，这既是会计人员的义务，也是在职业活动中做到客观公正、坚持准则的基础，是参与管理的前提。会计职业技能包括会计理论水平、会计实务操作能力、职业判断能力、自动更新知识能力、提供会计信息能力、沟通交流能力以及职业经验等。

（7）参与管理。对会计工作来讲，参与管理就是要求会计人员积极主动地向单位领导反映本单位的财务、经营状况及存在的问题，主动提出合理化建议，积极地参与市场调研和预测，参与决策方案的制订和选择，参与决策的执行、检查和监督，为领导者的经营管理和决策活动，当好助手和参谋。

（8）强化服务。强化服务就是要求会计人员具有文明的服务态度、强烈的服务意识和优良的服务质量。会计人员待人处世的态度直接关系到工作的顺利开展和工作的成效。

除此之外，我国内地关于职业道德的规范还包括《中国注册会计师职业道德守则》，主要是对注册会计师在执行业务中的职业道德风险进行规范。

二、国际会计行业规范

由于国际会计行业并没有统一的立法机构或是行政机构，因此并没有相关的国际法律制度对会计行业进行规范。为对会计行业进行规范，国际上主要通过会计行业职业道德准则进行规范。早在1980年5月，国际会计师联合会（IFAC）道德委员会制定的《国际会计职业道德准则》就经国际会计师联合会理事会通过，并于同年7月颁布，对会计师的职业道德进行规范。此时，《国际会计职业道德准则》关注的主要是原则方面的内容，例如该准则要求会计师遵守廉正、客观、独立、保密、技术标准、业务能力及道德行为等方面的原则。此后，国际会计师联合会（IFAC）不断对会计师职业道德准则进行修订。根据《国际职业会计师道德守则2012》的内容，国际会计行业的道德标准主要包括以下三个方面的内容：

（1）第一部分是会计职业道德守则的一般应用。这部分主要对会计师的职业道德基本原则进行了阐述，介绍了诚信原则、客观公正原则、专业胜任能力和应有的关注原则、保密原则、良好职业行为原则等内容。

（2）第二部分是对执业的职业会计师进行道德规范，即对注册会计师职业道德进行规范。这部分主要从专业服务委托、利益冲突、第二次意见、收费和其他类型的报酬、专业服务营销、礼品和款待、保管客户资产、客观和公正原则的要求、审计、审阅及其他鉴证活动中的独立性等内容介绍了执业注册会计师应该在这些业务活动中如何保持职业道德。

（3）第三部分是对工商业界职业会计师做出道德规范。这部分主要从潜在冲突、信息的编制和报告、专业知识和技能、经济利益、利益诱惑等内容介绍了工商业界职业会计师如何在这类情形中保持职业道德。

2018 年 4 月，国际会计师联合会（IFAC）下设的国际会计师职业道德准则理事会（IESBA）发布了新修订的《国际会计师职业道德守则》（包括国际独立性标准）。新颁布的职业道德守则对现行守则进行了全面改写，更易于阅读、理解和执行。除结构调整外，新守则还整合了 IESBA 过去四年来在职业道德标准建设方面的重要成果，更清晰地规范了职业会计师应该如何处理职业道德和独立性问题。

除国际通行的会计师职业道德守则外，我国香港地区会计职业道德规范主要是由香港会计师公会制定的《会计师职业道德守则》实现，该职业道德守则也主要参照国际会计师联合会（IFAC）发布的国际会计师职业道德守则的内容进行编写，因此香港地区会计职业道德规范内容也与国际会计师职业道德守则基本一致。我国澳门地区没有出台关于会计职业道德的相关文件，但基本遵循国际通行的会计师职业道德规范。

【要点回顾】

1. 我国企业会计准则体系的构成及其内容。
2. 国际财务报告准则体系的构成及其内容。
3. 我国与国际会计行业规范体系的构成。

【复习题】

1. 我国企业会计准则中，下列哪项不属于会计基本假设（　　）？

A. 实质重于形式　　　　　　　　B. 持续经营

C. 会计分期　　　　　　　　　　D. 货币计量

2. 国际财务报告准则中，下列哪项不属于财务信息的基本质量特征（　　）？

A. 相关性　　　　　　　　　　　B. 重要性

C. 忠实表达　　　　　　　　　　D. 可比性

3. 国际财务报告准则的会计要素不包括下列哪项（　　）？

A. 所有者权益　　　　　　　　　B. 利润

C. 负债　　　　　　　　　　　　D. 资产

下篇 财务管理与管理会计基础

第六章

财务报表分析

【本章要点】

【本章要点】

1. 熟悉财务报表分析的目的、基础和方法。
2. 掌握横向分析、纵向分析以及百分比式财务报表的编制。
3. 掌握财务比率的含义、分类、计算方法及应用。

第一节　财务报表分析概述

一、财务报表分析的目的

对外公布的财务报表，是根据所有使用人的一般要求设计的，并不适合特定报表使用人的特定目的。报表使用人要通过分析财务报表及相关信息，研究其所反映的企业经济现实，从而制定各种特定决策。

财务报表分析可用于确认关键财务数据的发展趋势，比较不同企业的财务绩效，以及通过计算财务比率来评估企业当前的绩效和未来的发展前景。

财务报表分析的目的是将财务报表数据转换成有用的信息，以帮助报表使用人改善决策。股权投资人、债权人、企业管理层作为三类主要的财务报表使用者，其进行财务报表分析的目的分述如下：

股权投资人：为决定是否投资，需要分析企业的盈利能力；为决定是否转让股份，需要分析盈利状况、股价变动和发展前景；为考查经营者业绩，需要分析资产盈利水平、破产风险和竞争能力；为决定股利分配政策，需要分析筹资状况和偿债能力。

债权人：为决定是否给企业贷款，需要分析贷款的报酬和风险；为了解债务人的短期偿债能力，需要分析其流动性；为了解债务人的长期偿债能力，需要分析其盈利能力和资本结构等偿债能力指标。

银行作为发放贷款的法人企业，当企业申请银行贷款时，需要决定是否接受企业的申请，发放贷款。因此，银行必须判断借款人是否有偿还能力。财务报表是了解企业财务状况和评估其历史和未来财务业绩的基础。银行通过财务报表分析将更好地了解借款企业未来的偿还能力。

企业管理层：为改善经营决策，需要进行内容广泛的财务分析，几乎包括外部使用者关心的所有问题。

二、财务报表分析的方法

财务报表分析，不同的人，出于不同的目的，会使用不同的分析方法。但最基本的方法就是比较分析法，比如，横向分析、纵向分析都要用到比较分析法，比率分析同样也会用到比较分析法。

比较是认识事物的最基本方法，没有比较，分析就无法开始。比较分析法是对两个或多个有关的可比数据进行对比，从而揭示存在的差异或矛盾。

（一）具体方法

财务报表分析经常使用的具体方法如下：

1. 百分比式财务报表

（1）纵向分析：通过将每一个财务报表项目表述为一个基本数字的百分比来评价财务报表数据。

（2）横向分析：评价若干个时期的财务报表数据。

2. 比率分析：描述所选择的财务报表数据之间的关系。

（二）比较的基础

（1）企业内部基础：包括两个方面的基础，一是历史基础，即将一个项目或财务关系与前一年或者前几年的同一项目或财务关系进行对比，以评价项目或财务关系的变化及趋势；二是预算基础，即将实际执行结果与预算指标比较，以评价预算执行效果。

（2）行业平均基础：即将一个项目或财务关系与行业平均数进行对比，以评价企业在行业内的相关业绩表现。

（3）企业之间基础：即将一个项目或财务关系与一家或者多家竞争对手的同一项目或财务关系进行对比，以评价企业的竞争地位。

第二节 百分比式财务报表分析

编制百分比式财务报表，是一种比较有效的财务报表分析方法。它既可用于分析报表项目的结构占比，也可通过编制基准年度报表，实施趋势分析并考查财务报表中各个报表项目的增长率。

百分比式财务报表可用于：

（1）比较同一年度财务报表中的不同报表项目。

（2）分析某企业在若干年间的发展趋势。

（3）比较同一行业内不同规模的企业。

（4）将企业绩效与行业平均水平相比。

一、纵向分析

纵向分析也称共同比分析，是一种将特定财务报表中的所有金额均表示为某一报表项目（通常是金额最大、最为重要的项目）的百分比的方法。一般将资产负债表中的所有金额表示为总资产的百分比，将利润表中的所有金额表示为净销售额的百分比。这种共同比报表也叫纵向百分比式财务报表或垂直百分比式财务报表。

纵向百分比式财务报表在比较不同规模的企业时非常有用，因为无论不同规模公司其财务报表具体项目的金额大小如何，都可以将财务报表中的所有金额重新表示为一个统一的百分比格式。

对同一行业内不同企业的纵向百分比式财务报表进行比较，就可以知道结构的差异，而分析师需要探究和解释产生这些差异的原因。

表6-1和表6-2是ABC公司资产负债表和利润表的共同比财务报表。

表6-1　ABC公司共同比资产负债表

单位：千元

资　　产	金额	百分比
流动资产总额	350 000	70%
净固定资产	150 000	30%
总资产	**500 000**	**100%**
负债和权益		
负债		

（续）

资　　产	金额	百分比
流动负债总额	200 000	40%
长期负债	50 000	10%
负债总额	250 000	50%
股东权益		
实收资本	25 000	5%
资本公积	100 000	20%
留存收益	125 000	25%
股东权益总额	250 000	50%
负债和权益总额	**500 000**	**100%**

表 6-2　ABC 公司共同比利润表

单位：千元

销　售　额	**250**	**100%**
销货成本	120	48%
管理费用	85	34%
其他费用	10	4%
息税前利润（EBIT）	35	14%

从表 6-1 可以发现，ABC 公司的资产结构是流动资产占总资产的 70%，固定资产占总资产的 30%，全部资产 50% 是由负债形成的，50% 是由股东权益形成的；

从表 6-2 可以发现，ABC 公司的销售成本率是 48%，管理费用率是 34%，其他费用率是 4%，息税前利润率是 14%。

这样的共同比财务报表也可用于比较两家不同的公司。

不同行业的共同比财务报表存在显著差异。一般而言，同一行业的企业其共同比财务报表具有类似的特征，而不同行业的企业其共同比财务报表则会展现出不同的特征。

表 6-3 列示了计算机制造行业、零售行业、制药行业和金融行业四个不同行业的共同比财务报表，从中可以看出不同行业共同比财务报表间的差异⊖。

⊖ 美国管理会计师协会. 财务报告、规划、绩效与控制［M］. 4 版. 舒新国，赵澄，译. 北京：经济科学出版社，2017.

表6-3 不同行业的共同比资产负债表

资　　产	计算机制造行业	零售行业	制药行业	金融行业
银行存款	13.2%	2.7%	3.3%	15.8%
有价证券	22.8%	0	17.2%	0
应收账款/票据	22.8%	1.9%	16.4%	12.8%
存货	3.4%	28.2%	8.1%	0
预付款项及其他	4.8%	6.4%	6.3%	0
长期投资	23.8%	0	7.6%	68.1%
固定资产	6.7%	46.7%	28.2%	0.7%
无形资产	2.5%	13.4%	5.4%	0
其他资产	0	0.7%	7.5%	2.6%
总资产	100%	100%	100%	100%
负债与权益				
应付账款	45.3%	32.1%	8.1%	76.1%
短期借款	0	3.0%	12.8%	6.5%
其他流动负债	0	1.7%	14.9%	0
长期债务	4.5%	23.7%	5.1%	9.9%
其他负债	4.0%	2.8%	11.1%	3.5%
总负债	53.8%	63.3%	52.0%	95.5%
股东权益	46.2%	36.7%	48.0%	4.5%
负债与权益总计	100%	100%	100%	100%

　　例如，在零售行业中，应收账款在总资产中占比很低，这主要是因为零售行业大部分销售均采用现金支付或信用卡支付。存货在零售行业的总资产中占比很高，大大高于其他三个行业。金融行业基本上不持有存货，即存货几乎为零。

　　再如，在金融行业中，投资是最重要的资产，因为金融行业的业务模式是持有高回报的投资。而零售行业则不存在投资资产或该资产在总资产中占比很低。因此，金融行业的投资在总资产中的占比将近70%也就不足为奇了。制药行业和计算机制造行业的领先企业也会对各自行业的小企业进行投资，只是与金融行业相比，这两个行业投资金额在总资产中的占比要小得多。

表6-3 显示，零售行业和制药行业持有的固定资产比例很高。这意味着零售行业拥有大部分店铺的产权，而不是从业主那里租赁店铺从事经营。类似地，制药行业因生产需要也持有相当大一部分厂房和设备类固定资产。由于金融行业的资产大部分由"投资"构成，加上金融行业的日常营运并不需要生产车间或机器和设备类固定资产，所以金融行业固定资产的投资相当少。

通常，传统制造行业持有很大比例的固定资产。但随着精益制造的出现，固定资产在制造行业总资产中所占的比例也在不断下降。这一点在表6-3 中表现为计算机制造行业相对较低的固定资产金额。

负债与权益项下的百分比数据能够使分析师洞悉企业的融资情况。从表 6-3 中可以看出，制造行业和制药行业的债务融资和权益融资比例大致相等（制造行业的权益融资比例为46%，制药行业的权益融资比例为48%），零售行业和金融行业则主要采用债务融资形式。零售行业的全部融资中约有1/4 来自权益融资，而金融行业的全部融资中仅有5% 来自权益融资。

另外，金融行业的全部融资中约有3/4 的融资来自短期应付款项，这类应付款项主要由客户存款构成，客户可随时、随意提取账户中的存款。

零售行业应付账款形式的短期应付款项约占其总资产的1/3，这部分应付款项代表零售商对商品供应商的欠款。将存货金额与应付账款金额相比，可以洞察二者之间的关系情况。本例中，零售行业的存货金额与应付账款金额大致相等，这意味着平均而言，零售商的商品销售周期与向供应商的付款周期大致相同。

共同比利润表也存在类似的结论。不同的行业其成本结构和边际利润也不同。比较共同比利润表中的各个费用范畴，如销售成本、研发（R&D）费用、广告费用和一般间接费用，能进一步确认不同行业不同的业务模式。例如，零售行业的销售成本在总销售额中占比要比制药行业高；传统上，制药行业的销售成本在总销售额中占比很小，并且制药行业具有很高的边际利润。类似地，制药行业的研发费用很高，但零售行业没有研发支出。

二、横向分析

横向分析也称为趋势分析，它是一种通过选择一家企业某个年份的财务报表作为基年的数据，对应百分比为100%，将该企业在基年之后若干个年份的财务报表项目数值表示为基年报表对应项目数值的百分比，以比较同一企业不同时期财务报表数值和比例的变化的方法。这种报表称为横向百分比式财务报表，有时也称作基准年份报表。

表6-4列示了2011～2015年共5年的销售额和销售成本金额及其百分比数据，其中2011年为基准年份，其销售额和销售成本的值均设定为100%，2012～2015年的销售额和销售成本分别均与2011年的销售额和销售成本相除，得到对应的百分比数据。完整的横向百分比式利润表或资产负债表可参照表6-4的列示方法加以编制。

表6-4　横向百分比式财务报表（趋势分析）　　　　　　单位：千元

	2011 年	2012 年	2013 年	2014 年	2015 年
销售额	200 000	210 000	250 000	260 000	300 000
百分比	100%	105%	125%	130%	150%
销售成本	100 000	110 000	130 000	150 000	160 000
百分比	100%	110%	130%	150%	160%

从表6-4中可以发现，销售成本的增长速度大于销售额的增长速度。

横向或趋势分析有助于考查各种关系，并发现企业的优势和劣势。在本例中，虽然销售额是逐年增长的，但销售成本各年的增长速度都大于销售额的增长速度，因此，管理层有必要加强对成本的控制与管理。

通过横向百分比式财务报表分析，还可以揭示与变化方向、速度以及变化规模相关的趋势。进一步的分析还可以考查相关领域的趋势，例如销售额增长与应收账款增长比例之间的不一致（相比销售额应收账款增长得更快）。财务报表中的变化可以分为年度变化和长期趋势。

分析横向百分比式财务报表中的每一行，可以迅速发现特定报表项目的金额相比前一年所发生的异常变化。较大的变化或趋势的逆转（在若干年的增长之后突然发生下降）是非常明显的信号，表明相关问题需要进一步考察和分析。

横向分析可以在短时间内对财务报表做出初步概述，但它绝不意味着全面分析的终结。横向分析的目的主要在于为进一步的考查指引方向，因为横向分析能迅速且有效地将注意力引向需要进一步考查的报表项目。

第三节　财务比率分析

"比率"是指两个（或更多个）财务报表数据之间的相对关系。"比率"能在原始财务报表数据的基础上，就企业财务健康状况提供额外的信息。

比率分析是分析财务报表的基本工具。通过计算比率，可以将企业的财务业绩与行业竞争对手进行比较，也可以对企业业绩进行不同时间段内的比较和审查。

一般财务比率可分为以下不同类别：

一、盈利性比率

盈利性比率告诉我们一个企业是否盈利，如果盈利，则告诉我们是否以可接受的比率盈利。关键的比率包括：毛利率、净利润率、使用资本报酬率、净资产（股东权益）收益率、总资产报酬率等。

（一）毛利率

$$毛利率 = （毛利/销售收入）\times 100\%$$

这个比率告诉我们企业持续控制生产成本或管理销售成本的能力。如果销售收入大幅增加，但毛利率下降，则销售成本的增长速度将快于销售收入。这可能是由于竞争对手之间的价格战，也可能是由于通货膨胀，但企业无法将商品价格的所有增量都传递给客户。

（二）净利润率

$$净利润率 = （税后净利润/销售收入）\times 100\%$$

假设毛利率不变，净利润率告诉我们一家企业控制其他运营成本或日常开支的能力。净利润率的增加表明企业正在改善对运营成本的控制；反之亦然。

（三）使用资本报酬率

使用资本报酬率（ROCE）= 息税前净利润（EBIT）/（总资产 – 流动负债）$\times 100\%$

ROCE 也可解释为 EBIT/（所有者权益 + 长期负债）。它有时被称为主要比率。它告诉我们，管理层从使用的总资本（即所有者权益加上长期负债）中获得了多少回报。

（四）净资产（股东权益）收益率

净资产收益率（ROE）= 普通股股东可获得净利润/平均股东权益 $\times 100\%$

净资产收益率衡量普通股股东权益的盈利能力或投资权益资本的每元回报率。

（五）总资产报酬率

$$总资产报酬率（ROA）= 净利润/平均总资产 \times 100\%$$

总资产报酬率基本上是衡量企业如何利用其资产创造更多利润的指标。但是，可以将其视为两个其他比率的组合，即净利润率（净利润与销售额的比率）和资产周转率（销售额与总资产的比率）的组合：

$$总资产报酬率 = 净利润率 \times 资产周转率$$

$$\frac{净利润}{总资产} = \frac{净利润}{销售额} \times \frac{销售额}{总资产}$$

资产的高报酬率可以是高利润率、资产的快速周转或两者的结合。

总资产报酬率（ROA）在不同的行业中大不相同。资本密集型行业，如铁路和核电站，将产生较低的总资产报酬率，因为它们必须拥有昂贵的资产才能开展业务。劳动密集型企业，如软件公司和广告公司，将有较高的总资产报酬率，因为它们所需的资产是最低的。

（六）杜邦体系分析法

净资产（股东权益）收益率可以分解为总资产报酬率与权益乘数的乘积，进一步可分解为销售净利润率和总资产周转率与权益乘数的乘积。即

净资产收益率 = 净利润率 × 资产周转率 × 权益乘数

也就是说，一个企业的净资产收益率受净利润率、总资产周转率和权益乘数三个因素的影响，这三个因素中任何一个的变化或组合的变化，都会带来净资产收益率的变化。这就是著名的杜邦体系分析法，如图 6-1 所示。

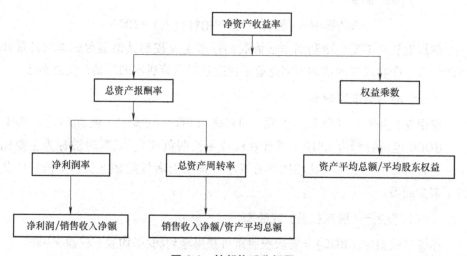

图6-1 杜邦体系分析图

从图 6-1 中可以看出，杜邦体系分析法是把有关财务比率和财务指标以系统分析图的形式连在一起，通过这一指标体系图，可以了解如下内容：

（1）净资产收益率是一个与企业财务管理目标相关性最大、综合性很强的指标，它是由企业的销售利润率、总资产周转率和权益乘数决定。可见，净资产收益率是指标体系分析的核心。

（2）企业的税后净利是由销售收入扣除成本费用总额再扣除所得税而得到

的，而成本费用又由一些具体项目构成。通过对这些项目的分析，可了解企业净利润增减变动的原因。

（3）企业的总资产是由流动资产和非流动资产构成的，它们各自又有明细项目，通过总资产构成和周转情况的分析，能发现企业资产管理中存在的问题与不足。

（4）企业的资本来源于股东权益和负债两部分，通过对资本结构的分析，可了解企业的资本结构是否合理以及财务风险的大小，从而及时发现企业筹资中存在的问题，以便采取有效措施加以改进。

二、运营效率比率

运营效率比率让我们了解企业如何有效地利用投资于固定资产和营运资本的资源。

（一）固定资产周转率

固定资产周转率 = 销售收入/固定资产

这个比率可衡量企业利用固定资产创造销售收入的效率。然而，低比率并不一定意味着企业表现不佳，因为某些行业可能需要对固定资产（如飞机生产企业）进行大量投资。必须在同一行业的企业之间进行比较。

（二）存货周转天数

存货周转期（天数）= 平均存货/销售成本 × 365 天

这个比率衡量的是企业在存货售出前持有存货的平均天数。这个比率有助于回答这样的问题："库存中是否有太多资金？"不断增加的存货周转期，或比行业平均水平大得多的存货周转期，可能表明库存管理不善。

（三）应收账款收款期（周转天数）

应收账款收款期（周转天数）= 应收账款（平均，如果可能)/赊销额 × 365 天

该比率表示企业在销售和回款之间必须等待的天数。高于行业平均水平的数字可能表明企业在回款方面存在问题，例如应收账款部门效率低下。这种情况也可能发生在一般经济条件不好，客户难以及时还债的情况下。

（四）应付账款付款期（周转天数）

应付账款付款期（周转天数）= 应付账款（平均，如果可能)/赊购 × 365 天

它与应收账款的比率相似，显示了企业与供应商结算应付账款所需的天数。企业通常利用延长付款期限的方法来提高现金流的灵活性。但是，必须注意不要破坏与供应商之间的关系。

三、投资者比率

投资者通常使用市盈率、股利收益率等比率来评估企业投资的绩效。

（一）市盈率

$$市盈率 = 普通股每股市价/每股收益$$

市盈率也称 P/E 比率或价格收益比率，它是普通股每股市价与每股收益的比率。

通常情况下，具有强劲增长前景的企业，市盈率较高，而增长前景缓慢或风险较高的企业，市盈率较低。

市盈率最好是在相同行业或市场平均水平的背景下进行观察，以了解企业的相对价值，一般不能用于不同行业的企业之间的比较。充满强劲增长前景的新兴行业的市盈率普遍较高，而成熟行业的市盈率普遍较低，如果将这两个行业的两个企业市盈率加以简单比较，就没有太大意义，因为这不能说明处于成熟行业的这家企业股票就没有投资价值。在每股收益很小或亏损时，股票市价不会降至零。这时，很高的市盈率往往不能说明问题。

（二）股利收益率

$$股利收益率 = 每股普通股最新股利/股票当前市价 \times 100\%$$

这个比率衡量的是投资人通过股利支付所实现的现金回报占股票当前市值的比例。该比率对于那些希望从其证券投资中获得收入的投资人非常有用。

四、流动性（短期偿债能力）比率

对于短期债权人而言，关心的是企业是否有足够的现金或其他能在短期内变现的资产，以支付各种即将到期的债务。

流动性比率是表明企业在到期时有多大能力履行其短期义务的相对指标，衡量的是企业资产转化为现金的速度能在多大程度上满足到期债务的现金还款需要。流动性指标是揭示企业短期偿债能力的指标，主要包括流动比率、速动比率等指标。

（一）流动比率

$$流动比率 = 流动资产/流动负债$$

流动比率是流动资产与流动负债之比，衡量的是流动资产满足流动负债需要的程度。如果流动比率较高，则说明企业使用流动资产支付流动负债的能力较强，因此就具有较大的流动性。如果企业流动比率逐年增加，则说明其短期偿债能力趋于改善和增强；反之，则说明其短期偿债能力趋于降低，财务风险在加大。

流动比率的传统标准是达到 2 比较好。当然，由于行业特点不同，不同行业间的流动比率的合理区间便存在着差异。在当前电子商务环境下，低于传统标准的流动比率也可接受。

（二）速动比率（或酸性测试比率）

速动比率（或酸性测试比率）=（流动资产－存货）/流动负债

速动比率从一个比流动比率更为短期的角度来考查流动性，采用的方式是从流动资产中扣除存货的价值，因为存货虽然是一种流动资产，但在需要现金时不能很快售出。因此，速动比率调整了流动比率，将存货排除在计算之外。

所以，速动比率是速动资产与流动负债的比率。速动资产一般是指流动资产总额扣除了存货后的余额，主要包括货币资金、短期投资、应收票据、应收账款等可快速变现的资产。

传统上，速动比率通常要求达到 1，小于 1 将开始发出危险信号。

五、长期偿债能力比率

这里的偿债能力比率聚焦于企业的长期健康状况，尤其是资本/融资结构对企业的影响，是评价企业长期偿债能力的比率。

（一）资本结构比率（杠杆比率）

资本结构比率（杠杆比率）=（长期负债＋银行借款）/股东权益

这一比率衡量企业债务融资与股权融资的比率。这一比率越高，表明企业的长期偿债能力越弱，企业的风险就越大；反之，这一比率越低，表明企业的长期偿债能力越强，债权人权益的保障程度越高，承担的风险越小。

（二）利息保障倍数

利息保障倍数=息税前利润/利息费用

=（税后利润＋所得税＋利息费用）/利息费用

利息保障倍数也叫已获利息倍数，是指企业经营所获得的息税前利润与利息费用的比率，用于反映企业所实现的息税前利润支付利息费用的能力，指标值越大，说明支付利息的能力越强；反之，则说明支付利息的能力越弱，表明企业有较大的财务风险。

它衡量企业偿还债务的能力。它测试利润是否足以支付利息和其他财务成本。

【例 6-1】　深圳 XYZ 有限公司是一家进出口贸易的公司。该公司由 CEO 李某于 2006 年创立，每年从欧洲进口产品在国内市场销售。XYZ 公司 2017 年和

2018 年的 12 月 31 日的资产负债表如表 6-5 所示，2017 年和 2018 年的利润表如表 6-6 所示：

表 6-5　深圳 XYZ 公司资产负债表

（2018 年 12 月 31 日）　　　　　　　　　　单位：千元

资　　产	2018 年	2017 年
现金	—	900
应收账款	1 200	800
存货	2 400	1 400
固定资产	4 300	4 100
总资产	**7 900**	**7 200**
负债		
应付账款	1 050	950
银行借款	400	—
应计项目	700	600
长期负债	1 850	1 950
负债总额	**4 000**	**3 500**
股东权益		
股本（普通股）	1 700	1 700　　（5%）
资本公积	90	70
留存收益	2 110	1 930
股东权益总额	**3 900**	**3 700**
负债和权益总额	**7 900**	**7 200**

表 6-6　利润表

2018 年 12 月　　　　　　　　　　　　　　单位：千元

	2018 年	2017 年
销售收入	8 300	6 800
销售成本	5 300	3 700
毛利	**3 000**	**3 100**
不含利息的营业成本	2 200	1 800
息税前利润	**800**	**1 400**
利息费用	300	260
利润总额	**500**	**1 140**
所得税费用	75	171
净利润	**425**	**969**
普通股股利	245	340
本年留存收益	**180**	**629**

其他信息：

（1）XYZ 公司两年发行在外的普通股均为 1 700 000 股。

（2）2018 年 12 月 31 日和 2017 年 12 月 31 日的股票市价分别为 8 元和 11 元。

（3）截至 2018 年 12 月 31 日和 2017 年 12 月 31 日的赊购分别为 6 250 000 元和 3 900 000 元。

财务比率计算如表 6-7 所示。

表 6-7　XYZ 公司财务比率计算表

序号	比率名称	2018 年		2017 年	
		计　算	比　率	计　算	比　率
1	毛利率	3 000/8 300 × 100%	36.14%	3 100/6 800 × 100%	45.59%
2	净利润率	425/8 300 × 100%	5.12%	969/6 800 × 100%	14.25%
3	使用资本报酬率	800/（1 850 + 3 900）× 100%	11.85%	1 400/（1 950 + 3700）× 100%	24.78%
4	净资产收益率	425/3 900/2 × 100%	10.90%	969/3 700 × 100%	26.19%
5	存货周转天数①	2 400/5 300 × 365	165.28 天	1 400/3 700 × 365	138.11 天
6	应收账款周转天数	1 200/8 300 × 365	52.77 天	800/6 800 × 365	42.94 天
7	应付账款周转天数	1 050/6 250 × 365	61.32 天	950/3 900 × 365	88.91 天
8	市盈率②	8/0.25	32	12/0.57	21.05
9	股利收益率③	245/（8 × 1 700）× 100%	1.8%	340/（12 × 1 700）× 100%	1.67%
10	流动比率	（1 200 + 2 400）/（1 050 + 400 + 700）	1.67	（900 + 800 + 1 400）/（950 + 600）	2
11	速动比率	1 200/（1 050 + 400 + 700）	0.56	（900 + 800）/（950 + 600）	1.10
12	杠杆比率	（1 850 + 400）/3 900 × 100%	57.69%	1 950/3 700 × 100%	52.70%
13	利息保障倍数	800/300	2.67 倍	1 400/260	5.38 倍

① 如果没有 2017 年的期初库存数据，则在计算时最好使用两年的期末库存数据，因为需要在相同的基础上比较比率。

② 2018 年每股收益 = 425 000/1 700 000 = 0.25；2017 年每股收益 = 969 000/1 700 000 = 0.57。

③ 股利收益率可以计算为总股利/总市值。

对表 6-7 财务比率计算结果的解释：

（1）盈利性比率。XYZ 公司 2018 年净利润率下降的主要原因是毛利率大幅下降，这是由于销售成本大幅上升所致。由于通货膨胀和激烈的竞争，公司可能无法转嫁销售成本的所有增加。因此，使用资本报酬率（ROCE）和净资产收益率（ROE）也受到很大影响。

（2）效率比率。2018 年 XYZ 公司库存水平提高了 71.43%（从 1 400 000 元增加到 2 400 000 元），库存周转天数增加了 27.17 天，说明公司库存太多。如果生产技术发生变化，或者顾客的偏好发生变化，有些存货可能会面临过时的风险。

应收账款周转天数（回收期）也延长了 9.83 天。说明应收账款部门应加大催收力度。同时，公司还应当观察经济状况，发现客户清偿债务有困难的，应当及时采取措施。

应付账款周转天数（付账期）降低 27.59 天。关于这一现象应该问一些问题：供应商是否缩短了信贷期限？是否必须寻找提供较短信贷期限的新供应商？

（3）投资者比率。2018 年，XYZ 公司市盈率上升，股利收益率也略有上升，但每股收益下降较大，达到 56.14%，也许投资者对公司仍有信心，因此股价的下跌幅度（33.33%）小于每股收益的下降幅度（56.14%）。必须注意观察公司未来的盈利趋势。一旦净利润形成下降趋势，投资者可能会经历股价未来的下跌。

（4）流动性（短期偿债能力）比率。XYZ 公司由于受到大量库存和现金减少的影响，因此 2018 年流动性不好，流动比率从 2017 年的 2 降至 1.67，速动比率从 2017 年的 1.10 降至 0.56。2018 年这两个比率都低于安全水平。这意味着该公司可能无法通过将流动资产转换为现金来履行短期债务。如果这种现象持续存在，可能会影响公司的偿付能力。

（5）长期偿债能力比率。XYZ 公司 2018 年的杠杆比率达 57.69%，高于2017 年的杠杆比率，这是因为它在 2018 年有更多的借款。这样的水平被认为太高了。此外，利息保障倍数从 5.38 倍下降到 2.67 倍，下降幅度较大。如果利率上升，公司从营业利润中支付利息的能力将降低，甚至降低到发生亏损的程度。管理层必须设法减少借贷。

六、比率分析的作用和局限

（一）比率分析的作用

财务比率可以从财务报表中计算出来，从而帮助管理层和投资者了解企业的盈利能力、流动性、效率、增长潜力和长期偿债能力。例如，流动比率和速动比率揭示了企业偿还短期债务的能力。通过分析这些比率，管理层和投资者可以了解企业是否能够满足必要的流动性水平。

（二）比率分析的局限

进行比率分析时，应该了解其以下的局限性：

（1）比率分析使用的数据属于历史数据，对预测未来仅有参考价值，并非绝对合理可靠。

（2）由于各个企业使用的会计政策不同，在与其他企业对比时，其可比性较差。

（3）比率分析忽视企业资源流向的动态方面，而这方面正是评价企业财务绩效的重要方面。

比率分析能够指出问题以及进一步分析的机会，但它们很少自己回答问题。所以，分析师还应结合行业的趋势、技术的变革、顾客偏好的改变、宏观经济因素的变化，以及企业内部自身的变化加以分析。

📖 【要点回顾】

1. 财务报表分析的目的是将财务报表数据转换成有用的信息，以帮助报表使用人改善决策。股权投资人、债权人、企业管理层作为三类不同的财务报表使用者，其进行财务报表分析的目的各有不同。

2. 比较是认识事物的最基本方法。共同比（纵向）和水平（横向）两种百分比式财务报表的编制和分析应用，是比较分析法的具体应用。

3. 纵向分析也称共同比分析，是一种将特定财务报表中的所有金额均表示为某一报表项目（通常是金额最大、最为重要的项目）的百分比的方法。一般将资产负债表中的所有金额表示为总资产的百分比，将利润表中的所有金额表示为净销售额的百分比。

4. 横向分析也称为趋势分析，是一种通过选择一家企业某个年份的财务报表作为基年的数据，对应百分比为100%，将该企业在基年之后若干个年份的财务报表项目数值表示为基年报表对应项目数值的百分比，以比较同一企业不同时期财务报表数值和比例的变化的方法。

5. 盈利性比率、运营效率比率、投资者比率、流动性比率、偿债能力比率五个方面的比率计算和分析应用，是评估企业盈利能力、运营效率、短期偿债能力和长期偿债能力的重要方法。

💡 【复习题】

1. 以下关于百分比式财务报表的叙述哪一项正确？（　　　）

A. 两家企业的百分比式财务报表揭示出两家企业的利润增长均为100%，

则这两家企业对投资人的吸引力将相同

B. 只有至少具备 10 年营运数据的企业才适于编制百分比式财务报表

C. 百分比式财务报表可用于比较不同规模的企业

D. 以上都对

2. ABC 公司 2018 年年末流动资产 100 万元，固定资产 200 万元，流动负债 50 万元，长期负债 30 万元，该公司的流动比率是？（　　）

A. 3.75　　　　　B. 4　　　　　　　C. 3.33　　　　　　D. 2

3. XY 公司的总资产对股东权益比率是 3，资产周转率是 80%，毛利率是 30%，销售净利润率是 10%，则该公司的净资产收益率是（　　）？

A. 72%　　　　　B. 24%　　　　　C. 7.2%　　　　　D. 8%

第七章

财务管理基础

【本章要点】

1. 了解货币时间价值的含义。
2. 了解终值、现值、复利、年金的概念。
3. 掌握复利、年金的计算。
4. 了解风险的含义。
5. 了解风险与报酬之间的关系。
6. 掌握风险与报酬的计算。

第一节　货币时间价值

一、货币时间价值的含义

货币时间价值也称资金的时间价值，是指在没有风险和通货膨胀的情况下，货币经历一定时间的投资与再投资所增加的价值。货币资金在周转过程中会随着时间的推移而发生增值，使其在投入、收回的不同时点上价值不同，形成价值差额。

日常生活中，经常会遇到这样一种现象，一定量的货币资金在不同时点上具有不同价值，现在的 1 元钱比将来的 1 元钱更值钱。例如我们现在有 1 000 元，存入银行，银行的年利率为 5%，1 年后可得到 1 050 元，于是现在 1 000 元与 1 年后的 1 050 元相等。因为这 1 000 元经过 1 年的时间增值了 50 元，这增值的 50 元就是货币时间价值。

货币时间价值可用绝对数（货币的时间价值额）和相对数（货币的时间价值率）两种形式表示，通常用相对数表示。理论上，货币的时间价值额是货币在生产经营过程中带来的真实增值额，即一定时间的货币与货币时间价值率的乘积；货币的时间价值率是没有风险和没有通货膨胀条件下的社会平均利润率。实务中，通常以利率、报酬率等来表示货币的时间价值率。

由于不同时间单位货币的价值不相等，因此，不同时点上的货币价值不宜直接进行比较，必须把它们折算到相同的时点进行比较才有意义。因此，掌握货币时间价值的计算就很重要。

二、货币时间价值的计算

货币时间价值的计算，涉及两个重要的概念：现值和终值。现值又称本金，是指未来某一时点上的一定量资金折算到现在的价值。终值又称将来值或本利和，是指现在一定量的资金在将来某一时点上的价值。由于终值和现值的计算与利息的计算方法有关，而利息的计算有复利和单利两种，因此终值和现值的计算也有复利和单利之分。

（一）单利的现值和终值

单利是指只对本金计算利息，利息部分不再计息，通常用 P 表示现值，F 表示终值，i 表示利率（贴现率、折现率），n 表示计算利息的期数，I 表示利息。

（1）单利的利息：

$$I = Pin$$

（2）单利的终值：

$$F = P(1 + in)$$

（3）单利的现值：

$$P = F/(1 + in)$$

【例7-1】 某人将一笔 5 000 元的现金存入银行，银行一年期定期利率为 5%。要求：计算第一年和第二年的利息、终值。

解

$$I_1 = Pin = 5\ 000\ 元 \times 5\% \times 1 = 250\ 元$$

$$I_2 = Pin = 5\ 000\ 元 \times 5\% \times 2 = 500\ 元$$

$$F_1 = P(1 + in) = 5\ 000\ 元 \times (1 + 5\% \times 1) = 5\ 250\ 元$$

$$F_2 = P(1 + in) = 5\ 000\ 元 \times (1 + 5\% \times 2) = 5\ 500\ 元$$

从上面计算中，显而易见，第一年的利息在第二年不再计息，只有本金在第二年计息。此外，如无特殊说明，给出的利率均为年利率。

【例7-2】 某人希望 5 年后获得 10 000 元本利和,银行利率为 5%。要求:计算某人现在须存入银行多少资金?

解

$$P = F/(1 + in) = 10\ 000\ 元/(1 + 5\% \times 5) = 8\ 000\ 元$$

上面求现值的计算,也可称贴现值的计算,贴现使用的利率称贴现率。

（二）复利的现值和终值

复利是指不仅对本金要计息,而且对本金所生的利息,也要计息,即"利滚利"。复利的终值是指一定量的本金按复利计算的若干年后的本利和。

（1）复利终值的计算公式为

$$F = P(1 + i)^n$$

式中, $(1 + i)^n$ 称为"复利终值系数"或"1 元复利终值系数",用符号 $(F/P, i, n)$ 表示,其数值可查阅 1 元复利终值表。

【例7-3】 某人现在将 5 000 元存入银行,银行利率为 5%。要求:计算第一年和第二年的本利和。

解

第一年的 $F = P(1 + i)^1 = 5\ 000\ 元 \times (F/P, 5\%, 1) = 5\ 000\ 元 \times 1.05 = 5\ 250\ 元$

第二年的 $F = P(1 + i)^2 = 5\ 000\ 元 \times (F/P, 5\%, 2) = 5\ 000\ 元 \times 1.102\ 5 = 5\ 512.5\ 元$

上式中的 $(F/P, 5\%, 2)$ 表示利率为 5%,期限为 2 年的复利终值系数,在复利终值表上,可以从横行中找到利息 5%,纵列中找到期数 2 年,纵横相交处,可查到 $(F/P, 5\%, 2) = 1.102\ 5$。该系数表明,在年利率为 5% 的条件下,现在的 1 元与 2 年后的 1.102 5 元相等。

将单利终值与复利终值比较,发现在第一年,单利终值和复利终值是相等的;在第二年,单利终值和复利终值不相等,两者相差 5 512.5 元 − 5 500 元 = 12.5 元,这是因为第一年本金所生的利息在第二年也要计算利息,即 250 元 × 5% = 12.5 元。因此,从第二年开始,单利终值和复利终值是不相等的。

复利现值是指在将来某一特定时间取得或支出一定数额的资金,按复利折算到现在的价值。

（2）复利现值的计算公式为:

$$P = F/(1 + i)^n = F(1 + i)^{-n}$$

式中, $(1 + i)^{-n}$ 称为"复利现值系数"或"1 元复利现值系数",用符号 $(P/F, i, n)$ 表示,其数值可查阅 1 元复利现值表。

【例7-4】 某人希望 5 年后获得 10 000 元本利,银行利率为 5%。要求:计算某人现在应存入银行多少资金?

解

$$P = F(1+i)^{-n} = F(P/F, 5\%, 5) = 10\ 000\ 元 \times 0.783\ 5 = 7\ 835\ 元$$

（P/F，5%，5）表示利率为5%，期限为5年的复利现值系数。同样，我们在复利现值表上，从横行中找到利率5%，纵列中找到期限5年，两者相交处，可查到（P/F，5%，5）=0.783 5。该系数表明，在年利率为5%的条件下，5年后的1元与现在的0.783 5元相等。

（三）复利利息的计算

$$I = F - P$$

【例7-5】 根据例7-4资料，要求：计算5年的利息。

解

$$I = F - P = 10\ 000\ 元 - 7\ 835\ 元 = 2\ 165\ 元$$

（四）名义利率和实际利率

在前面的复利计算中，所涉及的利率均假设为年利率，并且每年复利一次。但在实际业务中，复利的计算期不一定是1年，可以是半年、一季、一月或一天复利一次。当利息在一年内要复利几次时，给出的年利率称名义利率，用 r 表示，根据名义利率计算出的每年复利一次的年利率称实际利率，用 i 表示。

实际利率和名义利率之间的关系如下：

$$i = (1 + r/m)^m - 1。$$

式中，m 表示每年复利的次数。

【例7-6】 某人现在存入银行10 000元，年利率5%，每季度复利一次。那么，2年后能取得多少本利和。

解一

先根据名义利率与实际利率的关系，将名义利率折算成实际利率。

$$i = (1 + r/m)^m - 1 = (1 + 5\%/4)^4 - 1 = 5.09\%$$

再按实际利率计算资金的时间价值。

$$F = P(1+i)^n = 10\ 000\ 元 \times (1 + 5.09\%)^2 = 11\ 043.91\ 元$$

解二

将已知的年利率 r 折算成期利率 r/m，期数变为 mn。

$$F = P(1 + r/m)^{mn} = 10\ 000\ 元 \times (1 + 5\%/4)^{2 \times 4}$$

$$= 10\ 000\ 元 \times (1 + 0.012\ 5)^8$$

$$= 11\ 044.86\ 元$$

（五）年金的终值和现值

年金是指一定时期内，每隔相同的时间，收入或支出相同金额的系列款项。例如折旧、租金、等额分期付款、养老金、保险费、零存整取等都属于年金问题。年金具有连续性和等额性特点。连续性要求在一定时间内，间隔相等时间就要发生一次收支业务，中间不得中断，必须形成系列。等额性要求每期收、付款项的金额必须相等。年金根据每次收付发生的时点不同，可分为普通年金、预付年金、递延年金和永续年金四种。

1. 普通年金

普通年金是指在每期的期末，间隔相等时间，收入或支出相等金额的系列款项。每一间隔期，有期初和期末两个时点，由于普通年金是在期末这个时点上发生收付，故又称后付年金。

（1）普通年金的终值。普通年金的终值是指每期期末收入或支出的相等款项，按复利计算，在最后一期所得的本利和。每期期末收入或支出的款项用 A 表示，利率用 i 表示，期数用 n 表示，那么每期期末收入或支出的款项，折算到第 n 年的终值如图 7-1 所示。

图 7-1　普通年金终值计算示意图

第 n 年支付或收入的款项 A 折算到最后一期（第 n 年），其终值为 $A(1+i)^0$

第 $n-1$ 年支付或收入的款项 A 折算到最后一期（第 n 年），其终值为 $A(1+i)^1$

　　　　　　　　　　　　　⋮

第 3 年支付或收入的款项 A 折算到最后一期（第 n 年），其终值为 $A(1+i)^{n-3}$

第 2 年支付或收入的款项 A 折算到最后一期（第 n 年），其终值为 $A(1+i)^{n-2}$

第 1 年支付或收入的款项 A 折算到最后一期（第 n 年），其终值为 $A(1+i)^{n-1}$

那么年金终值：

$$FA = A(1+i)^0 + A(1+i)^1 + \cdots + A(1+i)^{n-3} + A(1+i)^{n-2} + A(1+i)^{n-1}$$

经整理：

$$FA = A\frac{(1+i)^{n-1}}{i}$$

式中，$(1+i)^{n-1}/i$，称为"年金终值系数"或"1元年金终值系数"，记作 $(F/A, i, n)$，表示年金为1元、利率为 i、经过 n 期的年金终值是多少，可直接查1元年金终值表。

【例7-7】 某人连续5年每年年末存入银行 10 000 元，利率为5%。要求：计算第5年年末的本利和。

解

$$FA = A(F/A, 5\%, 5) = 10\ 000\ 元 \times 5.525\ 6 = 55\ 256\ 元$$

上面的计算表明，每年年末存 10 000 元，连续存5年，到第5年年末可得55 256 元。

（2）年偿债基金。计算年金终值，一般是已知年金，然后求终值。有时我们会碰到已知年金终值，反过来求每年支付的年金数额，这是年金终值的逆运算，我们把它称作年偿债基金的计算，计算公式如下：

$$A = FA \frac{i}{(1+i)^{n-1}}$$

式中，$i/(1+i)^{n-1}$，称为"偿债基金系数"，记为 $(A/F, i, n)$，可查偿债基金系数表，也可根据年金终值系数的倒数来得到。即 $(A/F, i, n) = 1/(F/A, i, n)$。利用偿债基金系数可把年金终值折算为每年需要支付的年金数额。

【例7-8】 某人在5年后要偿还一笔 50 000 元的债务，银行利率为5%。要求：为归还这笔债务，每年年末应存入银行多少元？

解

$$
\begin{aligned}
A &= FA(A/F, i, n) \\
&= 50\ 000 \times (A/F, 5\%, 5) \\
&= 50\ 000 \times [1/(F/A, 5\%, 5)] \\
&= 50\ 000\ 元 \times 1/5.525\ 6 \\
&= 9\ 048.79\ 元
\end{aligned}
$$

在银行利率为5%时，每年年末存入银行 9 048.79 元，5年后才能还清债务50 000 元。

（3）普通年金的现值。普通年金的现值是指一定时期内每期期末等额收支款项的复利现值之和。实际上就是指为了在每期期末取得或支出相等金额的款项，现在需要一次投入或借入多少金额，年金现值用 PA 表示，其计算如图7-2所示。

要将每期期末的收支款项全部折算到时点0，则

第1年年末的年金 A 折算到时点0的现值为 $A(1+i)^{-1}$

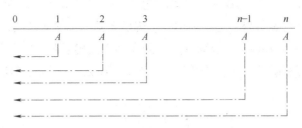

图 7-2　普通年金现值计算示意图

第 2 年年末的年金 A 折算到时点 0 的现值为 $A(1+i)^{-2}$

第 3 年年末的年金 A 折算到时点 0 的现值为 $A(1+i)^{-3}$

$$\vdots$$

第 $(n-1)$ 年年末的年金 A 折算到时点 0 的现值为 $A(1+i)^{-(n-1)}$

第 n 年年末的年金 A 折算到时点 0 的现值为 $A(1+i)^{-n}$

那么，n 年的年金现值之和：

$$PA = A(1+i)^{-1} + A(1+i)^{-2} + A(1+i)^{-3} + \cdots + A(1+i)^{-(n-1)} + A(1+i)^{-n}$$

经整理：

$$PA = A\frac{1-(1+i)^{-n}}{i}$$

式中，$[1-(1+i)^{-n}]/i$，称为"年金现值系数"或"1 元年金现值系数"，记作 $(P/A, i, n)$，表示年金 1 元，利率为 i，经过 n 期的年金现值是多少，可查 1 元年金现值表。

【例 7-9】 某人希望每年年末取得 10 000 元，连续取 5 年，银行利率为 5%。那么，第一年年初应该一次性存入多少元？

解

$$\begin{aligned} PA &= A(P/A, i, n) \\ &= 10\,000 \times (P/A, 5\%, 5) \\ &= 10\,000\ 元 \times 4.329\,5 \\ &= 43\,295\ 元 \end{aligned}$$

为了每年年末取得 10 000 元，第一年年初应该一次性存入 43 295 元。

（4）年资本回收额。上题是已知年金的条件下，计算年金的现值，也可以反过来在已知年金现值的条件下，求年金，这是年金现值的逆运算，可称作年回收额的计算，计算公式如下：

$$A = PA\frac{i}{1-(1+i)^{-n}}$$

式中，$i/[1-(1+i)^{-n}]$，称为"回收系数"，记作 $(A/P, i, n)$，是年金现值系数的倒数，可查表获得，也可利用年金现值系数的倒数来求得。

【例7-10】 某人购入一套商品房，须向银行按揭贷款 100 万元，准备 20 年内于每年年末等额偿还，银行贷款利率为 5%。那么，每年应归还多少元？

解

$$
\begin{aligned}
A &= PA(A/P, i, n) \\
&= 1\,000\,000 \times (A/P, 5\%, 20) \\
&= 1\,000\,000 \times [1/(P/A, 5\%, 20)] \\
&= 1\,000\,000 \text{ 元} \times 1/12.462\,2 \\
&= 80\,243 \text{ 元}
\end{aligned}
$$

2. 预付年金

预付年金是指每期收入或支出相等金额的款项是发生在每期的期初，而不是期末，也称先付年金或即付年金。预付年金与普通年金的区别在于收付款的时点不同，普通年金在每期的期末收付款项，预付年金在每期的期初收付款项，收付时间如图 7-3 所示。

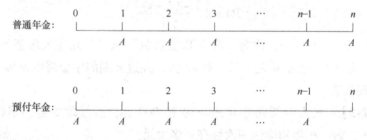

图7-3 普通年金与预付年金的关系示意图

从图 7-3 可见，n 期的预付年金与 n 期的普通年金，其收付款次数是一样的，只是收付款时点不一样。如果计算年金终值，预付年金要比普通年金多计一年的利息；如计算年金现值，则预付年金要比普通年金少折现一年，因此，在普通年金的现值、终值的基础上，乘上 $(1+i)$，便可计算出预付年金的现值与终值。

（1）预付年金的终值：

$$
FA = A\left[\frac{(1+i)^{n+1}-1}{i}-1\right]
$$

式中，$[(1+i)^{n+1}-1]/i-1$，称为"预付年金系数"，记作 $[(F/A, i, n+1)-1]$，可利用普通年金终值表查得 $(n+1)$ 期的终值，然后减去 1，就可得到 1 元预付年金终值。

【例7-11】 将例7-7中收付款的时间改在每年年初,其余条件不变。

解

$$
\begin{aligned}
FA &= A[(F/A, i, n+1) - 1] \\
&= 10\ 000 \times [(F/A, 5\%, 5+1) - 1] \\
&= 10\ 000\ 元 \times (6.801\ 9 - 1) \\
&= 58\ 019\ 元
\end{aligned}
$$

与例7-7的普通年金终值相比,相差 $(58\ 019 - 55\ 256)$ 元 $= 2\ 763$ 元,该差额实际上就是预付年金比普通年金多计一年利息而导致,即 $55\ 256$ 元 $\times 5\% = 2\ 762.80$ 元。

(2)预付年金的现值:

$$
PA = A\left[\frac{1 - (1+i)^{-(n-1)}}{i} + 1\right]
$$

式中,$[1 - (1+i)^{-(n-1)}]/i + 1$,称为"预付年金现值系数",记作 $[(P/A, i, n-1) + 1]$,可利用普通年金现值表查得 $(n-1)$ 期的现值,然后加上1,就可得到1元预付年金现值。

【例7-12】 将例7-9中收付款的时间改在每年年初,其余条件不变。那么,第一年年初应一次存入多少钱?

解

$$
\begin{aligned}
PA &= A[(P/A, i, n-1) + 1] \\
&= 10\ 000 \times [(P/A, 5\%, 5-1) + 1] \\
&= 10\ 000\ 元 \times (3.546\ 0 + 1) \\
&= 45\ 460\ 元
\end{aligned}
$$

与例7-9普通年金现值相比,相差 $(45\ 460 - 43\ 295)$ 元 $= 2\ 165$ 元,该差额实际上是由于预付年金现值比普通年金现值少折现一期造成的,即 $43\ 295$ 元 $\times 5\% = 2\ 164.75$ 元。

3. 递延年金

前两种年金的第一次收付时间都发生在整个收付期的第一期,要么在第一期期末,要么在第一期期初。但有时会遇到第一次收付不发生在第一期,而是隔了几期后才在以后的每期期末发生一系列的收支款项,这种年金形式就是递延年金,它是普通年金的特殊形式。因此,凡是不在第一期开始收付的年金,称为递延年金。图7-4可说明递延年金的支付特点。

从图7-4可知,递延年金的第一次年金收付没有发生在第一期,而是隔了

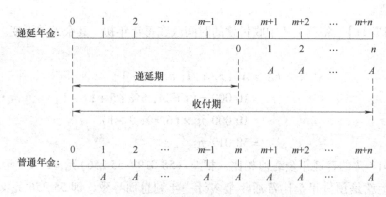

图 7-4　普通年金与递延年金的关系示意图

m 期（这 m 期就是递延期），在第 $m+1$ 期的期末才发生第一次收付，并且在以后的 n 期内，每期期末均发生等额的现金收支。与普通年金相比，尽管期限一样，都是 $(m+n)$ 期，但普通年金在 $(m+n)$ 期内，每个期末都要发生收支，而递延年金在 $(m+n)$ 期内，只在后 n 期发生收支，前 m 期无收支发生。

在图 7-4 中，先不看递延期，年金一共支付了 n 期。只要将这 n 期年金折算到期末，即可得到递延年金终值。所以，递延年金终值的大小，与递延期无关，只与年金共支付了多少期有关，它的计算方法与普通年金相同：

$$FA = A(F/A,\ i,\ n)$$

【例7-13】　某银行于年初投资一项目，估计从第五年开始至第十年，每年年末可得收益 10 万元，假定年利率为 5%。要求：计算投资项目年收益的终值。

解

$$
\begin{aligned}
FA &= A(F/A,\ i,\ n)\\
&= 100\,000 \times (F/A,\ 5\%,\ 6)\\
&= 100\,000\ \text{元} \times 6.801\,9\\
&= 680\,190\ \text{元}
\end{aligned}
$$

递延年金的现值可用 3 种方法来计算。

方法一：把递延年金视为 n 期的普通年金，求出年金在递延期期末 m 点的现值，再将 m 点的现值调整到第一期期初，即

$$PA = A(P/A,\ i,\ n) \times (P/F,\ i,\ m)$$

方法二：先假设递延期也发生收支，则变成一个 $(m+n)$ 期的普通年金，算出 $(m+n)$ 期的年金现值，再扣除并未发生年金收支的 m 期递延期的年金现

值，即可求得递延年金现值，即

$$PA = A\big[(P/A, i, m+n) - (P/A, i, m)\big]$$

方法三：先算出递延年金的终值，再将终值折算到第一期期初，即可求得递延年金的现值，即

$$PA = A(F/A, i, n) \times (P/F, i, m+n)$$

【例7-14】 某银行年初投资一项目，希望从第5年开始每年年末取得10万元收益，投资期限为10年，假定年利率5%。要求：该银行年初最多投资多少元才有利。

解一

$$
\begin{aligned}
PA &= A(P/A, i, n)(P/F, i, m) \\
&= 100\,000 \times (P/A, 5\%, 6) \times (P/F, 5\%, 4) \\
&= 100\,000\,元 \times 5.075\,7 \times 0.822\,7 \\
&= 417\,600\,元
\end{aligned}
$$

解二

$$
\begin{aligned}
PA &= A\big[(P/A, i, m+n) - (P/A, i, m)\big] \\
&= 100\,000 \times \big[(P/A, 5\%, 10) - (P/A, 5\%, 4)\big] \\
&= 100\,000\,元 \times (7.721\,7 - 3.546\,0) \\
&= 417\,600\,元
\end{aligned}
$$

解三

$$
\begin{aligned}
PA &= A(F/A, i, n)(P/F, i, m+n) \\
&= 100\,000 \times (F/A, 5\%, 6) \times (P/F, 5\%, 10) \\
&= 100\,000\,元 \times 6.801\,9 \times 0.613\,9 \\
&= 417\,600\,元
\end{aligned}
$$

从计算中可知，该银行年初的投资额不超过417 600元才合算。

4. 永续年金

永续年金是指无限期的收入或支出相等金额的年金，也称永久年金。它也是普通年金的一种特殊形式，由于永续年金的期限趋于无限，没有终止时间，因此没有终值，只有现值。永续年金的现值计算公式如下：

$$PA = A\frac{1 - (1+i)^{-n}}{i}$$

式中，当 $n \longrightarrow +\infty$，$(1+i)^{-n} \longrightarrow 0$，$PA = A/i$

【例7-15】 某银行要建立一项永久性帮困基金，计划每年拿出5万元帮助失学儿童，年利率为5%。那么，现在应筹集多少资金？

解

$$PA = A/i = 5 万元/5\% = 100 万元$$

即现在应筹集到 100 万元资金，才可每年拿出 5 万元帮助失学的儿童。

第二节　风险与报酬

一、风险的含义

风险是指收益的不确定性。从财务的角度看，风险是企业在各项财务活动过程中，由于各种难以预料或无法控制的因素作用，使实际收益与预计收益发生背离，从而蒙受经济损失的可能性。

风险产生的原因是由于缺乏信息和决策者不能控制未来事物的发展过程而引起的。风险具有多样性和不确定性，可以事先估计采取某种行动可能导致的各种结果，以及每种结果出现的可能性大小，但无法确定最终结果是什么。例如，掷一枚硬币，我们可事先知道硬币落地时有正面朝上和反面朝上两种结果，并且每种结果出现的可能性各为 50%，但谁也无法事先知道硬币落地时是正面朝上还是反面朝上。

值得注意的是，风险和不确定性是不同的。不确定性是指对于某种行动，人们知道可能出现的各种结果，但不知道每种结果出现的概率，或者可能出现的各种结果及每种结果出现的概率都不知道，只能做出粗略的估计。如购买股票，投资者无法在购买前确定所有可能达到的期望报酬率以及该报酬率出现的概率。而风险问题出现的各种结果的概率一般可事先估计和测算，只是不准确而已。如果对不确定性问题先估计一个大致的概率，则不确定性问题就转化为风险性问题了。在财务管理的实务中，对两者不做严格区分。讲到风险，可能是指一般意义上的风险，也可能是指不确定性问题。

风险是客观的、普遍的，广泛地存在于企业的财务活动中，并影响着企业的财务目标。由于企业的财务活动经常是在有风险的情况下进行的，各种难以预料和无法控制的原因，可能使企业遭受风险，蒙受损失，如果只有损失，没人会去冒风险，企业冒着风险投资的最终目的是为了得到额外收益。因此，风险不仅带来预期的损失，而且可带来预期的收益。仔细分析风险，以承担最小的风险来换取最大的收益，就十分必要。

二、风险和报酬

如上所述，企业的财务活动和经营管理活动总是在有风险的状态下进行的，只不过风险有大有小。投资者冒着风险投资，是为了获得更多的报酬，风险越大，要求的报酬就越高。风险和报酬之间存在密切的对应关系，高风险的项目必然有高报酬，低风险的项目必然低报酬，因此，风险报酬是投资报酬的组成部分。

那么，什么是风险报酬呢？它是指投资者冒着风险进行投资而获得的超过货币时间价值的那部分额外收益，是对人们所遇到的风险的一种价值补偿，也称风险价值。它的表现形式可以是风险报酬额或风险报酬率，在实务中一般以风险报酬率来表示。

如果不考虑通货膨胀，投资者冒着风险进行投资所希望得到的投资报酬率是无风险报酬率与风险报酬率之和。即

$$投资报酬率 = 无风险报酬率 + 风险报酬率$$

无风险报酬率就是资金的时间价值，是在没有风险状态下的投资报酬率，是投资者投资某一项目，能够肯定得到的报酬，具有预期报酬的确定性，并且与投资时间的长短有关，可用政府债券利率或存款利率表示。风险报酬率是风险价值，是超过资金时间价值的额外报酬，具有预期报酬的不确定性，与风险程度和风险价值系数的大小有关，并成正比关系。

（一）单项资产的风险与报酬

由于风险具有普遍性和广泛性，那么正确地衡量风险就十分重要。既然风险是可能值对期望值的偏离，因此利用概率分布、期望值和标准差来计算与衡量风险的大小，是一种最常用的方法。

1. 概率

在完全相同的条件下，某一事件可能发生也可能不发生，可能出现这种结果也可能出现另外一种结果，这类事件称为随机事件。概率就是用来反映随机事件发生的可能性大小的数值，一般用 X 表示随机事件，X_i 表示随机事件的第 i 种结果，P_i 表示第 i 种结果出现的概率。一般随机事件的概率在 0 与 1 之间，即 $0 \leqslant P_i \leqslant 1$，$P_i$ 越大，表示该事件发生的可能性越大；反之，P_i 越小，表示该事件发生的可能性越小。所有可能的结果出现的概率之和一定为 1，即 $\sum P_i = 1$。若肯定发生的事件概率为 1，肯定不发生的事件概率则为 0。

【例 7-16】　某银行的投资项目有 A、B 两个方案，投资额相同，在不同市场情况下，各种可能收益及概率如表 7-1 所示。

从表 7-1 可见，所有的 P_i 均在 0 和 1 之间，且 $P_1 + P_2 + P_3 = 0.3 + 0.5 + 0.2 = 1$。

表 7-1　某投资项目 A、B 方案收益及概率分布表

市 场 情 况	收益率 X_i（%）		概率 P_i
	A	B	
繁荣	20	30	0.3
正常	10	10	0.5
疲软	5	0	0.2

2. 期望值

期望值是指可能发生的结果与各自概率之积的加权平均值，反映投资者的合理预期，用 $\overline{E}$ 表示，根据概率统计知识，一个随机变量的期望值为

$$\overline{E} = \sum_{i=1}^{n} X_i P_i$$

根据表 7-1 中的数据，可分别计算 A、B 两方案的预期收益如下：

$$\overline{E}_A = 20\% \times 0.3 + 10\% \times 0.5 + 5\% \times 0.2 = 12\%$$

$$\overline{E}_B = 30\% \times 0.3 + 10\% \times 0.5 + 0\% \times 0.2 = 14\%$$

3. 标准差

标准差是用来衡量概率分布中各种可能值对期望值的偏离程度，反映风险的大小，标准差用 σ 表示。即

$$\delta = \sqrt{\sum_{i=1}^{n} (X_i - \overline{E})^2 P_i}$$

代入表 7-1 中的数据，可分别计算 A、B 两方案的标准差如下：

$$\sigma_A = \sqrt{(0.20 - 0.12)^2 \times 0.3 + (0.10 - 0.12)^2 \times 0.5 + (0.05 - 0.12)^2 \times 0.20}$$
$$= 5.57\%$$

$$\sigma_B = \sqrt{(0.30 - 0.14)^2 \times 0.3 + (0.10 - 0.14)^2 \times 0.5 + (0.00 - 0.14)^2 \times 0.20}$$
$$= 11.14\%$$

标准差用来反映决策方案的风险，是一个绝对数。在 n 个方案的情况下，若期望值相同，则标准差越大，表明各种可能值偏离期望值的幅度越大，结果的不确定性越大，风险也越大；反之，标准差越小，表明各种可能值偏离期望值的幅度越小，结果的不确定越小，则风险也越小。

4. 标准差系数

标准差作为反映可能值与期望值偏离程度的一个指标，可用来衡量风险，但它只适用于在期望值相同条件下风险程度的比较，对于期望值不同的决策方

案，则不适用，于是，我们引入标准差系数这个概念。

标准差系数是指标准差与期望值的比值，也称离散系数，用 V 表示，计算公式如下：

$$V = \sigma / \overline{E}$$

标准差系数是一个相对数，在期望值不同时，标准差系数越大，表明可能值与期望值偏离程度越大，结果的不确定性越大，风险也越大；反之，标准差系数越小，表明可能值与期望值偏离程度越小，结果的不确定性越小，风险也越小。

代入上例数据，可分别计算 A、B 两方案的标准差系数如下：

$$V_A = 5.57\% / 12\% = 46.42\%$$
$$V_B = 11.14\% / 14\% = 79.57\%$$

由于 A 方案的标准差系数小于 B 方案的标准差系数，因此 A 方案的风险小于 B 方案。对单个方案，可将标准差（系数）与设定的可接受的此项指标最高限值比较，对于多个方案，选择标准差低、期望值高的方案，具体情况还要具体分析。

5. 风险报酬率

标准差系数可以代表投资者所冒风险的大小，反映投资者所冒风险的程度。所冒风险程度越大，得到的收益率也应该越高，投资风险报酬率应该与反映风险程度的标准差系数成正比例关系。

风险报酬率 = 风险价值系数 × 标准离差率

风险价值系数可根据历史资料用高低点法、直线回归法或由企业管理人员会同专家根据经验确定。

（二）证券组合的风险与报酬

投资者同时把资金投放于多种投资项目，称为投资组合；由于多种投资项目往往是多种有价证券，故又称证券组合。投资者若想分散投资风险，就不宜把全部资产用于购买一种有价证券，而应研究投资组合问题。

1. 证券组合的风险

投资风险按是否可以分散，分为可分散风险和不可分散风险。

（1）可分散风险。可分散风险又称非系统性风险或企业特有风险，是指某些因素对个别证券造成经济损失的可能性。如某个企业产品滞后，在市场竞争中被淘汰。这种风险可通过证券持有的多样化来抵消。多买几家企业的股票，有些企业的股票报酬上升，另一些企业的股票报酬下降，就可将风险抵消。

【例7-17】 某公司所购买的 A 和 B 股票构成一个证券组合，每种股票各占 50%，其报酬率和风险情况如表7-2所示。

表7-2 完全负相关的两种股票构成的证券组合的风险与报酬率情况 （%）

年　　度	股票 X 报酬率	股票 Y 报酬率	X 与 Y 组合的报酬率
2014 年	40	−10	15
2015 年	−10	40	15
2016 年	35	−5	15
2017 年	−5	35	15
2018 年	15	15	15
平均报酬率	15	15	15
标准差	22.6	22.6	0

根据表7-2的数据可以看出，如果分别持有两种股票，都有很大风险，但如果把它们组合成一个证券组合，则可能没有风险。股票 X 和股票 Y 之所以能结合起来组成一个无风险的证券组合，是因为其报酬率的变化方向相反，即当股票 X 的报酬率上升时，股票 Y 的报酬率正好下降；而当股票 X 的报酬率下降时，股票 Y 的报酬率正好上升。股票 X 和股票 Y 的关系称为完全负相关，相关系数为 −1。与完全负相关相反的是完全正相关，其相关系数为 1。两个完全正相关的股票的报酬率将一起上升或下降，这样的两种股票组成的证券组合，不可能抵消风险。

由此可见，当两种股票完全负相关时，同时持有两种股票，所有的非系统性风险都可以分散掉；当两种股票完全正相关时，分散持有股票则不能抵减风险。实际上，大部分股票都是正相关，但却并不是完全正相关。在这种情况下，把两种股票组合成证券组合有可能抵减风险，但不能完全消除风险。如果股票种类较多，则能分散掉大部分风险；而当股票种类有足够多时，则几乎能把所有的非系统性风险分散掉。

（2）不可分散风险。不可分散风险又称系统性风险或市场风险，是指由于某些因素给市场上所有的证券都带来经济损失的可能性。如宏观经济状况的变化、国家法律的变化、财政政策及货币政策的变化等，都会使股票价格发生变动。这些风险会影响所有的证券，不可能通过证券组合分散掉，这种风险是无法消除的。但这种风险对不同的企业、不同证券也有不同影响。

单个股票的不可分散风险通常是用 β 系数来衡量的，β 系数一般由一些机构定期计算并公布。作为整体的股票市场组合的 β 系数为 1。如果某种股票的风险情况与整个股票市场的风险情况一致，则其 β 系数也等于 1；如果某种股票的 β 系数大于 1，说明其风险程度大于整个市场风险；如果某种股票的 β 系数小于 1，说明其风险程度小于整个市场的风险。

证券组合的 β 系数应当是单个证券 β 系数的加权平均，权数为各种股票在证券组合中所占的比重。

$$\beta_P = \sum_{i=1}^{n} X_i \beta_i$$

式中，β_P 为证券组合的 β 系数；X_i 为证券组合中第 i 种股票所占的比重；β_i 为第 i 种股票的 β 系数；n 为证券组合中股票的数量。

2. 证券组合的风险报酬

股票的风险越大，要求补偿的报酬就越高。但是与单项投资不同，证券组合投资只要求对不可分散风险进行补偿，而不要求对可分散风险进行补偿。如果股票收益中有可分散风险的补偿存在，善于进行投资组合的投资者就会购买这种股票，并抬高其价格出售，其最后的期望报酬率只反映不能分散风险。因此，证券组合的风险报酬，是指投资者因承担不可分散风险而要求的、超过时间价值的那部分额外报酬。可用下列公式计算：

$$R_P = \beta_P(R_M - R_F)$$

式中，R_P 为证券组合的风险报酬率；β_P 为证券组合的 β 系数；R_M 为全部股票的平均报酬率，也称市场报酬率；R_F 为无风险报酬率。

【例 7-18】　秋实公司持有由 A、B、C 三种股票构成的证券组合，它们的 β 系数分别是 2.0、1.0、0.5，它们在证券组合中所占的比重分别为 60%、30% 和 10%，股票的市场报酬率为 14%，无风险报酬率为 10%。试确定这种证券组合的风险报酬率。

该证券组合的 β 系数为

$$\beta_P = 60\% \times 2.0 + 30\% \times 1.0 + 10\% \times 0.5 = 1.55$$

该证券组合的风险报酬率为

$$R_P = \beta_P(R_M - R_F) = 1.55 \times (14\% - 10\%) = 0.062$$

从以上计算可以看出，在其他因素不变的情况下，风险报酬率取决于证券组合的 β 系数，β 系数越大，风险报酬率就越大，否则越小。

3. 风险和报酬率的关系

在财务学中，能够反映风险和报酬率之间关系的最重要模型是资本资产定价模型，简写为 CAPM。具体模型如下：

$$R_i = R_F + \beta_i (R_M - R_F)$$

式中，R_i 为第 i 种股票或第 i 种证券组合的必要报酬率；R_F 为无风险报酬率；β_i 为第 i 种股票或第 i 种证券组合的 β 系数；R_M 为所有股票的平均报酬率。

【例 7-19】 江南公司股票的 β 系数为 2.0，无风险利率为 6%，市场上所有股票的平均报酬率为 10%，那么，江南公司股票的报酬率应为

$$R_i = R_F + \beta_i (R_M - R_F) = 6\% + 2.0 \times (10\% - 6\%) = 14\%$$

也就是说，江南公司股票的报酬率达到或超过 14% 时，投资者方肯进行投资；如果低于 14%，则投资者不会购买江南公司的股票。

【要点回顾】

1. 货币时间价值也称资金的时间价值，是指在没有风险和通货膨胀的情况下，货币经历一定时间的投资与再投资所增加的价值。

2. 货币时间价值的计算，涉及两个重要的概念：现值和终值。现值又称本金，是指未来某一时点上的一定量资金折算到现在的价值。终值又称将来值或本利和，是指现在一定量的资金在将来某一时点上的价值。

3. 年金是指一定时期内，每隔相同的时间，收入或支出相同金额的系列款项。年金分为普通年金、先付年金、递延年金、永续年金。

4. 风险是企业在各项财务活动过程中，由于各种难以预料或无法控制的因素作用，使实际收益与预计收益发生背离，从而蒙受经济损失的可能性。

5. 风险报酬是指投资者冒着风险进行投资而获得的超过货币时间价值的那部分额外收益，是对人们所遇到的风险的一种价值补偿，也称风险价值。

6. 风险和报酬之间存在密切的对应关系，高风险的项目必然有高报酬，低风险的项目必然低报酬，因此，风险报酬是投资报酬的组成部分。

【复习题】

1. 某企业从银行借款 100 万元，年利率为 6%，期限 10 年，每半年付息一次，则下列说法中不正确的是（　　）。

A. 名义利率等于 6%

B. 有效年利率小于 6%

C. 计息期利率小于 6%

D. 该笔借款利息负担等同于年利率 6.09%，每年付息一次

2. 某企业面临甲、乙两个投资项目。经衡量，它们的期望报酬率相等，甲项目报酬率的标准差小于乙项目报酬率的标准差。下列有关甲、乙项目的说法

中正确的是（　　　）。

A. 甲项目取得更高报酬和出现更大亏损的可能性均大于乙项目

B. 甲项目取得更高报酬和出现更大亏损的可能性均小于乙项目

C. 甲项目实际取得的报酬会高于其期望报酬

D. 乙项目实际取得的报酬会低于其期望报酬

第八章

筹 资 管 理

【本章要点】

1. 了解企业筹资的主要方式。

2. 了解企业权益筹资和负债筹资的优缺点。

3. 掌握资本成本的概念。

4. 了解资本成本的影响因素。

5. 掌握资本成本的计算方法。

6. 了解杠杆系数的定义以及资本结构的影响因素。

7. 掌握资本结构的定义及理论基础。

8. 了解经营杠杆、财务杠杆和总杠杆的计算方法。

第一节　筹　资　方　式

一、企业筹资的类型

企业筹资是企业的基本财务活动，是企业扩大生产经营规模和调整资本结构必须采取的行动。一般来说，企业筹资类型分为以下几种：

（一）股权资本与债权资本

1. 股权资本

股权资本也称权益资本、自有资本，是企业依法取得并长期拥有、自主调配运用的资本。根据我国有关法规制度，企业的股权资本由投入资本（或股本）、资本公积、盈余公积和未分配利润组成。按照国际惯例，股权资本通常包括实收资本（或股本）和留存收益两部分。股权资本具有下列属性：

（1）股权资本的所有权归属于企业的所有者。企业所有者依法凭其所有权参与企业的经营管理和利润分配，并对企业的债务承担有限或无限责任。

（2）企业对股权资本依法享有经营权。在企业存续期间，企业有权调配使用股权资本，企业所有者除了依法转让其所有权外，不得以任何方式抽回其投入的资本，因而股权资本被视为企业的"永久性资本"。

企业的股权资本一般是通过政府财政资本、其他法人资本、民间资本、企业内部资本、国外资本及我国港澳台资本等融资渠道，采用投入资本、发行股票等筹资方式形成的。

2. 债权资本

债权资本也称债务资本、借入资本，是企业依法取得并依约运用、按期偿还的资本。债权资本具有下列属性：

（1）债权资本体现企业与债权人的债务与债权关系。它是企业的债务，是债权人的债权。

（2）企业的债权人有权按期索取债权本息，但无权参与企业的经营管理和利润分配，对企业的其他债务不承担责任。

（3）企业对持有的债务资本在约定的期限内享有经营权，并承担按期付息还本的义务。

企业的债权资本一般是通过银行信贷资本、非银行金融机构资本、其他法人资本、民间资本、国外资本和我国港澳台资本等筹资渠道，采用银行借款、发行债券、发行商业本票、商业信用和租赁筹资方式取得或形成的。企业的股权资本与债权资本具有一定的比例关系，合理安排股权资本与债权资本的比例关系是企业筹资管理的一个核心问题。

（二）长期资本与短期资本

1. 长期资本

长期资本是指企业需用期限在 1 年以上的资本。企业的长期资本通常包括各种股权资本和长期借款、应付债券等债权资本。这是广义的长期资本。企业的长期资本还可分为中期资本和狭义的长期资本。一般划分标准是：需用期限在 1 年以上至 5 年以下的资本为中期资本；需用期限在 5 年以上的为狭义的长期资本。

企业要想长期生存和发展，就需要经常持有一定规模的长期资本。企业需要长期资本的原因主要有：购建固定资产，取得无形资产，开展长期投资，垫支于长期性流动资产等。企业的长期资本一般采用投入资本、发行股票、发行债券、银行长期借款和租赁筹资方式取得或形成。

2. 短期资本

短期资本[⊖]是指企业需用期限在 1 年以内的资本。企业由于在生产经营过程中资本周转调度等原因，往往需要一定数量的短期资本。企业的短期资本一般包括短期借款、应付账款和应付票据等项目，通常是通过银行借款、商业信用等筹资方式取得或形成的。

（三）内部筹资与外部筹资

1. 内部筹资

内部筹资是指企业在企业内部通过留用利润而形成的资本来源。内部筹资是在企业内部"自然"形成的，因此被称为"自动化的资本来源"，一般无须花费筹资费用，其数量通常由企业可分配利润的规模和利润分配政策（或股利政策）所决定。

2. 外部筹资

外部筹资是指企业在内部筹资不能满足需要时，向企业外部筹资而形成的资本来源。处于初创期的企业，内部筹资的可能性是有限的；处于成长期的企业，内部筹资往往难以满足需要。于是，企业就需要广泛地开展外部筹资。

二、企业权益筹资

（一）吸收投入资本

吸收投入资本是非股份制企业筹集股权资本的基本方式。它是指企业以协议等形式吸收国家、其他法人、个人和外商直接投资的一种筹资方式。从法律形式上看，企业分为独资企业、合伙企业和公司。在我国，公司包括股份有限公司和有限责任公司（包含国有独资公司）。由于吸收投入资本这种筹资方式适用于非股份制企业，因此可以采取吸收投入资本这种筹资方式的企业包括独资企业、合伙企业和有限责任公司。

1. 吸收投入资本的种类

按筹资来源划分，吸收投入资本分为如下四类：

⊖ 企业筹资可分为长期筹资和短期筹资，本章主要探讨长期筹资，短期筹资在第十章营运资本管理中将会介绍。

（1）吸收国家直接投资，形成企业的国有资本。

（2）吸收其他企业、事业单位等法人的直接投资，形成企业的法人资本。

（3）吸收企业内部职工和城乡居民的直接投资，形成企业的个人资本。

（4）吸收外国投资者的直接投资，形成企业的外商资本。

按投资者的出资形式划分，吸收投入资本分为如下两类：

（1）吸收现金投资。现金是最常见的投资形式。

（2）吸收非现金投资。非现金投资主要包括两种形式：一是材料、燃料、产品、房屋建筑物、机器设备等实物资产投资；二是专利权、非专利技术、商标权、土地使用权等无形资产投资。

2. 吸收投入资本的优缺点

（1）优点：

1）吸收的投入资本属于股权性资金，与债权性资金相比，能够提高企业的资信和借款能力。

2）与债权性资金相比，吸收的投入资本不需要归还，并且没有固定的利息负担，因此财务风险较低。

3）与只能筹取现金的筹资方式相比，吸收投入资本不仅可以筹得现金，还能够直接获取所需的设备、技术等，可尽快地形成生产经营能力。

（2）缺点：

1）吸收投入资本的资金成本较高。根据风险与报酬原则，从筹资企业的角度看，由于吸收投入资本的财务风险比筹集债权性资金的财务风险低，因而其资金成本通常较高；反过来，从投资者的角度，股权性投资与债权性投资相比投资风险更高，因而投资者要求更高的报酬率，从而决定了筹资企业必须以较高的代价才能够筹得包括投入资本在内的股权性资金。另外，债务利息在税前扣除，具有抵税作用，向所有者分配利润则是在税后进行，不能抵税。

2）与发行普通股相比，吸收投入资本筹资没有证券作为媒介，因而产权关系有时不够明晰，不便于产权交易。

（二）普通股筹资

普通股筹资通常不需要归还本金且没有固定的股利负担，相对于债券和借款的固定利息现金流支付所承担的财务风险而言，权益筹资的融资成本较高。普通股是最基本的一种股票形式，是相对于优先股的一种股票种类。它是指股份公司依法发行的具有表决权和剩余索取权的一类股票。

1. 股票的发行方式

股票的发行方式是指公司发行股票的途径，主要有如下两类：

（1）公募发行。公募发行是指公司公开向社会发行股票。例如，我国股份有限公司采用募集方式设立以及向社会公开募集新股。

（2）私募发行。私募发行是指公司不公开向社会发行股票，只向少数特定的对象直接发行。例如，我国股份有限公司采用发起方式设立以及不向社会公开募集新股。

2. 股票的销售方式

股票销售方式是指公司向社会公募发行股票时所采取的销售方法，主要有如下两类：

（1）自销。自销是指发行公司自己直接将股票销售给认购者。这种销售方式可由公司直接控制发行过程，并节省发行费用，但是筹资时间较长，并要由公司承担全部发行风险。

（2）承销。承销是指发行公司将股票的销售业务委托给证券经营机构代理。这种销售方式是发行股票普遍采用的方式。我国《公司法》规定，股份有限公司向社会公开发行股票，必须与依法设立的证券经营机构签订承销协议，由证券经营机构承销。承销又分为包销和代销两种具体方式。包销是根据承销协议商定的价格，由证券经营机构一次性购进发行公司公开募集的全部股票，然后以较高的价格出售给社会上的认购者。对发行公司来说，包销的方式可以及时筹足资本，免于承担发行风险（股份未募足的风险由承销商承担），但是股票以较低的价格出售给承销商会损失部分溢价。代销是证券经营机构仅代替发行公司代售股票，不承担股份未募足风险，并由此获取一定的佣金。对发行公司而言，代销方式下股票销售价格较高，但是筹资速度较慢，并且要自己承担发行风险。

3. 股票的发行价格

股票的发行价格是公司将股票出售给投资者的价格，也就是投资者认购股票时所支付的价格。设立发行股票时，发行价格由发起人决定；增资发行新股时，发行价格由股东大会决定。在确定股票价格时要全面考虑股票面额、股市行情和其他相关因素。股票发行价格通常有等价、时价、中间价三种：

（1）等价就是以股票票面金额为发行价格。

（2）时价就是以公司原发行股票的现行市场价格为基准来确定增发新股的价格。

（3）中间价就是以时价和等价的中间值来确定股票的发行价格。

按等价发行股票又叫平价发行。按时价或中间价发行股票，发行价格既可能高于面额也可能低于面额。高于面额发行叫溢价发行，低于面额发行叫折价发行。如前所述，我国只允许溢价或平价发行股票，不允许折价发行。

4. 普通股筹资的优缺点

（1）优点：

1）股票属于股权性资金，与债权性资金相比，能够提高企业的资信和借款能力。

2）与债权性资金相比，股票不需要归还，并且没有固定的利息负担，因此财务风险较低。

（2）缺点：

1）发行股票的资金成本较高。首先，根据风险与报酬原则，从筹资企业的角度看，由于发行股票的财务风险比筹集债权性资金的财务风险低，因而其资金成本通常较高；反过来，从投资者的角度来看，股权性投资与债权性投资相比投资风险更高，因而投资者要求更高的报酬率，从而决定了股份有限公司必须以较高的代价才能够筹得股票资金。其次，债务利息在税前扣除，具有抵税作用，股利则只能从税后支付。最后，股票的发行费用较高。

2）增资发行新股，一方面可能会分散企业的控制权；另一方面由于新股对累积盈余具有分享权，从而降低了股票每股净资产，因此有可能导致普通股价格下跌。

三、企业负债筹资

债权性资金主要是指企业的长期债务。企业的长期债务主要包括长期借款、发行债券、融资租赁等。

（一）长期借款

长期借款是指企业向银行等金融机构借入的、期限在 1 年以上的各种借款。长期借款筹资的优缺点如下：

1. 优点

（1）长期借款的资金成本较低。首先，作为债权性资金的长期借款的资金成本比股权性资金的资金成本低。其次，长期借款的利息在税前扣除，具有抵税作用。最后，长期借款属于间接筹资，与发行普通股、发行债券等直接筹资相比，筹资费用极少。

（2）长期借款有利于保持股东控制权。由于贷款机构无权参与企业的管理决策，因此不会分散股东对企业的控制权。

（3）长期借款的筹资速度快。长期借款的程序较为简单，可以快速获得资金。

（4）长期借款的灵活性较大。企业在筹措长期借款时，可以与贷款机构直接磋商借款的时间、金额和利率等问题。用款期间如果情况发生变化，也可以与贷款机构再行协商。

2. 缺点

（1）长期借款的财务风险较高。长期借款通常有固定的偿付期限和固定的利息负担，因此财务风险较高。

（2）长期借款的限制较多。由于借款合同通常会包含一系列限制性条款，这对企业今后的筹资、投资和经营活动有一定的限制。

（3）长期借款的筹资数量有限。由于长期借款的筹资范围较窄，因此很难一次性筹得大笔资金。

（二）发行债券

债券是发行人依照法定程序发行，约定在一定期限内还本付息的有价证券。债券的发行人是债务人，投资于债券的人是债权人。本书所指债券是指期限超过1年的公司债券，其发行目的通常是为建设大型项目筹集大笔长期资金。债券筹资的优缺点如下：

1. 优点

（1）发行债券的资金成本较低。与长期借款类似，根据风险与报酬的原则，债券的资金成本比股权性资金的资金成本低，并且债券利息在税前扣除，具有抵税作用。不过，发行债券的筹资费用高于长期借款，因此其资金成本通常比长期借款要高。

（2）发行债券有利于保持股东控制权。与长期借款类似，债券投资者也无权参与企业的管理决策，因此不会分散股东对企业的控制权。

（3）发行债券的筹资范围广。由于债券通常是向整个社会公开发行，因此筹资范围很广，有利于筹集大笔资金。

2. 缺点

（1）发行债券的财务风险较高，与长期借款类似，债券通常有固定的偿付期限和固定的利息负担，因此财务风险较高。

（2）发行债券的限制严格。法律对发行债券这种筹资方式规定的条件较为严格，对企业今后的经营有一定的限制。

（三）融资租赁筹资

融资租赁是由租赁公司按照承租企业的要求购买资产，并在契约或合同规定的较长期限内提供给承租企业使用的信用性业务。融资租赁的期限一般在资产使用年限的一半以上，租赁期满后资产的所有权一般转移给承租企业。承租企业采用这种租赁方式的主要目的是融通资金，因此融资租赁是承租企业筹集长期债券性资金的一种特殊方式。融资租赁筹资的优缺点如下：

1. 优点

（1）租金可在税前扣除，起到抵税作用。

（2）融资租赁的限制条件少。

（3）融资租赁集"融资"与"置产"于一身，可迅速获得所需资产。

（4）融资租赁中，资产陈旧过时的风险一般由出租人承担，因此承租企业可免遭资产陈旧过时的风险。

2. 缺点

（1）融资租赁的筹资成本较高。与其他债权性资金相比，融资租赁的成本相当高，租金总额通常比资产价值高出很多。

（2）融资租赁的财务风险较高。融资租赁每期需要支付固定的利息，因而财务风险较高。

四、混合筹资

（一）发行优先股

我国《公司法》没有关于优先股的规定。国务院在 2013 年 11 月 30 日发布了《关于开展优先股试点的指导意见》，证监会在 2014 年 3 月 21 日发布了《优先股管理办法》，这两项规定是我国目前关于优先股筹资的主要规范。按照我国《优先股试点管理办法》，上市公司可以发行优先股，非上市公众公司可以非公开发行优先股。相对于普通股而言，优先股享有一定的优先权。首先，优先股股东先于普通股股东行使利润的分配权，并且只要可供分配股利的利润充足，就应当按事先约定的股利率支付优先股股利，而不受企业盈利高低的影响。其次，当企业清算时，优先股股东先于普通股股东行使对剩余资产的分配权。但是，优先股股东一般无表决权，因此不能参与企业决策，也就不能控制企业的经营管理。由此可见，虽然优先股在法律形式上属于股权性资金，但它具有某些债权性资金的特征，因此将其归入混合性资金进行讨论。优先股筹资的优缺点如下：

1. 优点

（1）优先股从法律形式看属于股权性资金，能够提高企业的资信和借款能力。

（2）优先股没有固定的到期日，不用偿付本金；其股利虽然固定但具有一定的灵活性，当企业没有足够的利润时可以不支付优先股股利。因此，与债权性资金相比，优先股的财务风险较低。

（3）发行优先股有利于保持普通股股东的控制权。由于优先股股东一般无表决权，不能参与企业的管理决策，因此不会分散普通股股东对企业的控制权。

2. 缺点

（1）优先股的资金成本较高。首先，根据风险与报酬原则，从筹资企业的角度看，由于发行优先股的财务风险比筹集债权性资金的财务风险低，因而其资金成本通常较高；反过来，从投资者的角度来看，优先股与债权性投资相比，投资风险更高，因而投资者要求更高的报酬率，从而决定了股份有限公司必须以较高的代价才能够筹得优先股资金。其次，债务利息在税前扣除，具有抵税作用，优先股股利则只能从税后支付。另外，优先股的发行费用也较高。因此，优先股的资金成本虽然比普通股低，但是高于债权性资金的成本。

（2）优先股可能形成较重的财务负担。为了保证优先股的固定股利，在企业盈利不多时就会影响普通股的收益。如果盈利不足以支付优先股股利，则可能影响企业的形象。

（二）发行可转换债券

可转换债券是债券持有人在约定的期限内可将其转换为普通股的债券。发行可转换债券，应在债券募集办法中规定具体的转换方法。债券持有人对是否将债券转换为普通股具有选择权。在可转换债券转换之前，企业需要定期向债券持有人支付利息。如果在规定的转换期限内债券持有人未进行转换，企业需要继续定期支付利息，并且到期偿还本金。在这种情况下，可转换债券与普通债券没有区别，属于债权性资金。如果在规定的转换期限内，债券持有人将可转换债券转换成普通股，则变成了权益性资金。因此，可转换债券具有债权性资金和权益性资金的双重性质。在我国，只有上市公司和重点国有企业才有资格发行可转换债券。可转换债券筹资的优缺点如下：

1. 优点

（1）有利于降低资金成本。可转换债券的利率通常低于普通债券，因此转换前的资金成本低于普通债券。如果转换为普通股，由于转换价格通常高于发行可转换债券时的普通股价格，并且可节省普通股的发行费用，因而比直接发行普通股的资金成本低。

（2）有利于调整资本结构。可转换债券在转换前属于发行公司的负债，转换后属于发行企业的所有者权益，因此发行企业可以通过引导持有人的转换行为来调整企业的资本结构。

2. 缺点

可转换债券的缺点主要体现在不确定性上。如果发行人发行可转换债券的本意在于变相进行普通股筹资，但普通股价格并未如期上升，债券持有人不愿转股，则发行人将被迫承受偿债压力。如果可转换债券转股时的股价大大高于转换价格，则发行人将承担溢价损失。

（三）发行认股权证

认股权证是由股份有限公司发行的以其股票为标的物的买入期权。它赋予持有者在规定期限内以事先约定的价格购买发行企业一定数量股票的权利。认股权证筹资的优缺点如下：

1. 优点

（1）为企业筹集额外的资金。认股权证不论是单独发行还是附带发行，大都能为发行企业筹得一笔额外资金。

（2）促进其他筹资方式的运用。单独发行的认股权证有利于将来发售股票，附带发行的认股权证可以促进其所依附证券的发行效率。而且由于认股权证具有价值，附认股权证的债券票面利率和优先股股利率通常较低。

2. 缺点

（1）认股权证的执行时间不确定。投资者何时执行认股权证是企业所不能控制的，往往会导致企业陷于既有潜在资金又无资金可用的被动局面。

（2）稀释普通股收益和控制权。当认股权证执行时，提供给投资者的股票是新发行的股票，并非二级市场的股票。这样，当认股权证执行时，普通股股份增多，每股收益下降，同时也稀释了原有股东的控制权。

第二节　资 本 成 本

一、资本成本的概念

（一）资本成本的定义

一般来说，资本成本（Cost of Capital）是指投资资本的机会成本。这种成本不是实际支付的成本，而是一种失去的收益，是将资本用于本项目投资所放弃的其他投资机会的收益，因此被称为机会成本。资本成本的概念包括两个方面：一方面，资本成本与企业的筹资活动有关，它是企业募集和使用资金的成本，即筹资的成本；另一方面，资本成本与企业的投资活动有关，它是投资的必要报酬率。

（二）资本成本的内容和作用

资本成本包括资金筹集成本和资金使用成本两部分。资金筹集成本是指在资金筹集过程中支付的各项费用，如发行股票、债券的印刷费、发行手续费、律师费、资信评估费、公证费、担保费、广告费等；资金使用成本是指使用资金支付的费用，如股票股息、银行借款和债券利息等，资金使用成本与资金的数量和时间有关。两者区别在于资金筹集成本一般在资金筹措时一次性支付，在使用过程中不再发生，可以看作筹资总额的一项扣除。

资本成本在筹资和投资决策中有着非常重要的作用：

（1）资本成本是企业选择筹资途径和筹资方式的重要依据，企业根据不同筹资途径和筹资方式对应的成本多少进行判断和决策。

（2）资本成本是企业进行投资决策的主要参考指标，一般而言，它是最低的投资收益率指标，投资项目的收益率只有大于资本成本，才有利可图。类似地，资本成本是衡量企业经营成果的尺度，即企业的利润率应该高于资本成本。

（3）资本成本是企业确定最佳资本结构的依据：根据债务成本和权益成本及其所占比例，进行加权平均后，确定其最佳资本结构。

（三）资本成本的影响因素

1. 宏观经济环境

宏观经济环境决定了整个经济中资本的供给和需求，以及预期通货膨胀的水平。当货币需求增加，而供给没有相应增加，投资人便会提高其投资收益率，企业的资本成本就会上升；否则，会降低其要求的投资收益率，使资本成本下降；当预期通货膨胀水平上升，货币购买力下降，投资者也会提出更高的收益率来补偿预期通货膨胀带来的损失，导致企业资本成本上升。

2. 证券市场条件的影响

证券市场条件包括证券的市场流动难易程度和价格波动程度。若证券的市场流动性不好，投资者想买进或卖出证券相对困难，变现风险加大，要求的收益率就会提高。若证券的价格波动较大，投资的风险就大，要求的收益率也会提高，导致资本成本升高。

3. 企业内部的经营和融资状况

内部的经营和融资状况是指企业内部的经营风险和财务风险的大小。经营风险是企业生产经营中的风险大小；财务风险是企业筹资风险的大小。如果企业的经营风险和财务风险大，投资者便会有较高的收益率要求，导致资本成本升高。

4. 融资规模

一般而言，企业的融资规模越大，资金筹集成本和资金使用成本就越大，导致资本成本升高。

二、资本成本的计算

（一）债务资本成本的计算

企业长期债务包括长期借款和债券，长期借款的筹资费用主要是指借款手续费，而债券的筹资费用主要包括申请发行债券的手续费、债券注册费、印刷上市费以及推销费用等。

在不考虑货币时间价值的情况下，长期借款资金成本可按下列公式计算：

$$K_L = \frac{I_L(1 - T)}{L(1 - f_L)} \tag{8-1}$$

式中，K_L 为长期借款成本；I_L 为长期借款年利息；T 为所得税率；L 为长期借款筹资额；f_L 为长期借款筹资费率。

企业债券资本成本的计算公式如下：

$$K_B = \frac{I_B(1 - T)}{B(1 - f_B)} \tag{8-2}$$

式中，K_B 为债券的资本成本；I_B 为债券年利息；T 为所得税率；B 为债券筹资额，按具体发行价格确定；f_B 为债券筹资费率。

考虑货币时间价值情况下的债务资本成本计算：

假设某公司债券的当前价格为 P_0，离到期日还有 n 年，每年的利息支付为 I_t，$t = 1, 2, 3, \cdots, n$。而本金的返还为 P_n，则此债务的成本 K_d（不考虑税后影响）应满足：

$$P_0 = \sum_{t=1}^{n} \frac{I_t}{(1 + K_d)^t} + \frac{P_n}{(1 + K_d)^n} \tag{8-3}$$

假设 A 公司现有一种长期债券。此债券每张面值为 100 元，现价为 97 元。每张债券每年须支付利息 7 元，在 10 年之后到期，则

$$97 = \sum_{t=1}^{10} \frac{7}{(1 + K_d)^t} + \frac{100}{(1 + K_d)^{10}}$$

用 Excel 软件或其他计算方法可以求得，A 公司的债务成本 K_d 为 7.44%。

如果是新发行的债券，则必须考虑到发行费用，而债券的发行费用与企业的信用等级、债券发行方式等因素相关，假设发行费用占债券售价的百分比 q，则债券成本应由以下公式确定：

$$P_0(1 - q) = \sum_{t=1}^n \frac{I_t}{(1 + K_d)^t} + \frac{P_n}{(1 + K_d)^n} \tag{8-4}$$

假设 A 公司发行了一种新债券，发行价为 100 元，期限为 10 年，每年的利息为 5 元，发行费率为 1.2%，则依式（8-4），债务成本应为 6.16%。

（二）普通股资本成本的计算

普通股资本成本估计方法有三种：资本资产定价模型、股利增长模型和债券收益率风险调整模型。三种方法各有优缺点，通常三种方法都会使用，究竟选择哪一种，往往要看相关数据的可靠性，选用最有把握的一种。

1. 资本资产定价模型

资本资产定价模型是估计普通股资本成本的常用方法。按照资本资产定价模型，普通股资本成本等于无风险利率加上风险溢价。即

$$r_s = r_{RF} + \beta(r_m - r_{RF}) \tag{8-5}$$

式中，r_{RF} 为无风险利率；β 为股票的贝塔系数；r_m 为平均风险股票报酬率；$(r_m - r_{RF})$ 为市场风险溢价；$\beta(r_m - r_{RF})$ 为股票的风险溢价。

假设，A 公司当前的市场风险系数 β 为 1.5，当前的无风险利率 r_{RF} 为 5%，平均风险股票报酬率 r_m 为 10%，则普通股资本成本为

$$r_s = 5\% + 1.5 \times (10\% - 5\%) = 12.5\%$$

即 A 公司普通股资本成本的成本为 12.5%。

在实际应用中，还有一些问题需要注意。首先，仅仅用 β 来衡量企业的风险可能并不准确。如果一些企业特有的风险存在，就可能被低估。其次，即使资本资产定价模型是非常有效的，对 r_{RF}、r_m 和 β 的计算也存在一定困难。例如，企业在未来的投资是不确定的，但这些投资选择将影响企业未来的风险水平，因此 β 的恰当评估比较困难。

2. 股利增长模型

股利增长模型假定收益以固定的年增长率递增，则股权资本成本的计算公式为

$$r_s = \frac{D_1}{P_0} + g \tag{8-6}$$

式中，r_s 为普通股成本；D_1 为预期下年现金股利额；P_0 为普通股当前市价；g 为股利增长率。

新发行普通股的资本成本，也被称为外部股权成本。新发行普通股会发生发行费用，所以它比留存收益进行再投资的内部股权成本要高一些。

若把发行费用考虑在内，新发行普通股资本成本的计算公式则为

$$r_s = \frac{D_1}{P_0(1-F)} + g \tag{8-7}$$

式中，F 为发行费用率；其他同式（8-6）。

假设 A 公司计划在一年末的每股股利是 8 元，股利的增长率为 5%，每股的现价为 128 元，则其普通股的成本为

$$r_s = \frac{8}{128} + 5\% = 11.25\%$$

若发行费用率为 2%，则 A 公司普通股的成本为

$$r_s = \frac{8}{128(1-2\%)} + 5\% = 11.37\%$$

因为发行费用的存在，A 公司必须获得更高的收益率才能满足投资者所要求的回报率。如果 A 公司的回报率低于 11.37%，不能满足所期望的回报率，其股票的价格就会下降；反之，如果 A 公司获得了超过 11.37% 的收益率，其股票价格就会上升。

使用股利增长模型的主要问题是估计长期平均增长率 g。如果一家企业在支付股利，那么 D_0 就是已知的，而 $D_1 = D_0(1+g)$，所以剩下的问题只是估计增长率 g。

估计长期平均增长率的方法一般有三种：

（1）历史增长率。该方法是根据过去的股利支付数据估计未来的股利增长率。股利增长率可以按几何平均数计算，也可以按算术平均数计算，但是两种方式下会有较大的区别。

（2）可持续增长率。假设未来不增发新股（或股票回购），并且保持当前的经营效率和财务政策不变，则可根据可持续增长率来确定股利的增长率。即

股利增长率 = 可持续增长率 = 期初权益预期净利率 × 预计利润留存率。

（3）采用证券分析师的预测。证券服务机构的分析师会经常发布大多数上市公司的增长率预测值。估计增长率时，可以将不同分析师的预测值进行汇总，并求其平均值。在计算平均值时，可以给权威性较强的机构以较大的权重，而

其他机构的预测值给以较小的权重。

3. 债券收益率风险调整模型

根据投资"风险越大，要求的报酬率越高"的原理，普通股股东对企业的投资风险大于债券投资者，因而会在债券投资者要求的收益率上再要求一定的风险溢价。依照这一原理，权益的成本公式为

$$r_s = r_{dt} + RP_c \qquad (8\text{-}8)$$

式中，r_{dt} 为税后债务成本；RP_c 为股东比债权人承担更大风险所要求的风险溢价。

风险溢价是凭经验估计的。一般认为，某企业普通股风险溢价对其自己发行的债券来讲，大约在 3% ~ 5% 之间。对风险较高的股票采用 5%，风险较低的股票采用 3%。

（三）优先股资本成本的计算

对许多企业来说，优先股也是其资本中的重要组成部分，但与负债成本不同（债务的利息有避税作用），发行优先股的企业必须承担优先股带来的全部成本。优先股成本可以视为优先股的投资者所要求的回报率。假设优先股每年每股的红利为 D_P，每股发行的价格为 P，则优先股的成本 K_P 为

$$K_P = \frac{D_P}{P} \qquad (8\text{-}9)$$

假设 Sunny 公司的优先股每股发行价为 1 000 元，每股每年支付的红利为 100 元，则 Sunny 公司优先股的成本为 $K_P = D_p/P = 10\%$。

如果优先股是新发行的，类似于债券的新发行一样，也会存在发行费用。设发行费率为 q，则新发行的优先股成本 K_P 为

$$K_P = \frac{D_P}{P(1-q)} \qquad (8\text{-}10)$$

假设 A 公司在上例中的优先股是新发行的，发行费率为 5%，则此优先股的成本为

$$K_P = \frac{100}{1\ 000(1-5\%)} = 10.5\%$$

从上例中可以看出，由于发行费用的存在，优先股的成本增加了半个百分点。

（四）综合资本成本的计算

如果一个企业的资本仅有普通股股权，那么普通股的成本就是其资本成本；如果一个企业的资本仅有负债，那么负债成本就是其资本成本，但一般情况下，

一个企业的资本由多种形式构成，此时，将所有个别资本成本加权平均就得到综合资本成本K_w，其计算公式如下：

$$K_w = w_d K_d (1 - T) + w_p K_p + w_s r_s \qquad (8\text{-}11)$$

式中，w_d为债务在总资本中所占的权重；w_p为优先股在总资本中所占的权重；w_s为普通股在总资本中所占的权重；K_d为债务资本成本；K_p为优先股资本成本；r_s为普通股资本成本；T为所得税的税率。

由式（8-11）可知，在计算综合资本成本时，各资本权重的确定是重要的一步，现行的确定资本权重的方法有账面价值法、市场价值法、目标价值法。

1. 账面价值法

账面价值法是指通过企业账面价值确定个别资本权重的方法。例如，表8-1表示用账面价值法确定 A 公司的综合资本成本。

表8-1　用账面价值法确定 A 公司综合资本成本（所得税率为40%）

资 本 种 类	账面价值（万元）	权重（%）	资本成本（%）	综合资本成本（%）
公司债券	1 000 000	10	5.25	0.32
长期借款	3 000 000	30	6.65	1.20
优先股	1 000 000	10	11.75	1.18
普通股	5 000 000	50	13.15	6.58
合计	10 000 000	100		9.28

这种方法简便易行，从企业的资产负债表中就可得到相应数据，但往往存在一定误差。当企业账面价值与其市场价值相差不大时，采用账面价值法误差不大。

2. 市场价值法

市场价值法是指通过以债券与股票当前的市场价值计算权重的方法，例如，表8-2用市场价值法确定 A 公司的综合资本成本。

表8-2　用市场价值法确定 A 公司综合资本成本（所得税率为40%）

资 本 种 类	市场价值（万元）	权重（%）	资本成本（%）	综合资本成本（%）
公司债券	1 200 000	12	5.25	0.38
长期借款	3 200 000	32	6.65	1.28
优先股	900 000	9	11.75	1.06
普通股	4 700 000	47	13.15	6.18
合计	10 000 000	100		8.90

在计算综合资本成本时，市场价值法比账面价值法更准确。在市场上，许多企业的市场价值与账面价值不完全相符，某些业绩好的企业，其市场价值高于账面价值许多倍，这时采用市场价值法就更为合理。

3. 目标价值法

目标价值法是指以债券与股票等预计的目标市场价值或资本结构确定权重的方法。例如，表8-3表示用目标价值法确定A公司的综合资本成本。

表8-3　用目标价值法确定A公司综合资本成本（所得税税率为40%）

资 本 种 类	目标结构（%）	资 本 成 本（%）	综合资本成本（%）
公司债券	18	5.25	0.57
长期借款	40	6.65	1.60
优先股	5	11.75	0.59
普通股	37	13.15	4.87
合计	100		7.63

理论上，因为存在破产成本、税或其他使企业价值减少的成本项目，企业一般会选择一个理想的资本结构。例如，在只有政府税收的情况下，负债所占权重越大，所支付的税越少，企业的价值也越大。如果只有破产成本，则负债的比例越小，普通股所占的比例越高，企业的价值越高。由于企业未来经营发展的不确定性，目标价值或目标资本结构有时很难准确地估计。

第三节　杠杆系数与资本结构

一、杠杆系数

杠杆效应是指因固定成本提高企业期望收益，同时也增加企业风险的现象。经营杠杆是由与产品生产或提供劳务有关的固定性经营成本所引起的，而财务杠杆则是由债务利息等固定性融资成本所引起的。两种杠杆具有放大盈利波动性的作用，从而影响企业的风险与收益。

（一）经营杠杆

1. 息税前利润与盈亏平衡分析

息税前利润是企业计算利息和所得税之前的盈余（简称息税前利润，EBIT），它的计算公式为

$$\text{EBIT} = Q(P - V) - F$$

式中，EBIT 为息税前利润；Q 为产品销售数量；P 为单位销售价格；V 为单位变动成本；F 为固定成本总额。

当企业的营业收入总额与成本总额相等时，即当息前税前利润等于零时，达到盈亏平衡点，此时的产品销售数量为Q_{BE}。则

$$\text{EBIT} = Q_{BE}(P - V) - F = 0$$

$$Q_{BE} = \frac{F}{(P - V)}$$

2. 经营杠杆系数的衡量方法

在影响经营风险的诸多因素中，固定性经营成本的影响是一个基本因素。在一定的营业收入范围内，固定成本总额是不变的，随着营业收入的增加，单位固定成本就会降低，从而单位产品的利润提高，营业利润的增长率将大于营业收入的增长率；相反，营业收入的下降会提高产品单位固定成本，从而单位产品的利润减少，营业利润的下降率将大于营业收入的下降率。如果企业不存在固定成本，则营业利润的变动率将与营业收入的变动率保持一致。这种在某一固定成本比重的作用下，由于营业收入一定程度的变动引起营业利润产生更大程度变动的现象被称为经营杠杆效应。固定成本是引发经营杠杆效应的根源，但企业营业收入水平与盈亏平衡点的相对位置决定了经营杠杆的大小，即经营杠杆的大小是由固定性经营成本和营业利润共同决定的。

经营杠杆可以放大企业营业收入变化对营业利润变动的程度，这种影响程度是经营风险的一种测度。经营杠杆的大小一般用经营杠杆系数（DOL）表示，它是息税前利润的变动率与营业收入（销售量）变动率之间的比率。经营杠杆系数的定义表达式为

$$\text{DOL} = \frac{息税前利润变化的百分比}{营业收入变化的百分比} = \frac{\Delta\text{EBIT}/\text{EBIT}}{\Delta S/S}$$

式中，DOL 为经营杠杆系数；ΔEBIT 为息税前利润变动额；EBIT 为变动前息税前利润；ΔS 为营业收入（销售量）变动量；S 为变动前营业收入（销售量）。

假定企业的成本——销量——利润保持线性关系，变动成本在营业收入中所占的比例不变，固定成本也保持稳定，经营杠杆系数便可通过营业收入和成本来表示。经营杠杆系数越大，表明经营杠杆作用越大，经营风险也就越大；经营杠杆系数越小，表明经营杠杆作用越小，经营风险也就越小。利用上述定义表达式可以推导出如下经营杠杆系数的两个计算公式：

$$\text{DOL}_q = \frac{Q(P - V)}{Q(P - V) - F}$$

式中，DOL_q 为销售量为 Q 时的经营杠杆系数；P 为单位销售价格；V 为单位变动成本；F 为总固定成本。

$$DOL_s = \frac{S - VC}{S - VC - F} = \frac{EBIT + F}{EBIT}$$

式中，DOL_s 为营业收入为 S 时的经营杠杆系数；S 为营业收入；VC 为变动成本总额。

在实际工作中，DOL_q 可用于计算单一产品的经营杠杆系数；DOL_s 除了用于单一产品外，还可用于计算多种产品的经营杠杆系数。从上述公式可以看出，如果固定成本等于 0，则经营杠杆系数为 1，即不存在经营杠杆效应。当固定成本为不为 0 时，通常经营杠杆系数都是大于 1 的，即显现出经营杠杆效应。

假设某企业生产 A 产品，固定成本为 60 万元，变动成本率为 40%，当企业的营业收入分别为 400 万元、200 万元、100 万元时，经营杠杆系数分别为

$$DOL_1 = \frac{400 - 40 \times 40\%}{400 - 400 \times 40\% - 60} = 1.33$$

$$DOL_2 = \frac{200 - 200 \times 40\%}{200 - 200 \times 40\% - 60} = 2$$

$$DOL_3 = \frac{100 - 100 \times 40\%}{100 - 100 \times 40\% - 60} \rightarrow \infty$$

以上计算结果说明这样一些问题：

（1）在固定成本不变的情况下，经营杠杆系数说明了营业收入增长（减少）所引起利润增长（减少）的幅度。比如，DOL_1 说明在营业收入为 400 万元时，营业收入的增长（减少）会引起利润 1.33 倍的增长（减少）；DOL_2 说明在营业收入为 200 万元时，营业收入的增长（减少）会引起利润 2 倍的增长（减少）。

（2）在固定成本不变的情况下，营业收入越大，经营杠杆系数越小，经营风险也就越小；反之，营业收入越小，经营杠杆系数越大，经营风险也就越大。比如，当营业收入为 400 万元时，DOL_1 为 1.33；当营业收入为 200 万元时，DOL_2 为 2；而如果营业收入为 100 万元时，恰好处于盈亏平衡点，DOL_3 为 ∞。显然，企业盈利状况越靠近盈亏平衡点，盈利的不稳定性越大，表明经营风险也越大。

经营杠杆有助于提示企业管理层在控制经营风险时，不能只简单考虑固定成本的绝对量，而是还要关注固定成本与盈利水平的相对关系。企业一般可以通过增加营业收入、降低产品单位变动成本、降低固定成本比重等措施使经营杠杆系数下降，降低经营风险，但这往往要受到条件的制约。

（二）财务杠杆

财务风险是指由于企业运用了债务筹资方式而产生的丧失偿付能力的风险，而这种风险最终是由普通股股东承担的。在影响财务风险的因素中，债务利息或优先股股息这类固定性融资成本是基本因素。在一定的息税前利润范围内，债务融资的利息成本是不变的，随着息税前利润的增加，单位利润所负担的固定性利息费用就会相对减少，从而单位利润可供股东分配的部分相应增加，普通股股东每股收益的增长率将大于营业利润的增长率。反之，当息税前利润减少时，单位利润所负担的固定利息就会相对增加，从而单位利润可供股东分配的部分相应减少，普通股股东每股收益的下降率将大于营业利润的下降率。如果不存在固定性融资费用，则普通股股东每股收益的变动率将与息税前利润的变动率保持一致。这种在某一固定的债务与权益融资结构下由于息税前利润的变动引起每股收益产生更大变动程度的现象被称为财务杠杆效应。固定性融资成本是引发财务杠杆效应的根源，但息税前利润与固定性融资成本之间的相对水平决定了财务杠杆的大小，即财务杠杆的大小是由固定性融资成本和息税前利润共同决定的。

财务杠杆效应可以放大企业息税前利润的变化对每股收益的变动程度，这种影响程度是财务风险的一种测度。财务杠杆的大小一般用财务杠杆系数表示，它是企业计算每股收益的变动率与息税前利润的变动率之间的比率。财务杠杆系数越大，表明财务杠杆作用越大，财务风险也就越大；财务杠杆系数越小，表明财务杠杆作用越小，财务风险也就越小。财务杠杆系数的定义表达式为

$$DFL = \frac{每股收益变化的百分比}{息税前利润变化的百分比} = \frac{\Delta EPS/EPS}{\Delta EBIT/EBIT}$$

式中，DFL 为财务杠杆系数；ΔEPS 为普通股每股收益变动额；EPS 为变动前的普通股每股收益；$\Delta EBIT$ 为息税前利润变动额；EBIT 为变动前息税前利润。

依据上述定义表达式，可以推导出如下财务杠杆系数的两个计算公式：

$$DFL = \frac{EBIT}{EBIT - I - PD/(1-T)}$$

式中，I 为债务利息；PD 为优先股股利；T 为所得税税率。

从上述公式可以看出，如果固定性融资成本债务利息或优先股股利等于 0，则财务杠杆系数为 1，即不存在财务杠杆效应。当债务利息成本或优先股股利不为 0 时，通常财务杠杆系数都是大于 1 的，即显现出财务杠杆效应。在实际工作中，还可用下述公式计算单一产品的财务杠杆系数：

$$DFL = \frac{Q(P-V) - F}{Q(P-V) - F - I - PD/(1-T)}$$

（三）总杠杆

从以上介绍可知，经营杠杆考察营业收入变化对息前税前利润的影响程度，而财务杠杆则是考察息税前利润变化对每股收益的影响程度。如果直接考察营业收入的变化对每股收益的影响程度，即是考察了两种杠杆的共同作用，通常把这两种杠杆的连锁作用称为总杠杆作用。

总杠杆作用的程度是直接考察了营业收入的变化对每股收益的影响程度，总杠杆作用的大小可以用总杠杆系数（DTL）表示，其定义表达式为

$$DTL = \frac{每股收益变化的百分比}{营业收入变化的百分比} = \frac{\Delta EPS/EPS}{\Delta S/S}$$

依据经营杠杆系数与财务杠杆系数的定义表达式，总杠杆系数可以进一步表示为经营杠杆系数和财务杠杆系数的乘积，反映了企业经营风险与财务风险的组合效果。

$$DTL = DOL \times DFL$$

总杠杆也有两个具体计算公式

$$DTL = \frac{Q(P-V)}{Q(P-V) - F - I - PD/(1-T)}$$

$$DTL = \frac{EBIT + F}{EBIT - I - PD/(1-T)}$$

例如，甲公司的经营杠杆系数为2，财务杠杆系数为1.5，总杠杆系数即为 $2 \times 1.5 = 3$。

总杠杆系数对企业管理层的意义：

（1）使企业管理层在一定的成本结构与融资结构下，当营业收入变化时，能够对每股收益的影响程度做出判断，即能够估计出营业收入变动对每股收益造成的影响。例如，如果一家企业的总杠杆系数是3，则说明当营业收入每增长（减少）1倍，就会造成每股收益增长（减少）3倍。

（2）通过经营杠杆与财务杠杆之间的相互关系，有利于管理层对经营风险与财务风险进行管理，即为了控制某一总杠杆系数，经营杠杆和财务杠杆可以有很多不同的组合。比如，经营杠杆系数较高的企业可以在较低的程度上使用财务杠杆；经营杠杆系数较低的企业可以在较高的程度上使用财务杠杆等等。这有待企业在考虑各相关具体因素之后做出选择。

二、资本结构

资本结构是指企业各种长期资本来源的构成和比例关系。通常情况下，企

业的资本由长期债务资本和权益资本构成，资本结构指的就是长期债务资本和权益资本各占多大比例。一般来说，在资本结构概念中不包含短期负债。短期资本的需要量和筹集是经常变化的，且在整个资本总量中所占的比重不稳定，因此不列入资本结构管理范围，而作为营运资金管理。

资本结构（Capital Structure）和财务结构（Financial Structure）是两个不同的概念。资本结构一般只考虑长期资本的来源、组成及相互关系，而财务结构考虑的是所有资金的来源、组成及相互关系，即是资产负债表中负债与所有者权益的所有内容的组合结构。

（一）资本结构的 MM 理论

现代资本结构理论是由莫迪格利安尼与米勒（简称 MM）基于完美资本市场的假设条件提出的，MM 的资本结构理论所依据的直接及隐含的假设条件如下：

（1）经营风险可以用息税前利润的方差来衡量，具有相同经营风险的企业称为风险同类（Homogeneous Risk Class）。

（2）投资者等市场参与者对企业未来的收益与风险的预期是相同的（Homogeneous Expectations）。

（3）完美资本市场（Perfect Capital Markets），即在股票与债券进行交易的市场中没有交易成本，且个人与机构投资者的借款利率与企业相同。

（4）借债无风险，即企业或个人投资者的所有债务利率均为无风险利率，与债务数量无关。

（5）全部现金流是永续的，即企业息税前利润具有永续的零增长特征，债券也是永续的。

在上述假设的基础上，MM 首先研究"没有企业所得税"情况下的资本结构理论，其后又研究了"有企业所得税"情况下的资本结构理论。因此，MM 的资本结构理论可以分为"无税 MM 理论"和"有税 MM 理论"。

1. 无税 MM 理论

在不考虑企业所得税的情况下，MM 理论研究了两个命题：

命题 I：在没有企业所得税的情况下，负债企业的价值与无负债企业的价值相等，即无论企业是否有负债，企业的资本结构与企业价值无关。其表达式如下：

$$V_L = \frac{\text{EBIT}}{r_{\text{WACC}}^0} = V_U = \frac{\text{EBIT}}{r_s^u}$$

式中，V_L 为有负债企业的价值；V_U 为无负债企业的价值；EBIT 为企业全部资产的预期收益（永续）；r_{WACC}^0 为有负债企业的加权资本成本；r_s^u 为既定风险等级的无负债企业的权益资本成本。

命题 I 的表达式说明了无论企业是否有负债，加权平均资本成本将保持不变，企业价值仅由预期收益所决定，即全部预期收益（永续）按照与企业风险等级相同的必要报酬率所计算的现值；如果有负债企业的价值等于无负债企业的价值，就说明了有负债企业的加权平均资本成本，无论债务多少，都与风险等级相同的无负债企业的权益资本成本相等；企业加权资本成本与其资本结构无关，仅取决于企业的经营风险。

命题 II：有负债企业的权益资本成本随着财务杠杆的提高而增加。权益资本成本等于无负债企业的权益资本成本加上风险溢价，而风险溢价与以市值计算的财务杠杆（债务权益）成正比。其表达式如下：

$$r_s^L = r_s^u + 风险溢价 = r_s^u + \frac{D}{E}(r_s^u - r_d)$$

式中，r_s^L 为有负债企业的权益资本成本；r_s^u 为无负债企业的权益资本成本；D 为有负债企业的债务市场价值；E 为其权益的市场价值；r_d 为税前债务资本成本。命题 II 的表达式说明：有负债企业的权益成本随着负债程度增大而增加。

2. 有税 MM 理论

有税 MM 理论也研究了两个基本命题：

命题 I：有负债企业的价值等于具有相同风险等级的无负债企业的价值加上债务利息抵税收益的现值。其表达式如下：

$$V_L = V_U + TD$$

式中，V_L 为有负债企业的价值；V_U 为无负债企业的价值；T 为企业所得税税率；D 为企业的债务数量。债务利息的抵税价值 TD 又称为杠杆收益，是企业为支付债务利息从实现的所得税抵扣中获得的所得税支出节省，等于抵税收益的永续年金现金流的现值，即债务金额与所得税税率的乘积（将债务利息率作为贴现率）。命题 I 的表达式说明了由于债务利息可以在税前扣除，形成了债务利息的抵税收益，相当于增加了企业的现金流量，增加了企业的价值。随着企业负债比例的提高，企业价值也随之提高，在理论上全部融资来源于负债时，企业价值达到最大。

命题 II：有债务企业的权益资本成本等于相同风险等级的无负债企业的权益资本成本加上与以市值计算的债务与权益比例成比例的风险报酬，且风险报酬取决于企业的债务比例以及所得税税率。其表达式如下：

$$r_s^L = r_s^u + 风险溢价 = r_s^u + (r_s^u - r_d)(1 - T)\frac{D}{E}$$

式中，r_s^L 为有负债企业的权益资本成本；r_s^u 为无负债企业的权益资本成本；D 为有负债企业的债务市场价值；E 为其权益的市场价值；r_d 为不变的税前债务资本成本；T 为企业所得税税率。风险报酬等于无负债企业权益成本与债务成本之差、负债权益比率以及所得税税后因子（$1 - T$）相乘。

有税条件下 MM 命题 Ⅱ 与无税条件下命题 Ⅱ 所表述的有负债企业权益资本成本的基本含义是一致的，其仅有的差异是由（$1 - T$）所得税引起的。由于（$1 - T$）< 1，使有负债企业的权益资本成本比无税时的要小。

（二）资本结构的其他理论

现代资本结构研究的起点是 MM 理论。在完美资本市场的一系列严格假设条件下，得出资本结构与企业价值无关的结论。在现实世界中，这些假设是难以成立的，最初 MM 理论推导出的结论并不完全符合现实情况，但已成为资本结构研究的基础。此后，在 MM 理论的基础上不断放宽假设，从不同的视角对资本结构进行了大量研究，推动了资本结构理论的发展。这其中具有代表性的理论有权衡理论、代理理论与优序融资理论。

1. 权衡理论

负债在为企业带来抵税收益的同时也会给企业带来陷入财务困境的成本。所谓权衡理论（Trade-Off Theory），就是强调在平衡债务利息的抵税收益与财务困境成本的基础上，实现企业价值最大化时的最佳资本结构。此时所确定的债务比率是债务抵税收益的边际价值等于增加的财务困境成本的现值。

基于修正的 MM 理论的命题，有负债企业的价值是无负债企业价值加上抵税收益的现值，再减去财务困境成本的现值。其表达式为

$$V_L = V_U + PV(利息抵税) - PV(财务困境成本)$$

式中，V_L 为有负债企业的价值；V_U 为无负债企业的价值；$PV(利息抵税)$ 为利息抵税的现值；$PV(财务困境成本)$ 为财务困境成本的现值。

2. 代理理论

在资本结构的决策中，不完全契约、信息不对称以及经理、股东与债权人之间的利益冲突将影响投资项目的选择，特别是在企业陷入财务困境时，更容易引起过度投资问题与投资不足问题，导致发生债务代理成本。债务代理成本损害了债权人的利益，降低了企业价值，最终将由股东承担这种损失。

（1）过度投资问题。过度投资问题是指因企业采用不盈利项目或高风险

项目而产生的损害股东以及债权人的利益并降低企业价值的现象。发生过度投资问题的两种情形：一是当企业经理与股东之间存在利益冲突时，经理的自利行为产生的过度投资问题；二是当企业股东与债权人之间存在利益冲突时，经理代表股东利益采纳成功率低甚至净现值为负的高风险项目产生的过度投资问题。

（2）投资不足问题。投资不足问题是指因企业放弃净现值为正的投资项目而使债权人利益受损并进而降低企业价值的现象。投资不足问题发生在企业陷入财务困境且有比例较高的债务时（即企业具有风险债务），如果用股东的资金去投资一个净现值为正的项目，可以在增加股东权益价值的同时，也增加债权人的债务价值。但是，当债务价值的增加超过权益价值的增加时，即从企业整体角度而言是净现值为正的新项目，而对股东而言则成为净现值为负的项目，投资新项目后将会发生财富从股东转移至债权人。因此，如股东事先预见到投资新项目后的大部分收益将由债权人获利并导致自身价值下降时，就会拒绝为净现值为正的新项目投资。

（3）债务的代理收益。债务的代理成本即可以表现为因过度投资问题使经理和股东受益而发生债权人价值向股东的转移，也可以表现为因投资不足问题而发生股东为避免价值损失而放弃给债权人带来的价值增值。然而，债务在产生代理成本的同时，也会伴生相应的代理收益。债务的代理收益将有利于减少企业的价值损失或增加企业价值，具体表现为债权人保护条款引入，对经理提升企业业绩的激励措施以及对经理随意支配现金流浪费企业资源的约束等。

3. 优序融资理论

优序融资理论（Pecking Order Theory）是当企业存在融资需求时，首先选择内源融资，其次选择债务融资，最后选择股权融资。优序融资理论解释了当企业内部现金流不足以满足净经营性长期资产总投资的资金需求时，更倾向于债务融资而不是股权融资。优序融资理论揭示了企业筹资时对不同筹资方式选择的顺序偏好。

（三）资本结构的影响因素

长期债务与权益资本的组合形成了企业的资本结构。债务融资虽然可以实现抵税收益，但在增加债务的同时也会加大企业的风险，并最终要由股东承担风险的成本。因此，企业资本结构决策的主要内容是权衡债务的收益与风险，实现合理的目标资本结构，从而实现企业价值最大化。

影响资本结构的因素较为复杂，大体可以分为企业的内部因素和外部因素。内部因素通常有营业收入、成长性、资产结构、盈利能力、管理层偏好、财务灵活性以及股权结构等；外部因素通常有税率、利率、资本市场、行业特征等。一般而言，收益与现金流量波动较大的企业要比现金流量较稳定的类似企业的负债水平低；成长性好的企业因其快速发展，对外部资金需求比较大，要比成长性差的类似企业的负债水平高；盈利能力强的企业因其内源融资的满足率较高，要比盈利能力较弱的类似企业的负债水平低；一般性用途资产比例高的企业因其资产作为债务抵押的可能性较大，要比具有特殊用途资产比例高的类似企业的负债水平高；财务灵活性大的企业要比财务灵活性小的类似企业的负债能力强。这里财务灵活性是指企业利用闲置资金和剩余的负债能力以应付可能发生的偶然情况和把握未预见机会（新的好项目）的能力。

需要强调的是，企业实际资本结构往往受企业自身状况与政策条件及市场环境多种因素的共同影响，并同时伴随着企业管理层的偏好与主观判断，从而使资本结构的决策难以形成统一的原则与模式。

【要点回顾】

1. 企业筹资可以分为以下几种类型：股权资本与债权资本；长期资本与短期资本；内部筹资与外部筹资。企业权益筹资主要包括吸收投入资本和普通股筹资，企业负债筹资主要包括长期借款和发行债券，混合筹资主要包括发行优先股、发行可转换债券和发行认股权证。

2. 资本成本是指投资资本的机会成本，可以分为债务资本成本、普通股资本成本、优先股资本成本以及综合资本成本。

3. 杠杆效应包括经营杠杆、财务杠杆和总杠杆。经营杠杆是由与产品生产或提供劳务有关的固定性经营成本所引起的；而财务杠杆则是由债务利息等固定性融资成本所引起的。这两种杠杆的连锁作用称为总杠杆作用，具有放大盈利波动性的作用，从而影响企业的风险与收益。

4. 资本结构是指企业各种长期资本来源的构成和比例关系。企业资本结构决策的主要内容是权衡债务的收益与风险，实现合理的目标资本结构，从而实现企业价值最大化。

【复习题】

1. 公司在创立时首先选择的筹资方式是（　　　）。

A. 发行可转换债券　　　　　　B. 向银行借款

C. 吸收直接投资   D. 发行企业债券

2. 某公司的经营杠杆系数为2，预计息税前利润增长10%，在其他条件不变的情况下，销售量将增长（   ）。

A. 5%   B. 10%   C. 15%   D. 20%

3. 要使资本结构达到最佳，应使（   ）达到最低。

A. 优先股资本成本   B. 债务资本成本

C. 普通股资本成本   D. 综合资本成本

4. A、B、C为三家经营业务相同的公司，它们的有关情况如表8-4所示，请对A、B、C公司的财务杠杆效应进行比较与分析。

表8-4 各公司的融资方案   单位：元

项 目	A公司	B公司	C公司
普通成本	2 000 000	1 500 000	1 000 000
发行股数（股）	20 000	15 000	10 000
债务（利率8%）	0	500 000	1 000 000
资本总额	2 000 000	2 000 000	2 000 000
资产负债率	0	25%	50%
息税前利润（EBIT）	200 000	200 000	200 000
债务利息	0	40 000	80 000
税前利润	200 000	160 000	120 000
所得税（税率为25%）	50 000	40 000	30 000
税后盈余	50 000	120 000	90 000
普通股每股收益（元）	7.5	8.00	9.00
息税前利润增加额	200 000	200 000	200 000
债务利息	0	40 000	80 000
税前利润	400 000	360 000	320 000
所得税（税率为25%）	100 000	90 000	80 000
税后利润	300 000	270 000	240 000
普通股每股收益（元）	15.00	18.00	24.00
EPS变动百分比率（ΔEPS/EPS）	100%	125%	167%

5. 某企业目前已有1 000万元长期资本，均为普通股，股价为10元/股。现企业希望再实现500万元的长期资本融资以满足扩大经营规模的需要。有三种

筹资方案可供选择：方案一：全部通过年利率为 10% 的长期债券融资；方案二：全部是优先股股利为 12% 的优先股筹资；方案三：全部依靠发行普通股股票筹资，按照目前的股价，需要增发 50 万股新股。假设企业预期的息税前利润为 210 万元，企业所得税税率为 25%。

要求：在预期的息税前利润水平下对融资方案进行选择。

第九章

投 资 管 理

💡 【本章要点】

1. 了解债券、股票的基本含义。
2. 掌握债券估值的方法。
3. 熟悉影响股票估值的因素。
4. 了解项目投资的评价方法。
5. 掌握投资项目现金流量内容和估计，以及项目投资方法的应用。

第一节 债 券 投 资

债权性投资是指为取得债权所进行的投资。如购买公司债券、国库券等，均属于债权性投资。企业进行这种投资不是为了获得其他企业的剩余资产，而是为了获取高于银行存款利率的利息，并保证按期收回本息。本节主要讨论债券投资。

投资者进行债券投资，是为了在未来获取增值收入，即未来期间的利息收入及转让价差。因此，债券估值具有重要的现实意义。企业运用债券形式从资本市场上筹资，必须要知道它如何定价。如果定价偏低，企业会因付出更多现金而遭受损失；如果定价偏高，企业会因发行失败而遭受损失。对于已经发行在外的上市交易的债券，估值仍然有重要意义。债券的价值代表了债券投资人要求的报酬率，对于经理人员来说，不知道债券如何定价就是不知道投资人的要求，也就无法使他们满意。

一、债券的概念

（1）债券。它是指发行者为筹集资金，向债权人发行的，在约定时间支付一定比例的利息，并在到期时偿还本金的一种有价证券。

（2）债券面值。它是指设定的票面金额，它代表发行人借入并且承诺于未来某一特定日期偿付给债券持有人的金额。

（3）债券票面利率。它是指债券发行者预计1年内向投资者支付的利息占票面金额的比率。票面利率不同于实际利率。实际利率通常是指按复利计算的1年期的利率。债券的计息和付息方式有多种，可以使用单利或复利计息，利息支付可能半年一次、一年一次或到期日一次总付，这就使得票面利率可能不等于实际利率。

（4）债券的到期日。它是指偿还本金的日期。债券一般都规定到期日，以便到期时归还本金。

二、债券的价值

债券的价值是发行者按照合同规定从现在至债券到期日所支付的款项的现值。计算现值时使用的折现率，取决于当前的利率和现金流量的风险水平。

（一）债券估值的基本模型

典型的债券是固定利率、每年计算并支付利息、到期归还本金。按照这种模式，债券价值计算的基本模型是：

$$PV = \frac{I_1}{(1+i)^1} + \frac{I_2}{(1+i)^2} + \cdots + \frac{I_n}{(1+i)^n} + \frac{M}{(1+i)^n}$$

式中，PV 为债券价值；I 为每年的利息；M 为到期的本金；i 为折现率，一般采用当时的市场利率或投资人要求的必要报酬率；n 为债券到期前的年数。

【例9-1】 ABC公司拟于20×1年2月1日发行面额为1 000元的债券，其票面利率为8%，每年2月1日计算并支付一次利息，并于5年后的1月31日到期。同等风险投资的必要报酬率为10%，则债券的价值为

$$PV = \frac{80}{(1+10\%)^1} + \frac{80}{(1+10\%)^2} + \frac{80}{(1+10\%)^3} + \frac{80}{(1+10\%)^4} + \frac{80+1\,000}{(1+10\%)^5}$$

$$= 80 \times (P/A, 10\%, 5) + 1\,000 \times (P/F, 10\%, 5)$$

$$= (80 \times 3.791 + 1\,000 \times 0.621) \text{ 元}$$

$$= (303.28 + 621) \text{ 元}$$

$$= 924.28 \text{ 元}$$

通过该模型可以看出，影响债券定价的因素有折现率、利息率、计息期和到期时间。

（二）债券价值与折现率

债券价值与折现率有密切的关系。债券定价的基本原则是：折现率等于债券利率时，债券价值就是其面值。如果折现率高于债券利率，债券的价值就低于面值；如果折现率低于债券利率，债券的价值就高于面值。

如果在例9-1中，折现率是8%，则债券价值为

$$PV = 80 \times (P/A, \ 8\%, \ 5) + 1\ 000 \times (P/S, \ 8\%, \ 5)$$
$$= (80 \times 3.992\ 7 + 1\ 000 \times 0.680\ 6) \ 元$$
$$= 1\ 000 \ 元$$

如果在例9-1中，折现率是6%，则债券价值为

$$PV = 80 \times (P/A, \ 6\%, \ 5) + 1\ 000 \times (P/S, \ 6\%, \ 5)$$
$$= (80 \times 4.212\ 4 + 1\ 000 \times 0.747\ 3) \ 元$$
$$= 1\ 084.29 \ 元$$

【例9-2】 某一公司发行两年期债券，每半年付息一次，票面利率8%，面值1 000元。假设折现率是8%，计算其债券价值。

由于债券在1年内复利两次，给出的票面利率是以1年为计息期的名义利率，也称为报价利率。实际计息是以半年为计息期的实际利率，即8%的一半即4%，也称"期利率"。同样如此，由于债券在1年内复利两次，给出的折现率也是名义折现率，实际的期折现率为8%的一半即4%。由于票面利率与要求的折现率相同，该债券的价值应当等于其面值（1 000元）。验证如下：

$$V = PV_{利息} + PV_{本金}$$
$$= \left(\frac{40}{1.04} + \frac{40}{1.04^2} + \frac{40}{1.04^3} + \frac{40}{1.04^4} + \frac{1\ 000}{1.04^4} \right) 元$$
$$= 1\ 000 \ 元$$

应当注意，折现率也有名义利率（报价利率）和实际利率（期利率）之分。凡是利率，都可以分为名义的和实际的。当1年内要复利几次时，给出的年利率是名义利率，名义利率除以年内复利次数得出实际的期利率。对于这一规则，票面利率和折现率都需要遵守，否则就破坏了估值规则的内在统一性，也就失去了估值的科学性。在计算债券价值时，除非特别指明折现率与票面利率应采用同样的计息规则，包括计息方式（单利还是复利）、计息期和利息率性质（名义利率还是实际利率）。

（三）债券价值与到期时间

债券价值不仅受折现率的影响，而且受债券到期时间的影响。债券的到期时间是指当前日至债券到期日之间的时间间隔。随着时间的延续，债券的到期

时间逐渐缩短，至到期日时该间隔为零。

在折现率一直保持不变的情况下，不管它高于或低于票面利率，债券价值都随到期时间的缩短逐渐向债券面值靠近，至到期日债券价值等于债券面值。这种变化情况如图9-1所示。当折现率高于票面利率时，随着时间向到期日靠近，债券价值逐渐提高，最终等于债券面值；当折现率等于票面利率时，债券价值一直等于票面价值；当折现率低于票面利率时，随着时间向到期日靠近，债券价值逐渐下降，最终等于债券面值。

图9-1显示的是连续支付利息的情景，或者说是支付期无限小的情景。如果不是这样，而是每间隔一段时间支付一次利息，债券价值会呈现周期性波动，后面将讨论这种情况。

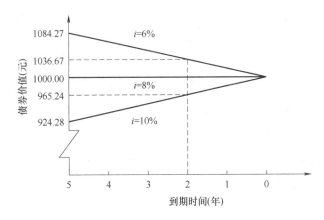

图9-1 债券价值与到期时间

在例9-1中，如果到期时间缩短至2年，在折现率等于10%的情况下，债券价值为

$$PV = 80 \times (P/A, 10\%, 2) + 1\ 000 \times (P/F, 10\%, 2)$$
$$= (80 \times 1.735\ 5 + 1\ 000 \times 0.826\ 4)\ 元$$
$$= 965.24\ 元$$

在折现率不变（10%）的情况下，到期时间为5年时债券价值为924.28元，3年后到期时间为2年时债券价值上升至965.24元，向面值1 000元靠近了。

在例9-1中，如果折现率为6%，到期时间为2年时，债券价值为

$$PV = 80 \times (P/A, 6\%, 2) + 1\ 000 \times (P/F, 6\%, 2)$$
$$= (80 \times 1.833\ 4 + 1\ 000 \times 0.890\ 0)\ 元$$
$$= 1\ 036.67\ 元$$

在折现率为 6% 并维持不变的情况下，到期时间为 5 年时债券价值为 1 084.29 元，3 年后下降至 1 036.67 元，向面值 1 000 元靠近了。

在折现率为 8% 并维持不变的情况下，到期时间为 2 年时，债券价值为

$$PV = 80 \times (P/A, 8\%, 2) + 1 000 \times (P/F, 8\%, 2)$$
$$= (80 \times 1.783 3 + 1 000 \times 0.857 3) \text{ 元}$$
$$= 1 000 \text{ 元}$$

在折现率等于票面利率时，到期时间的缩短对债券价值没有影响。

综上所述，当折现率一直保持至到期日不变时，随着到期时间的缩短，债券价值逐渐接近其票面价值。如果付息期无限小，则债券价值表现为一条直线。

如果折现率在债券发行后发生变动，债券价值也会因此而变动。随着到期时间的缩短，折现率变动对债券价值的影响越来越小。这就是说，债券价值对折现率特定变化的反应越来越不灵敏。

从上述计算中，可以看出，如果折现率从 8% 上升到 10%，债券价值从 1 000 元降至 924.28 元，下降了约 7.6%。在到期时间为 2 年时，折现率从 8% 上升至 10%，债券价值从 1 000 元降至 965.24 元，仅下降约 3.5%。

（四）债券价值与利息支付频率

前面的讨论均假设债券每年支付一次利息，实际上利息支付的方式有许多种。不同的利息支付频率也会对债券价值产生影响。典型的利息支付方式有三种：

1. 纯贴现债券

纯贴现债券是指承诺在未来某一确定日期作某一单笔支付的债券。这种债券在到期日前购买人不能得到任何现金支付，因此也称为"零息债券"。零息债券没有标明利息计算规则的，通常采用按年计息的复利计算规则。

纯贴现债券的价值

$$PV = \frac{F}{(1+i)^n}$$

【例 9-3】 有一纯贴现债券，面值 1 000 元，20 年期。假设折现率为 10%，其价值为

$$PV = \frac{1 000}{(1+10\%)^{20}} \text{元} = 148.60 \text{ 元}$$

【例 9-4】 有一 5 年期国库券，面值 1 000 元，票面利率 12%，单利计息，到期时一次还本付息。假设折现率为 10%（复利、按年计息），其价值为

$$PV = \frac{1\,000 + 1\,000 \times 12\% \times 5}{(1 + 10\%)^5}元 = \frac{1\,600}{1.610\,5}元 = 993.48\ 元$$

在到期日一次还本付息债券，实际上也是一种纯贴现债券，只不过到期日不是按票面额支付，而是按本利和做单笔支付。

2. 平息债券

平息债券是指利息在到期时间内平均支付的债券。支付的频率可能是一年一次、半年一次或每季度一次等。

平息债券价值的计算公式如下：

$$PV = \sum_{i=1}^{mn} \frac{\dfrac{I}{M}}{\left(1 + \dfrac{I}{M}\right)^i} + \frac{M}{\left(1 + \dfrac{I}{M}\right)^{mn}}$$

式中，m 为年付利息次数；n 为到期时间的年数；i 为每期的折现率；I 为年付利息；M 为面值或到期日支付额。

【例9-5】 有一债券面值为 1 000 元，票面利率为 8%，每半年支付一次利息，5 年到期。假设折现率为 10%。

按惯例，报价利率为按年计算的名义利率，每半年计息时按年利率的 1/2 计算，即按 4% 计息，每次支付 40 元。折现率按同样方法处理，每半年期的折现率按 5% 确定。该债券的价值为

$$PV = (80/2) \times (P/A,\ 10\%/2,\ 5 \times 2) + 1\,000 \times (P/F,\ 10\%/2,\ 5 \times 2)$$
$$= (40 \times 7.721\,7 + 1\,000 \times 0.613\,9)元$$
$$= (308.87 + 613.90)元$$
$$= 922.77\ 元$$

该债券的价值比每年付息一次时的价值（924.28 元）降低了。债券付息期越短价值越低的现象，仅出现在折价出售的状态。如果债券溢价出售，则情况正好相反。

【例9-6】 有一面值为 1 000 元，5 年期，票面利率为 8%，每半年付息一次的债券。假设折现率为 6%，则债券价值为

$$PV = (80/2) \times (P/A,\ 6\%/2,\ 5 \times 2) + 1\,000 \times (P/F,\ 6\%/2,\ 5 \times 2)$$
$$= (40 \times 8.530\,2 + 1\,000 \times 0.744\,1)元$$
$$= (341.21 + 744.10)元$$
$$= 1\,085.31\ 元$$

该债券每年付息一次时的价值为 1 084.29 元，每半年付息一次使其价值增加到 1 085.31 元。

3. 永久债券

永久债券是指没有到期日，永不停止定期支付利息的债券。对于永久公债，通常政府都保留了回购债券的权力。优先股实际上也是一种永久债券，如果公司的股利支付没有问题，将会持续地支付固定的优先股息。

永久债券的价值计算公式如下：

$$PV = \frac{利息额}{折现率}$$

【例 9-7】 有一优先股，承诺每年支付优先股息 40 元。假设折现率为 10%，则其价值为

$$PV = \frac{40}{10\%} 元 = 400 元$$

三、债券投资的收益率

债券的收益水平通常用到期收益率来衡量。到期收益率是指以特定价格购买债券并持有至到期日所能获得的收益率。它是使未来现金流量现值等于债券购入价格的折现率。

计算到期收益率的方法是求解含有折现率的方程，即：购进价格 = 每年利息 × 年金现值系数 + 面值 × 复利现值系数。

$$V = I(P/A,\ i,\ n) + M(P/F,\ i,\ n)$$

式中，V 为债券的价格；I 为每年的利息；M 为面值；n 为到期的年数；i 为折现率。

【例 9-8】 ABC 公司 20×1 年 2 月 1 日用平价购买一张面额为 1 000 元的债券，其票面利率为 8%，每年 2 月 1 日计算并支付一次利息，并于 5 年后的 1 月 31 日到期。该公司持有该债券至到期日，计算其到期收益率。

$$1\ 000 = 80 \times (P/A,\ i,\ 5) + 1\ 000 \times (P/F,\ i,\ 5)$$

解该方程要用"试误法"。

用 $i = 8\%$ 试算：

$$80 \times (P/A,\ 8\%,\ 5) + 1\ 000 \times (P/F,\ 8\%,\ 5)$$

$$= (80 \times 3.992\ 7 + 1\ 000 \times 0.680\ 6) 元$$

$$= 1\ 000 元$$

可见，平价购买的每年付息一次的债券的到期收益率等于票面利率。

如果债券的价格高于面值，则情况将发生变化。例如，买价是 1 105 元，则

$$1\ 105 = 80 \times (P/A,\ i,\ 5) + 1\ 000 \times (P/F,\ i,\ 5)$$

通过前面试算已知，$i=8\%$ 时等式右方为 1 000 元，小于 1 105，可判断收益率低于 8%。降低折现率进一步试算：

用 $i=6\%$ 试算：

$$80 \times (P/A, 6\%, 5) + 1\,000 \times (P/F, 6\%, 5)$$

$$= (80 \times 4.212 + 1\,000 \times 0.747) 元$$

$$= (336.96 + 747) 元$$

$$= 1\,083.96 元$$

由于折现结果仍小于 1 105，还应进一步降低折现率。用 $i=4\%$ 试算：

$$80 \times (P/A, 4\%, 5) + 1\,000 \times (P/F, 4\%, 5)$$

$$= (80 \times 4.452 + 1\,000 \times 0.822) 元$$

$$= (356.16 + 822) 元$$

$$= 1\,178.16 元$$

折现结果高于 1 105，可以判断，收益率高于 4%。用插补法计算近似值：

$$R = 4\% + \frac{1\,178.16 - 1\,105}{1\,178.16 - 1\,083.96} \times (6\% - 4\%) = 5.55\%$$

从此例可以看出，如果买价和面值不等，则收益率和票面利率不同。

第二节　股票投资

股票是股份公司发给股东的所有权凭证，是股东借以取得股利的一种有价证券。股票持有者即为该公司的股东，对该公司财产有要求权。

股票可以按不同的方法和标准分类：按股东所享有的权利，可分为普通股和优先股；按票面是否标明持有者姓名，可分为记名股票和不记名股票；按股票票面是否记明入股金额，可分为有面值股票和无面值股票；按能否向股份公司赎回自己的财产，可分为可赎回股票和不可赎回股票。

股利是公司对股东投资的回报，它是股东所有权在分配上的体现。股利是公司税后利润的一部分。

一、股票的价值

股票的价值是指股票期望提供的所有未来收益的现值。

（一）股票估值的基本模型

股票带给持有者的现金流入包括两部分：股利收入和出售时的售价。股票的内在价值由一系列的股利和将来出售股票时售价的现值所构成。

如果股东永远持有股票，他只获得股利，是一个永续的现金流入。这个现金流入的现值就是股票的价值：

$$V = \frac{D_1}{(1+R_s)^1} + \frac{D_2}{(1+R_s)^2} + \cdots + \frac{D_n}{(1+R_s)^n} = \sum_{t=1}^{\infty} \frac{D_t}{(1+R_s)^t}$$

式中，D_t 为第 t 年的股利；R_s 为折现率，即必要的收益率；T 为折现期数。

如果投资者不打算永久地持有该股票，而在一段时间后出售，他的未来现金流入是几次股利和出售时的股价。因此，买入时的价格 P_0（1 年的股利现值加上 1 年后股价的现值）和一年后的价格 P_1（第 2 年股利在第 2 年年初的价值加上第 2 年年末股价在第 2 年年初的价值）为

$$P_0 = \frac{D_1}{(1+R_s)} + \frac{P_1}{(1+R_s)} \tag{9-1}$$

$$P_1 = \frac{D_2}{(1+R_s)} + \frac{P_2}{(1+R_s)} \tag{9-2}$$

将式（9-2）代入式（9-1）：

$$P_0 = \frac{D_1}{(1+R_s)} + \left(\frac{D_2}{(1+R_s)} + \frac{P_2}{(1+R_s)} \right) \Big/ (1+R_s)$$

$$= \frac{D_1}{(1+R_s)^1} + \frac{D_2}{(1+R_s)^2} + \frac{P_2}{(1+R_s)^2}$$

如果不断继续上述代入过程，则可得出

$$P_0 = \sum_{t=1}^{\infty} \frac{D_t}{(1+R_s)^t} \tag{9-3}$$

式（9-3）是股票估价的基本模型。它在实际应用时，面临的主要问题是如何预计未来每年的股利，以及如何确定折现率。

股利的多少，取决于每股盈利和股利支付率两个因素。对其估计的方法是历史资料的统计分析，例如回归分析、时间序列的趋势分析等。股票评价的基本模型要求无限期地预计历年的股利（D_t），实际上不可能做到。因此应用的模型都是各种简化办法，如每年股利相同或固定比率增长等。

折现率的主要作用是把所有未来不同时间的现金流入折算为现在的价值。折算现值的比率应当是投资者所要求的收益率。那么，投资者要求的收益率应当是多少呢？我们将在本章稍后再讨论这个问题。

（二）零增长股票的价值

假设未来股利不变，其支付过程是一个永续年金，则股票价值为

$$P_0 = \frac{D}{R_s}$$

【例9-9】 每年分配股利2元，最低报酬率为16%，则
$$P_0 = 2 元/16\% = 12.5 元$$

也就是说，该股票每年带来2元的收益，在市场利率为16%的条件下，它相当于12.5元资本的收益，所以其价值是12.5元。

当然，市场上的股价不一定就是12.5元，还要看投资人对风险的态度，可能高于或低于12.5元。

如果当时的市价不等于股票价值，例如市价为12元，每年固定股利2元，则其预期报酬率为
$$R = 2/12 \times 100\% = 16.67\%$$

可见，市价低于股票价值时，预期报酬率高于最低报酬率。

（三）固定增长股票的价值

一般情况下，股利不是固定不变的，而是不断增长的。虽然各公司的增长率不同，但就平均来说应等于国民生产总值的增长率，或者说是真实的国民生产总值增长率加通货膨胀率。

假设ABC公司今年的股利为D_0，则t年的股利应为
$$D_t = D_0(1 + g)^t$$

若$D_0 = 2$元，$g = 10\%$，则5年后的每年股利为
$$D_t = D_0(1 + g)^5 = 2 元 \times (1 + 10\%)^5 = 2 元 \times 1.611 = 3.22 元$$

固定成长股票的股价估值公式如下：
$$P = \sum_{t=1}^{\infty} \frac{D_0(1 + g)^t}{(1 + R_s)^t}$$

当g为常数，并且$R_s > g$时，上式可简化为
$$P = \frac{D_0(1 + g)}{R_s - g} = \frac{D_1}{R_s - g}$$

【例9-10】 ABC公司报酬率为16%，年增长率为12%，$D_0 = 2$元，$D_1 = 2 \times (1 + 12\%) = 2.24$元，则其股票的内在价值为
$$P = [(2 \times 1.12)/(0.16 - 0.12)] 元 = 56 元$$

（四）非固定增长股票的价值

在现实生活中有的公司股利是不固定的。例如，在一段时间里高速增长，在另一段时间里正常固定增长或固定不变。在这种情况下，就要分段计算，才能确定股票的价值。

【例9-11】 一个投资人持有ABC公司的股票，他的投资必要报酬率为

15%。预计 ABC 公司未来 3 年股利将高速增长，增长率为 20%。在此以后转为正常增长，增长率为 12%。公司最近支付的股利是 2 元。现计算该公司股票的内在价值。

首先，计算非正常增长期的股利现值（见表 9-1）。

表 9-1 非正常增长期的股利现值计算 单位：元

年　份	股利（D_t）	现值系数（15%）	现值（PV_{-D_t}）
1	$2 \times 1.2 = 2.4$	0.870	2.088
2	$2.4 \times 1.2 = 2.88$	0.756	2.177
3	$2.88 \times 1.2 = 3.456$	0.658	2.274
合计（3 年股利的现值）			6.539

其次，计算第三年年底的普通股内在价值：

$$P_3 = D_4/(R_s - g) = (3.456 \times 1.12)/(0.15 - 0.12) 元 = 129.02 元$$

计算其现值：

$$PV_{-P_3} = 129.02 \times (P/F, 15\%, 3) = 129.02 元 \times 0.6575 = 84.831 元$$

最后，计算股票目前的内在价值：$P_0 = (6.539 + 84.831) 元 = 91.37 元$

二、股票的收益率

前面主要讨论如何估计股票的价值，以判断某种股票被市场高估或低估。现在，假设股票价格是公平的市场价格，证券市场处于均衡状态；在任一时点，证券价格都能完全反映有关该公司的任何可获得的公开信息，而且证券价格对新信息能迅速做出反应。在这种假设条件下，股票的期望收益率等于其必要的收益率。

根据固定增长股利模型，知道：

$$P_0 = D_1/(R - g)$$

如果把公式移项整理，求 R，可以得到：

$$R = D_1/P_0 + g$$

这个公式告诉我们，股票的总收益率可以分为两个部分：第一部分是 D_1/P_0，叫作股利收益率，它是根据预期现金股利除以当前股价计算出来的。第二部分是增长率 g，叫作股利增长率。由于股利的增长速度也就是股价的增长速度，因此 g 可以解释为股价增长率或资本利得收益率。g 的数值可以根据公司的可持续增长率估计。P_0 是股票市场形成的价格，只要能预计出下一期的股利，就可以估计出股东预期报酬率，在有效市场中它就是与该股票风险相适应的必要报酬率。

【例9-12】 有一只股票的价格为20元，预计下一期的股利是1元，该股利将以大约10%的速度持续增长。该股票的期望报酬率为

$$R = 1/20 + 10\% = 15\%$$

如果用15%作为必要报酬率，则一年后的股价为

$$P_1 = D_1(1+g)/(R-g) = 1\ 元 \times (1+10\%)/(15\%-10\%) = 1.1\ 元/5\% = 22\ 元$$

如果你现在用20元购买该股票，年末将收到1元股利，并且得到2元（22-20）的资本利得：

$$总报酬率 = 股利收益率 + 资本利得收益率$$
$$= 1/20 + 2/20$$
$$= 5\% + 10\%$$
$$= 15\%$$

这个例子验证了股票期望报酬率模型的正确性。该模型可以用来计算特定公司风险情况下股东要求的必要报酬率，也就是公司的权益资本成本。这就是说，股东期望或者说要求公司赚取15%的收益。如果股东的要求大于15%，他就不会进行这种投资；如果股东的要求小于15%，就会争购该股票，使得股票价格上升。

第三节 项 目 投 资

一、投资项目现金流量的估计

（一）现金流量的概念

所谓现金流量，在项目投资决策中是指一个项目引起的企业现金支出和现金收入增加的数量。这时的"现金"是广义的现金，它不仅包括各种货币资金，而且还包括项目需要投入的企业现有的非货币资源的变现价值。例如，一个项目需要使用原有的厂房、设备和材料等，而相关的现金流量是指它们的变现价值，而不是其账面价值。

新建项目的现金流量包括现金流出量、现金流入量和现金净流量三个具体概念。

1. 现金流出量

一个方案的现金流出量是指该方案引起的企业现金支出的增加额。

例如，企业增加一条生产线，通常会引起以下现金流出：

（1）增加生产线的价款。购置生产线的价款可能是一次性支出，也可能分次支出。

（2）垫支流动资金。由于该生产线扩大了企业的生产能力，引起对流动资产需求的增加。企业需要追加的流动资金，也是购置该生产线引起的，应列入该方案的现金流出量。只有在营业终了或出售（报废）该生产线时才能收回这些资金，并用于别的目的。

2. 现金流入量

一个方案的现金流入量，是指该方案所引起的企业现金收入的增加额。

例如，企业增加一条生产线，通常会引起下列现金流入：

（1）营业现金流入。增加的生产线扩大了企业的生产能力，使企业销售收入增加。扣除有关付现成本增量后的余额，是该生产线引起的一项现金流入。

$$营业现金流入 = 销售收入 - 付现成本$$

付现成本在这里是指需要每年支付现金的成本。成本中不需要每年支付现金的部分称为非付现成本，其中主要是折旧费。所以，付现成本可以用成本减折旧来估计。

$$付现成本 = 成本 - 折旧$$
$$营业现金流入 = 销售收入 - 付现成本$$
$$= 销售收入 - （成本 - 折旧）$$
$$= 利润 + 折旧$$

（2）该生产线出售（报废）时的残值收入。资产出售或报废时的残值收入，应当作为投资方案的一项现金流入。

（3）收回的流动资金。该生产线出售（报废）时企业可以相应收回流动资金，收回的资金可以用于别处，因此应将其作为该方案的一项现金流入。

3. 现金净流量

现金净流量是指一定期间现金流入量和现金流出量的差额。这里所说的"一定期间"，有时是指 1 年内，有时是指投资项目持续的整个年限内。流入量大于流出量时，净流量为正值；反之，净流量为负值。

（二）所得税和折旧对现金流量的影响

现在进一步讨论所得税对投资决策的影响。所得税是企业的一种现金流出，它取决于利润大小和税率高低，而利润大小受折旧方法的影响。因此，讨论所得税问题必然会涉及折旧问题。折旧对投资决策产生影响，实际是由所得税引起的。因此，这两个问题要放在一起讨论。

1. 税后成本和税后收入

如果有人问你，你租的房子房租是多少，你一定会很快将你每月付出的租金说出来。如果问一位企业家，他的工厂厂房租金是多少，他的答案比实际每个月付出的租金要少一些。因为租金是一项可以减免所得税的费用，所以应以税后的基础来观察。凡是可以减免税负的项目，实际支付额并不是真实的成本，而应将因此而减少的所得税考虑进去。扣除了所得税影响以后的费用净额，称为税后成本。

【例9-13】　某公司目前的损益状况如表9-2所示。该公司正在考虑一项广告计划，每月支付2 000元，假设所得税税率为25%，该项广告的税后成本是多少？

表9-2　某公司损益数据　　　　　　　　　　　　　　　单位：元

项　　目	目前（不做广告）	做广告方案
销售收入	15 000	15 000
成本和费用	5 000	5 000
新增广告	0	2 000
税前净利	10 000	8 000
所得税费用（25%）	2 500	2 000
税后净利	7 500	6 000
新增广告税后成本	1500	

从表9-2中可以看出，该项广告的税后成本为每月1 500元。这个结论是正确无误的，两个方案（不做广告与做广告）的唯一差别是广告费2 000元，对净利的影响额为1 500元。

税后成本的一般公式为

$$税后成本 = 支出金额 \times (1 - 税率)$$

据此公式计算广告的税后成本为

$$税后成本 = 2\ 000\ 元 \times (1 - 25\%) = 1\ 500\ 元$$

与税后成本相对应的概念是税后收入。如果有人问你，你每月工资收入是多少？你可能很快回答工资单上的合计数。如果你刚刚出版了一本书，有人问你得到了多少稿酬？你的答案比出版社计算的稿酬要少一些。因为通常一本书的稿酬会超过征税的起点，而你的工资可能并不征税。

由于所得税的作用，企业营业收入的金额有一部分会流出企业，企业实际得到的现金流入是税后收入：

$$税后收入 = 收入金额 \times (1 - 税率)$$

这里所说的"收入金额"是指根据税法规定需要纳税的收入，不包括项目结束时收回垫支资金等现金流入。

2. 折旧的抵税作用

大家都知道，加大成本会减少利润，从而使所得税减少。如果不计提折旧，企业的所得税将会增加许多。折旧可以起到减少税负的作用，这种作用称为"折旧抵税"。

【例9-14】 假设有甲公司和乙公司，全年销货收入、付现费用均相同，所得税税率为25%。两者的区别是甲公司有一项可计提折旧的资产，每年折旧额相同。两家公司的现金流量见表9-3。

表9-3　折旧对税负及现金流量的影响　　　　单位：元

项　　　目	甲　公　司	乙　公　司
销售收入	20 000	20 000
费用：		
付现营业费用	10 000	10 000
折旧	3 000	0
合计	13 000	10 000
税前净利	7 000	10 000
所得税费用（25%）	1 750	2 500
税后净利	5 250	7 500
营业现金流入：		
净利	5 250	7 500
折旧	3 000	0
合计	8 250	7 500
甲公司比乙公司多拥有现金	750	

甲公司利润虽然比乙公司少2 250元，但现金净流入却多出750元，其原因在于3 000元的折旧计入成本，这使应税所得减少3 000元，从而少纳税750元。

折旧对税负的影响可按下式计算：

$$税负减少额 = 折旧额 \times 税率$$
$$= 3\,000 元 \times 25\%$$
$$= 750 元$$

这笔现金保留在企业里，不必缴出。从增量分析的观点来看；由于增加了一笔3 000元折旧，企业获得750元的现金流入。

3. 税后现金流量的估计方法

在加入所得税因素以后，现金流量的计算有以下三种方法：

（1）直接法。根据现金流量的定义，所得税是一种现金支付，应当作为每年营业现金流量的一个减项。

$$营业现金流量 = 营业收入 - 付现成本 - 所得税 \qquad (9\text{-}4)$$

这里的"营业现金流量"是指未扣除营运资本投资的营业现金毛流量。

（2）间接法。

$$营业现金流量 = 税后净利润 + 折旧 \qquad (9\text{-}5)$$

式（9-5）与式（9-4）是一致的，可以从式（9-4）直接推导出来：

$$
\begin{aligned}
营业现金流量 &= 营业收入 - 付现成本 - 所得税 \\
&= 营业收入 - （营业成本 - 折旧） - 所得税 \\
&= 营业利润 + 折旧 - 所得税 \\
&= 税后净利润 + 折旧
\end{aligned}
$$

（3）根据所得税对收入和折旧的影响计算。根据前面讲到的税后成本、税后收入和折旧抵税可知，由于所得税的影响，现金流量并不等于项目实际的收支金额。

$$税后成本 = 支出金额 \times （1 - 税率）$$

$$税后收入 = 收入金额 \times （1 - 税率）$$

$$折旧抵税 = 折旧 \times 税率$$

因此，现金流量应当按下式计算：

$$
\begin{aligned}
营业现金流量 &= 税后收入 - 税后付现成本 + 折旧抵税 \\
&= 收入 \times （1 - 税率） - 付现成本 \times （1 - 税率） + 折旧 \times 税率
\end{aligned}
$$

$$(9\text{-}6)$$

这个公式可以根据式（9-5）直接推导出来：

$$
\begin{aligned}
营业现金流量 &= 税后净利润 + 折旧 \\
&= （收入 - 成本） \times （1 - 税率） + 折旧 \\
&= （收入 - 付现成本 - 折旧） \times （1 - 税率） + 折旧 \\
&= 收入 \times （1 - 税率） - 付现成本 \times （1 - 税率） \\
&\quad - 折旧 \times （1 - 税率） + 折旧 \\
&= 收入 \times （1 - 税率） - 付现成本 \times （1 - 税率） \\
&\quad - 折旧 + 折旧 \times 税率 + 折旧 \\
&= 收入 \times （1 - 税率） - 付现成本 \times （1 - 税率） + 折旧 \times 税率
\end{aligned}
$$

上述三个公式，最常用的是式（9-6），因为企业的所得税是根据企业总利润计算的。在决定某个项目是否投资时，往往使用差额分析法确定现金流量，因为并不知道整个企业的利润及与此有关的所得税，这就限制了式（9-4）和式

（9-5）的使用。而式（9-6）并不需要知道企业的利润是多少，使用起来比较方便。

（三）投资项目现金流量的影响因素

估计项目投资所需的资本支出，以及该项目投资方案每年能产生的现金净流量，会涉及很多变量，并且需要企业有关部门的参与。诸如：销售部门负责预测售价和销量，涉及产品价格弹性、广告效果、竞争者动向等；产品开发和技术部门负责估计投资方案的资本支出，涉及研制费用、设备购置、厂房建筑等；生产和成本部门负责估计制造成本，涉及原材料采购价格、生产工艺安排、产品成本等。财务人员的主要任务是：为销售、生产等部门的预测建立共同的基本假设条件，如物价水平、折现率、可供资源的限制条件等；协调参与预测工作的各部门人员，使之能相互衔接与配合；防止预测者因个人偏好或部门利益而高估或低估收入和成本。

在确定投资方案相关的现金流量时，应遵循的最基本的原则是：只有增量现金流量才是与项目相关的现金流量。所谓增量现金流量，是指接受或拒绝某个投资方案后，企业总现金流量因此发生的变动。只有那些由于采纳某个项目引起的现金支出增加额，才是该项目的现金流出；只有那些由于采纳某个项目引起的现金流入增加额，才是该项目的现金流入。

为了正确计算投资方案的增量现金流量，需要正确判断哪些支出会引起企业总现金流量的变动，哪些支出不会引起企业总现金流量的变动。在进行这种判断时，要注意以下四个问题：

1. 区分相关成本和非相关成本

相关成本是指与特定决策有关的、在分析评价时必须加以考虑的成本。例如，差额成本、未来成本、重置成本、机会成本等都属于相关成本。与此相反，与特定决策无关的、在分析评价时不必加以考虑的成本是非相关成本。例如，沉没成本、过去成本、账面成本等往往是非相关成本。

例如，某公司在2018年曾经打算新建一个车间，并请一家会计公司做过可行性分析，支付咨询费4万元。后来由于该公司有了更好的投资机会，该项目被搁置下来，但该笔咨询费作为费用已经入账。2019年旧事重提，在进行投资分析时，这笔咨询费是否仍是相关成本呢？答案应当是否定的。该笔支出已经发生，不管该公司是否采纳新建一个车间的方案，它都已无法收回，与公司未来的总现金流量无关。

如果将非相关成本纳入投资方案的总成本，可能会造成决策错误。

2. 不要忽视机会成本

在投资方案的选择中，如果选择了一个投资方案，则必须放弃投资于其他方案的机会。其他投资机会可能取得的收益是实行本方案的一种代价，被称为这项投资方案的机会成本。

例如，上述公司新建车间的投资方案，需要使用公司拥有的一块土地。在进行投资分析时，公司不必动用资金去购置土地，可否不将此土地的成本考虑在内呢？答案是否定的。因为该公司若不利用这块土地来兴建车间，则它可将这块土地移作他用，并取得一定的收入。只是由于在这块土地上兴建车间才放弃了这笔收入，而这笔收入代表兴建车间使用土地的机会成本。假设这块土地出售可净得 200 万元，它就是兴建车间的一项机会成本。值得注意的是，不管该公司当初是以 150 万元还是 250 万元购进这块土地，都应以现行市价作为这块土地的机会成本。

机会成本不是通常意义上的"成本"，它不是一种支出或费用，而是失去的收益。这种收益不是实际发生的，而是潜在的。机会成本总是针对具体方案的，离开被放弃的方案就无从计量确定。

机会成本在决策中的意义在于它有助于全面考虑可能采取的各种方案，以便为既定资源寻求最为有利的使用途径。

3. 要考虑投资方案对公司其他项目的影响

当我们采纳一个新的项目后，该项目可能对企业的其他项目造成有利或不利的影响。

前述举例中，若新建车间生产的产品上市后，原有其他产品的销路可能减少，而且整个公司的销售额也许不增加甚至减少。因此，公司在进行投资分析时，不应将新车间的销售收入作为增量收入来处理，而应扣除其他项目因此减少的销售收入。当然，也可能发生相反的情况，新产品上市后将促进其他项目的销售增长。这要看新项目和原有项目是竞争关系还是互补关系。当然，诸如此类的交互影响，事实上很难准确计量。但决策者在进行投资分析时仍要将其考虑在内。

4. 对净营运资金的影响

在一般情况下，当企业开办一个新业务并使销售额扩大后，一方面，对于存货和应收账款等经营性流动资产的需求也会增加，企业必须筹措新的资金以满足这种额外需求；另一方面，企业扩充的结果，应付账款与一些应付费用等经营性流动负债也会同时增加，从而降低企业流动资金的实际需要。所谓净营运资金的需要，是指增加的经营性流动资产与增加的经营性流动负债之间的差额。

当投资方案的寿命周期快要结束时，企业将与项目有关的存货出售，应收账款变为现金，应付账款和应付费用也随之偿付，净营运资金恢复到原有水平。通常，在进行投资分析时，假定开始投资时筹措的净营运资金在项目结束时收回。

二、项目投资的评价方法

资本投资项目评价的基本原理是：投资项目的收益率超过资本成本时，企业的价值将增加；投资项目的收益率小于资本成本时，企业的价值将减少。值得注意的是，该资本成本是企业的加权平均资本成本。

对投资项目评价时使用的指标分为两类：一类是折现指标，即考虑了时间价值因素的指标，主要包括净现值、现值指数、内含报酬率等；另一类是非折现指标，即没有考虑时间价值因素的指标，主要包括回收期、会计收益率等。根据分析评价指标的类别，投资项目评价分析的方法，也被分为折现的分析评价方法和非折现的分析评价方法两种。

（一）折现指标

1. 净现值法

这种方法使用净现值作为评价方案优劣的指标。所谓净现值，是指特定方案未来现金流入的现值与未来现金流出的现值之间的差额。按照这种方法，所有未来现金流入和流出都要按预定折现率折算为现值，然后再计算它们的差额。如净现值为正数，即折现后现金流入大于折现后现金流出，该投资项目的报酬率大于资本成本，该项目可以增加股东财富，应采纳；如净现值为零，即折现后现金流入等于折现后现金流出，该投资项目的报酬率相当于资本成本，应酌情考虑是否有必要采纳；如净现值为负数，即折现后现金流入小于折现后现金流出，该投资项目的报酬率小于资本成本减损股东财富，应放弃。

计算净现值的公式为

$$净现值 = \sum_{k=1}^{n} \frac{I_k}{(1+i)^k} - \sum_{k=1}^{n} \frac{O_k}{(1+i)^k}$$

式中，n 为投资涉及的年限；I_k 为第 k 年的现金流入量；O_k 为第 k 年的现金流出量；i 为资本成本。

【例 9-15】 设折现率为 10%，有三种投资方案。有关数据如表 9-4 所示。

表9-4 各方案的净收益与现金净流量 单位：元

年 份	A方案		B方案		C方案	
	净 收 益	现金净流量	净 收 益	现金净流量	净 收 益	现金净流量
0		(20 000)		(9 000)		(12 000)
1	1 800	11 800	(1 800)	1 200	600	4 600
2	3 240	13 240	3 000	6 000	600	4 600
3			3 000	6 000	600	4 600
合计	5 040	5 040	4 200	4 200	1 800	1 800

净现值（A）= $(11\ 800 \times 0.909\ 1 + 13\ 240 \times 0.826\ 4)$元 $-20\ 000$元 $= 21\ 669$元 $-$ $20\ 000$元 $= 1\ 669$元

净现值（B）= $(1\ 200 \times 0.909\ 1 + 6\ 000 \times 0.826\ 4 + 6\ 000 \times 0.751\ 3)$元 $-9\ 000$元 $=$ $10\ 557$元 $-9\ 000$元 $= 1\ 557$元

净现值（C）= $4\ 600$元 $\times 2.487 - 12\ 000$元 $= 11\ 440$元 $-12\ 000$元 $= -560$元

A、B两项方案投资的净现值为正数，说明该方案的报酬率超过10%。如果企业的资金成本率或要求的投资报酬率是10%，这两个方案是有利的，因而是可以接受的。C方案净现值为负数，说明该方案的报酬率达不到10%，因而应予放弃。A方案和B方案相比，A方案更好些。

2. 现值指数法

所谓现值指数，是指未来现金流入现值与现金流出现值的比率，也称现值比率、获利指数、折现后收益—成本比率等。

计算现值指数的公式为

$$现值指数 = \sum_{k=1}^{n} \frac{I_k}{(1+i)^k} \bigg/ \sum_{k=1}^{n} \frac{O_k}{(1+i)^k}$$

根据表9-4的资料，三个方案的现值指数如下：

现值指数（A）= $21\ 669/20\ 000 = 1.08$

现值指数（B）= $10\ 557/9\ 000 = 1.17$

现值指数（C）= $11\ 440/12\ 000 = 0.95$

A、B两项投资机会的现值指数大于1，说明其收益超过成本，即投资报酬率超过预定的折现率。C项投资机会的现值指数小于1，说明其报酬率没有达到预定的折现率。如果现值指数为1，说明折现后现金流入等于现金流出，投资的报酬率与预定的折现率相同。

现值指数法的主要优点是：可以进行独立投资机会获利能力的比较。在例9-15中，A方案的净现值是1 669元，B方案的净现值是1 557元。如果这两个方案之间是互斥的，当然 A 方案较好。如果两者是独立的，哪一个应优先给予考虑，可以根据现值指数来选择。B 方案现值指数为 1.17，大于 A 方案的 1.08，所以 B 方案优于 A 方案。现值指数可以看成是 1 元原始投资可望获得的现值净收益，因此，可以作为评价方案的一个指标。它是一个相对数指标，反映投资的效率；而净现值指标是绝对数指标，反映投资的效益。

3. 内含报酬率法

内含报酬率法是根据方案本身内含报酬率来评价方案优劣的一种方法。所谓内含报酬率，是指能够使未来现金流入量现值等于未来现金流出量现值的折现率，或者说是使投资方案净现值为零的折现率。

净现值法和现值指数法虽然考虑了时间价值，可以说明投资方案高于或低于某一特定的投资报酬率，但没有揭示方案本身可以达到的具体报酬率是多少。内含报酬率是根据方案的现金流量计算的，是方案本身的投资报酬率。

内含报酬率的计算，通常需要"逐步测试法"。先估计一个折现率，用它来计算方案的净现值；如果净现值为正数，说明方案本身的报酬率超过估计的折现率，应提高折现率后进一步测试；如果净现值为负数，说明方案本身的报酬率低于估计的折现率，应降低折现率后进一步测试。经过多次测试，寻找出使净现值接近于零的折现率，即为方案本身的内含报酬率。

根据例 9-15 的资料，已知 A 方案的净现值为正数，说明它的投资报酬率大于 10%，因此，应提高折现率进一步测试。假设以 18% 为折现率进行测试，其结果净现值为 −499 元。下一步降低到 16% 重新测试，结果净现值为 9 元，已接近零，可以认为 A 方案的内含报酬率是 16%。测试过程如表 9-5 所示。B 方案用 18% 作为折现率测试，净现值为 −22 元，接近于零，可认为其内含报酬率为 18%。测试过程如表 9-6 所示。

如果对测试结果的精确度不满意，可以使用内插法来改善。

内含报酬率(A) = 16% + {2% × [9/(9 + 499)]} = 16.04%

内含报酬率(B) = 16% + {2% × [338/(22 + 338)]} = 17.88%

表 9-5 A 方案内含报酬率的测试   单位：元

年 份	现金净流量	贴现率 = 18%		贴现率 = 16%	
		贴 现 系 数	现 值	贴 现 系 数	现 值
0	(20 000)	1	(20 000)	1	(20 000)
1	11 800	0.847	9 995	0.862	10 172
2	13 240	0.718	9 506	0.743	9 837
净现值			(499)		9

表9-6　B方案内含报酬率的测试　　　　　　单位：元

年　　份	现金净流量	贴现率＝18%		贴现率＝16%	
		贴现系数	现　　值	贴现系数	现　　值
0	(9 000)	1	(9 000)	1	(9 000)
1	1 200	0.847	1 016	0.862	1 034
2	6 000	0.718	4 308	0.743	4 458
3	6 000	0.609	3 654	0.641	3 846
净现值			(22)		338

C方案各期现金流入量相等，符合年金形式，内含报酬率可直接利用年金现值表来确定，不需要进行逐步测试。

设现金流入的现值与原始投资相等，则：

$$原始投资＝每年现金流入量×年金现值系数$$
$$12\ 000＝4\ 600×(P/A, i, 3)$$
$$(P/A, i, 3)＝2.609$$

查阅"年金现值系数表"，寻找 $n＝3$ 时系数2.609所指的利率。查表结果，与2.609接近的现值系数2.624和2.577分别指向7%和8%。用内插法确定C方案的内含报酬率为7.32%。

$$内含报酬率（C）＝7\%＋\left(1\%×\frac{2.624－2.609}{2.624－2.577}\right)＝7\%＋0.32\%＝7.32\%$$

计算出各方案的内含报酬率以后，可以根据企业的资本成本或要求的最低投资报酬率对方案进行取舍。假设资本成本是10%，那么，A、B两个方案都可以接受，而C方案则应放弃。

（二）非折现指标

1. 回收期法

回收期是指投资引起的现金流入累积到与投资额相等所需要的时间。它代表收回投资所需要的年限。回收年限越短，方案越有利。

在原始投资一次支出，每年现金净流入量相等时：

$$回收期＝原始投资额/每年现金净流入量$$

例9-15的C方案属于这种情况：

$$回收期（C）＝12\ 000/4\ 600\ 年＝2.61\ 年$$

如果现金流入量每年不等，或原始投资是分几年投入的，则可使下式成立的 n 为回收期：

$$\sum_{k=0}^{n} I_k = \sum_{k=0}^{n} O_k$$

根据例9-15的资料，A方案和B方案的回收期分别为1.62年和2.30年，计算过程如表9-7所示。

表9-7　A方案、B方案投资回收期计算表　　　　　　单位：元

A方案：	现金流量	回收额	未回收额
原始投资	(20 000)		
现金流入			
第1年	11 800	11 800	8 200
第2年	13 240	8 200	0

回收期 = 1 + (8 200/13 240) = 1.62 （年）

B方案：	现金流量	回收额	未回收额
原始投资	(9 000)		
现金流入			
第1年	1 200	1 200	7 800
第2年	6 000	6 000	1 800
第3年	6 000	1 800	0

回收期 = [2 + (1 800/6 000)]年 = 2.30年

回收期法计算简便，并且容易为决策者正确理解。它的缺点在于不仅忽视时间价值，而且没有考虑回收期以后的收益。事实上，有战略意义的长期投资往往早期收益较低，而中后期收益较高。回收期法优先考虑急功近利的项目，可能导致放弃具有长期价值的方案。它是过去评价投资方案最常用的方法，目前作为辅助方法使用，主要用来测定方案的流动性而非营利性。

2. 会计收益率法

这种方法计算简便，应用范围很广。它在计算时使用会计报表上的数据，以及普通会计的收益和成本观念。

会计收益率 = 年平均净收益/原始投资额 × 100%

仍以例9-15的资料计算：

$$会计收益率（A） = \frac{(1\ 800 + 3\ 240)/2}{20\ 000} \times 100\% = 12.6\%$$

$$会计收益率（B） = \frac{(-1\ 800 + 3\ 000 + 3\ 000)/3}{9\ 000} \times 100\% = 15.6\%$$

会计收益率（C） = 600/12 000 × 100% = 5%

会计报酬率的优点：它是一种衡量盈利性的简单方法，易于理解；使用财务报告的数据，容易获得；考虑了整个项目寿命期的全部利润；该方法揭示了

采纳一个项目后财务报表将如何变化，可使经理人员指导业绩的预期，也便于项目的评估。缺点是：使用账面收益而非现金流量，忽视了折旧对现金流量的影响；忽视了净收益的时间分布对于项目经济价值的影响。

【要点回顾】

1. 债券是发行者为筹集资金，向债权人发行的，在约定时间支付一定比例的利息，并在到期时偿还本金的一种有价证券。债券价值取决于债券面值、债券票面利率、债券期限、市场利率等因素。

2. 股票是股份公司发给股东的所有权凭证，是股东借以取得股利的一种有价证券。股票价值是指股票期望提供的所有未来收益的现值。

3. 项目投资决策中的现金流量是指一个项目引起的企业现金支出和现金收入增加的数量。新建项目的现金流量包括现金流出量、现金流入量和现金净流量三个具体概念。

4. 项目投资的评价方法有现净现值法、现值指数法、内含报酬率法、回收期法、会计报酬率法。

【复习题】

1. 计算投资项目内含报酬率时不需要考虑的因素是（   ）。

A. 项目的原始投资额   B. 项目的资本成本

C. 项目的现金流量   D. 项目的寿命周期

2. 秋实公司已进入稳定增长状态，固定股利增长率为4%，股东必要报酬率为10%。公司最近一期每股股利0.75元，预计下一年的股票价格是（   ）元。

A. 7.5   B. 12.5

C. 13   D. 13.52

第十章

营运资本管理

【本章要点】

1. 了解企业持有现金的动机。
2. 掌握最佳现金持有量的确定方法。
3. 了解应收账款的功能和成本。
4. 掌握应收账款政策的制定。
5. 了解存货的功能和成本。
6. 掌握存货最优经济订购批量的计算。
7. 了解信贷额度、周转信贷协定、补偿性余额的含义及商业信用的界定。

第一节 现金管理

现金是企业中流动性最强的资产，主要包括企业的库存现金、各种形式的银行存款和银行本票、银行汇票。有价证券是企业现金的一种转换形式，其变现能力强，可随时兑换为现金。企业有多余现金时，常将现金兑换成有价证券；现金短缺时，再出让有价证券兑换回现金。在这种情况下，有价证券就成了现金的替代品。

保持合理的现金水平是企业现金管理的重要内容。现金是变现能力最强的资产，可以用来满足生产经营开支的各种需要，也是还本付息和履行纳税义务的保证。拥有足够的现金对于降低企业的风险、增强企业资产的流动性和债务的可清偿性有着重要的意义。但库存现金是唯一的不创造价值的资产，对其持有量并不是越多越好。即使是银行存款，其利率也非常低。因此，现金存量过多，它所提供的流动性边际效益便会随之下降，从而使企业的收益水平下降。

一、持有现金的动机

持有现金主要出于三种需求：交易性需求、预防性需求和投机性需求。

（一）交易性需求

交易性需求是指企业为了维持日常周转及正常商业活动所需而持有现金。企业每日都在发生许多支出和收入，这些支出和收入在数额上不相等及时间上不匹配致使企业需要持有一定现金来调节，以使生产经营活动能持续进行。

（二）预防性需求

预防性需求是指企业需要维持充足现金，以应付突发事件。这种突发事件可能是政治环境变化，也可能是企业的某大客户违约导致企业突发性偿付等。企业为了应付突发事件，有必要维持比日常正常运转所需金额更多的现金。

（三）投机性需求

投机性需求是指企业为了抓住不寻常的购买机会，而置存一定量的现金。这种机会大都是一闪即逝的，如证券价格的突然下跌，企业若没有用于投机的现金，就会错过这一机会。

企业缺乏必要的现金，将不能开支，因而影响正常的业务活动，使企业蒙受损失。但如果置存过量的现金，又会导致这些资金无法取得正常周转的利润而使企业蒙受另一种损失。现金管理的目标就是要在现金的流动性与获利性之间做出权衡，以取得长期利润。

二、现金管理的方法

提高现金使用效率，可采用如下现金管理方法：

（一）力争现金流量同步

如果企业能尽量使它的现金流入与现金流出发生时间趋于一致，就可以使其所持有的交易性现金余额降到最低水平。

（二）使用现金浮游量

从企业开出支票，到收票人收到支票并存入银行，再到银行将款项划出企业账户，中间需要一段时间。现金在这段时间的占用称为现金浮游量。在这段时间里，企业仍可动用在活期存款账户上的这笔资金。但一定要控制好使用的时间，否则会有银行存款的透支风险。

（三）加速收款

这主要是指缩短应收账款的时间。发生应收账款会增加企业资金的占用，同时也会增加销售收入。问题的关键在于如何既能利用应收账款吸引顾客，又能尽快将应收账款收回。这就需要有良好的收账政策。

（四）推迟付款

推迟应付账款的支付是指企业在不影响自己信誉的前提下，尽可能地推迟应付款的支付期，充分运用供货方所提供的信用优惠。如遇企业急需现金，甚至可以放弃供货方的折扣优惠，在信用期的最后一天支付款项。当然这也需要权衡折扣优惠与现金折扣之间的利弊得失。

三、最佳现金持有量的确定

（一）成本模型

成本模型是通过分析持有现金的成本，寻找持有成本最低的现金持有量。模型考虑的现金持有成本包括如下项目：

1. 机会成本

现金的机会成本是指企业因持有一定现金余额而丧失的再投资收益。再投资收益是企业不能同时用该现金进行有价证券投资所产生的机会成本，这种成本在数额上等于资金成本。

2. 管理成本

现金的管理成本是指企业因持有一定数量的现金而发生的管理费用。例如管理者工资、安全措施费用等。一般认为这是一种固定成本，这种固定成本在一定范围内和现金持有量之间没有明显的比例关系。

3. 短缺成本

短缺成本是指在现金持有量不足，又无法及时通过有价证券变现加以补充所给企业造成的损失，包括直接损失与间接损失。现金的短缺成本随现金持有量的增加而下降，随现金持有量的减少而上升，即与现金持有量负相关。

上述三项成本之和最小的现金持有量，就是最佳现金持有量。其计算公式为

最佳现金持有量 = min（管理成本 + 机会成本 + 短缺成本）

其中，管理成本属于固定成本，机会成本是正相关成本，短缺成本是负相关成本。因此，成本模型是要找到机会成本、管理成本和短缺成本所组成的总成本曲线中最低点所对应的现金持有量，并把它作为最佳现金持有量。如图 10-1 所示。

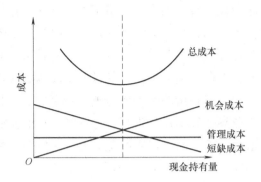

图 10-1　持有现金的总成本

在实际工作中运用成本模型确定最佳现金持有量的具体步骤为：

（1）根据不同现金持有量测算并确定有关成本数值。

（2）按照不同现金持有量及其有关成本资料编制最佳现金持有量测算表。

（3）在测算表中找出总成本最低时的现金持有量，即最佳现金持有量。

【例 10-1】　某企业现有 A、B、C、D 四种现金持有方案，有关资料如表 10-1 所示。

表 10-1　现金持有方案表

方　案	现金持有量（元）	机会成本率（%）	管理成本（元）	短缺成本（元）
A	10 000	15%	1 800	4 300
B	20 000	15%	1 800	3 200
C	30 000	15%	1 800	900
D	40 000	15%	1 800	0

根据表 10-1 编制最佳现金持有量测算表，如表 10-2 所示。

表 10-2　最佳现金持有量测算表　　　　　　单位：元

方　案	现金持有量	机　会　成　本	管理成本	短缺成本	总　成　本
A	10 000	1 500	1 800	4 300	7 600
B	20 000	3 000	1 800	3 200	8 000
C	30 000	4 500	1 800	900	7 200
D	40 000	6 000	1 800	0	7 800

通过分析比较表 10-2 中各方案的总成本可知，C 方案的总成本最低，30 000 元为最佳现金持有量。

（二）存货模型

存货模型的着眼点也是现金的有关成本最低。在现金持有成本中，管理成

213

本因其相对稳定并同现金持有量的多少关系不大，因此，存货模型将其视为无关成本而不予考虑。由于现金是否会发生短缺、短缺多少、各种短缺情形发生时可能的损失如何等存在很大的不确定性，并且不易计量，因而，存货模型对短缺成本也不予考虑。在存货模型中，只考虑机会成本和转换成本。由于机会成本和转换成本随着现金持有量的变动而呈现出相反的变动趋向，这就要求企业必须对现金与有价证券的分割比例进行合理安排，从而使机会成本与转换成本保持最佳组合。也就是说，凡是能够使现金管理的机会成本与转换成本之和保持最低的现金持有量，即为最佳现金持有量。

假设 T 为一定期间内现金总需求量；F 为每次转换有价证券的固定成本（即转换成本）；Q 为最佳现金持有量（每次证券变现的数量）；K 为有价证券利息率（机会成本）；TC 为现金管理总成本，则

$$现金管理总成本 = 机会成本 + 转换成本$$

即：

$$TC = (Q/2)K + (T/Q)F \qquad (10\text{-}1)$$

持有现金的机会成本与证券变现的交易成本相等时，现金管理的总成本最低，此时的现金持有量为最佳现金持有量，即

$$Q = \sqrt{2T(F/K)} \qquad (10\text{-}2)$$

将式（10-2）代入式（10-1），得

$$TC = \sqrt{2TFK} \qquad (10\text{-}3)$$

【例 10-2】 某企业预计全年（按 360 天计算）需要现金 400 000 元，现金与有价证券的转换成本为每次 50 元，有价证券的年利率为 10%，则

最佳现金持有量（Q）$= \sqrt{400\,000 \times 50/10\%}$ 元 $= 20\,000$ 元

最低现金管理总成本（TC）$= \sqrt{2 \times 400\,000 \times 50 \times 10\%}$ 元 $= 2\,000$ 元

（三）随机模型

在实际工作中，企业现金流量往往具有很大的不确定性。随机模型是在企业未来的现金流量呈不规则波动、无法准确预测的情况下采用的确定最佳现金持有量的一种方法。这种方法假定每日现金净流量的分布接近正态分布，每日现金流量可能低于也可能高于期望值，其变化是随机的。由于现金流量波动是随机的，只能对现金持有量确定一个控制区域，定出上限和下限。当企业现金余额在上限和下限之间波动时，则将部分现金转换为有价证券；当现金余额下降到下限时，则卖出部分证券。这样可以使现金持有量经常性地处在两个极限之间，如图 10-2 所示。

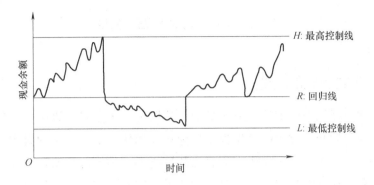

H：最高控制线

R：回归线

L：最低控制线

图 10-2　随机模型

图 10-2 的随机模型有两条控制线和一条回归线。最低控制线 L 取决于模型之外的因素，其数额是由现金管理部经理在综合考虑短缺现金的风险程度、企业借款能力、企业日常周转所需资金、银行要求的补偿性余额等因素的基础上确定的。回归线 R 可按下列公式计算：

$$R = \left(\frac{3b\delta^2}{4i}\right)^{\frac{1}{3}} + L$$

式中，b 为证券转换为现金或现金转换为证券的成本；δ 为公司每日现金流变动的标准差；i 为以日为基础计算的现金机会成本。

最高控制线 H 的计算公式为

$$H = 3R - 2L$$

【例 10-3】　设某公司现金部经理决定 L 值应为 10 000 元，估计公司现金流量标准差 δ 为 1 000 元，持有现金的年机会成本为 15%，换算为 i 值是 0.000 39，$b = 150$ 元。根据随机模型，可求得

$$R = \left[\left(\frac{3 \times 150 \times 1\ 000^2}{4 \times 0.000\ 39}\right)^{\frac{1}{3}} + 10\ 000\right]元 = 16\ 607\ 元$$

$$H = (3 \times 16\ 607 - 2 \times 10\ 000)元 = 29\ 821\ 元$$

该公司目标现金余额为 16 607 元。如现金持有额达到 29 821 元，则买进 13 214 元的证券；若现金持有额降至 10 000 元，则卖出 6 607 元的证券。

运用随机模型求货币资金最佳持有量符合随机思想，即企业现金支出是随机的，收入是无法预知的，所以，适用于所有企业现金最佳持有量的测算。此外，随机模型建立在企业的现金未来需求总量和收支不可预测的前提下，因此，计算出来的现金持有量比较保守。

第二节　应收账款管理

一、应收账款的功能

企业通过提供商业信用，采取赊销、分期付款等方式可以扩大销售，增强竞争力，获得利润。应收账款作为企业为扩大销售和盈利的一项投资，也会发生一定的成本。所以企业需要在应收账款所增加的盈利和所增加的成本之间做出权衡。应收账款管理就是分析赊销的条件，使赊销带来的盈利增加大于应收账款投资产生的成本增加，最终使企业现金收入增加，企业价值上升。

应收账款的功能是指其在生产经营中的作用。主要有以下两方面：

（一）增加销售功能

在激烈的市场竞争中，通过提供赊销可以有效地促进销售。因为企业提供赊销不仅向顾客提供了商品，也在一定时间内向顾客提供了购买该商品的资金，顾客将从赊销中得到好处。所以赊销会带来企业销售收入和利润的增加。

（二）减少存货功能

企业持有一定量产成品存货时，会相应地占用资金，形成仓储费用、管理费用等，产生成本；而赊销则可避免这些成本的产生。所以当企业的产成品存货较多时，一般会采用优惠的信用条件进行赊销，将存货转化为应收账款，节约支出。

二、应收账款的成本

应收账款作为企业为增加销售和盈利进行的投资，必然会发生一定的成本。应收账款的成本主要有：

（一）机会成本

应收账款会占用企业一定量的资金，而企业若不把这部分资金投放于应收账款，便可以用于其他投资并可能获得收益，例如投资债券获得利息收入。这种因投放于应收账款而放弃其他投资所带来的收益，即为应收账款的机会成本。

（二）管理成本

管理成本主要是指在进行应收账款管理时所增加的费用。主要包括：调查顾客信用状况的费用、收集各种信息的费用、账簿的记录费用、收账费用等。

（三）坏账成本

在赊销交易中，债务人由于种种原因无力偿还债务，债权人就有可能无法收回应收账款而发生损失，这种损失就是坏账成本。可以说，企业发生坏账成本是不可避免的，而此项成本一般与应收账款发生的数量成正比。

三、信用政策

应收账款赊销的效果好坏，取决于企业的信用政策。信用政策包括：信用标准、信用期间和折扣条件。

（一）信用标准

信用标准是指客户获得企业的交易信用所应具备的条件。如果企业执行的信用标准过于严格，可能会降低对符合可接受信用风险标准客户的赊销额，因此会限制企业的销售机会；如果企业执行的信用标准过于宽松，可能会对不符合可接受信用风险标准的客户提供赊销，因此会增加后续还款的风险并增加坏账费用。

企业可以通过"5C"系统来对客户进行评估并设定其信用标准，即从品质（Character）、能力（Capacity）、资本（Capital）、抵押（Collateral）、条件（Condition）五个方面来评估顾客信用品质。

（1）品质：品质是指企业申请人或个人申请人管理者的诚实和正直表现。品质反映了企业或个人在过去的还款中所体现的还款意图和愿望。

（2）能力：能力反映的是企业或个人在其债务到期时可以用于偿债的当前和未来的财务资源。可以使用流动比率和现金流预测等方法评价申请人的还款能力。

（3）资本：资本是指如果企业或个人当前的现金流不足以还债，他们在短期和长期内可供使用的财务资源。

（4）抵押：抵押是指当企业或个人不能满足还款条款时，可以用作债务担保的资产或其他担保物。

（5）条件：条件是指影响客户还款能力和还款意愿的经济环境，对申请人的这些条件进行评价以决定是否给其提供信用。

（二）信用期间

信用期间（信用期）是指企业允许客户从购货到付款之间的时间，或者说是企业给予客户的付款期间。例如，若某企业允许客户在购货后的 50 天内付款，则信用期为 50 天。信用期过短，不足以吸引客户，在竞争中会使销售额下降；信用期过长，对销售额增加固然有利，但只顾及销售增长而盲目放宽信用期，所得到的收益有时会被增长的费用抵消，甚至造成利润减少。因此，企业对信用期的决策要慎重。

信用期的确定，主要是分析改变现行信用期对销售额和成本的影响。延长信用期，会使销售额增加，产生有利影响；与此同时，应收账款、收账费用和坏账损失增加，会产生不利影响。当前者大于后者时，可以延长信用期，否则不宜延长。如果缩短信用期，情况与之相反。

【例10-4】 A公司目前采用30天按发票金额（即无现金折扣）付款的信用政策，拟将信用期间放宽至60天，仍按发票金额付款。假设该风险投资的最低报酬率为15%，其他有关数据如表10-3所示。

表10-3　信用期间决策数据

项　　目	信用期间（30天）	信用期间（60天）
全年销售量（件）	100 000	120 000
全年销售额（单价5元）（元）	500 000	600 000
全年销售成本（元）		
变动成本（每件4元）（元）	400 000	480 000
固定成本（元）	50 000	50 000
毛利（元）	50 000	70 000
可能发生的收账费用（元）	3 000	4 000
可能发生的坏账损失（元）	5 000	9 000

注："全年"字样要特别注意，千万不能理解为"30天内销售100 000件"及"60天内销售120 000件"，正确的理解应为：在30天信用期和60天信用期两种销售政策下，年销售量分别为100 000件和120 000件。

在分析时，先计算放宽信用期得到的收益，然后计算增加的成本，最后根据两者比较的结果做出判断。

1. 收益增加

收益的增加 = 销售量的增加 × 单位边际贡献 = （120 000 – 100 000）件 ×（5 – 4）元/件 = 20 000元

2. 应收账款占用资金应计利息增加的计算

（1）应收账款平均余额：

应收账款平均余额 = 日销售额 × 信用期间（或平均收现期）

若顾客主动遵守信用，没有延期付款的则为信用期；如果顾客拖延付款，则为平均收现期。

（2）应收账款占用资金：

$$应收账款占用资金 = 应收账款平均余额 \times 变动成本率$$

（3）应收账款占用资金的应计利息：

应收账款占用资金的应计利息

$=$ 应收账款占用资金 $\times$ 资本成本

$=$ 应收账款平均余额 $\times$ 变动成本率 $\times$ 资本成本

$=$ 日销售额 $\times$ 信用期间或平均收现期 $\times$ 变动成本率 $\times$ 资本成本

$=$ （全年销售额 $\times$ 变动成本率）$/360 \times$ 信用期间或平均收现期 $\times$ 资本成本

$=$ 全年销售变动成本$/360 \times$ 信用期间或平均收现期 $\times$ 资本成本

改变信用期间导致的应计利息增加

$=60$ 天信用期应计利息 -30 天信用期应计利息

$$= \left(\frac{600\,000}{360} \times 60 \times \frac{480\,000}{600\,000} \times 15\% - \frac{500\,000}{360} \times 30 \times \frac{400\,000}{500\,000} \times 15\% \right) 元 = 7\,000 \text{ 元}$$

3. 收账费用和坏账费用损失增加

收账费用增加 $= 4\,000 - 3\,000$ 元 $= 1\,000$ 元

坏账损失增加 $= 9\,000 - 5\,000$ 元 $= 4\,000$ 元

4. 改变信用期的税前损益

改变信用期间的税前损益 $=$ 收益增加 $-$ 成本费用增加

$\qquad\qquad = 20\,000$ 元 $- 7\,000$ 元 $- 1\,000$ 元 $- 4\,000$ 元

$\qquad\qquad = 8\,000$ 元

由于收益的增加大于成本增加，故应采用 60 天信用期。

上述信用期分析的方法比较简略，可以满足一般制定信用政策的需要。如有必要，也可以进行更细致的分析，如进一步考虑：销售增加引起存货增加而占用的资金。

【例 10-5】 延续例 10-4 数据，假设上述 30 天信用期变为 60 天后，因销售量增加，年平均存货水平从 9 000 件上升到 20 000 件，每件存货按变动成本 4 元计算，其他情况依旧。

由于增添了新的存货增加因素，需要在原来分析的基础上，再考虑存货增加而多占资金所带来的影响，重新计算放宽信用期的损益。

存货增加而多占用资金的应计利息 $= [(20\,000 - 9\,000) \times 4 \times 15\%]$ 元 $= 6\,600$ 元

改变信用期间的税前损益 $=$ 收益增加 $-$ 成本费用增加

$\qquad\qquad = (20\,000 - 7\,000 - 1\,000 - 4\,000 - 6\,600)$ 元

$\qquad\qquad = 1\,400$ 元

因为仍然可以获得税前收益，所以尽管会增加平均存货，还是应该采用 60 天的信用期。

（三）折扣条件

如果企业给客户提供现金折扣，那么客户在折扣期付款少付的金额产生的"成本"将影响企业收益。当客户利用了企业提供的折扣，而折扣又没有促使销售额增长时，企业的净收益则会下降。当然上述收入方面的损失可能会全部或部分地由应收账款持有成本的下降所补偿。宽松的信用政策可能会提高销售收入，但是它也会使应收账款的服务成本、收账成本和坏账损失增加。

现金折扣是企业对客户在商品价格上的扣减。向客户提供这种价格上的优惠，主要目的在于吸引客户为享受优惠而提前付款，缩短企业的平均收款期。另外，现金折扣也能招揽一些视折扣为减价出售的客户前来购货，借此扩大销售量。

折扣的表示常用 5/10、3/20、N/30 这样的符号。这三个符号的含义分别为：5/10 表示 10 天内付款，可享受 5% 的价格优惠，即只需支付原价的 95%，如原价为 10 000 元，只需支付 9 500 元；3/20 表示 20 天内付款，可享受 3% 的价格优惠，即只需支付原价的 97%，若原价为 10 000 元，则只需支付 9 700 元；N/30 表示付款的最后期限为 30 天，此时付款无优惠。

企业现金折扣的决策，要与信用期间结合起来考虑。比如，要求客户最迟不超过 30 天付款，若希望客户 20 天、10 天付款，能给予多大折扣？或者给予 5%、3% 的折扣，能吸引客户在多少天内付款？无论是信用期间还是现金折扣，都可能给企业带来收益，但也会增加成本。现金折扣带给企业的好处前面已经讲过，它使企业增加的成本，是指价格折扣损失。当企业给予客户某种现金折扣时，应当考虑折扣所能带来的收益与成本孰高孰低，权衡利弊。

因为现金折扣是与信用期间结合使用的，所以确定折扣程度的方法与程序实际上与前述确定信用期间的方法与程序一致，只不过要把所提供的延期付款时间和折扣综合起来，计算各方案的延期与折扣能取得多大的收益增量，再计算各方案带来的成本变化，最终确定最佳方案。

【例 10-6】 沿用上述信用期决策的数据，假设该公司在放宽信用期的同时，为了吸引客户尽早付款，提出了 0.8/30，N/60 的现金折扣条件，估计会有一半的客户（按 60 天信用期所能实现的销售量计算）将享受现金折扣优惠。

1. 收益的增加

收益的增加 = 销售量的增加 × 单位边际贡献

$$= (120\ 000 - 100\ 000)\text{件} \times (5 - 4)\text{元/件}$$

$$= 20\ 000\ \text{元}$$

2. 应收账款占用资金的应计利息增加

$$30\ \text{天信用期应计利息} = \left(\frac{500\ 000}{360} \times 30 \times \frac{400\ 000}{500\ 000} \times 15\%\right)\text{元} = 5\ 000\ \text{元}$$

提供现金折扣的应计利息

$$= \left(\frac{600\ 000}{360} \times 60 \times \frac{480\ 000 \times 50\%}{600\ 000 \times 50\%} \times 15\% + \frac{600\ 000 \times 50\%}{360} \times 30 \times \frac{480\ 000 \times 50\%}{600\ 000 \times 50\%} \times 15\%\right)\text{元}$$

$$= (6\ 000 + 3\ 000)\text{元}$$

$$= 9\ 000\ \text{元}$$

应收账款占用资金的应计利息增加 = $(9\ 000 - 5\ 000)$元 = $4\ 000$元

3. 收账费用和坏账损失增加

收账费用增加 = $(4\ 000 - 3\ 000)$元 = $1\ 000$元

坏账损失增加 = $(9\ 000 - 5\ 000)$元 = $4\ 000$元

4. 估计现金折扣成本的变化

现金折扣成本增加 = 新的销售水平 × 新的现金折扣率 × 享受现金折扣的客户比例 - 旧的销售水平 × 旧的现金折扣率 × 享受现金折扣的客户比例

$$= (600\ 000 \times 0.8\% \times 50\% - 500\ 000 \times 0 \times 0)\ \text{元}$$

$$= 2\ 400\ \text{元}$$

5. 提供现金折扣后的税前损益

收益增加 - 成本费用增加 = 20 000 元 - (4 000 + 1 000 + 4 000 + 2 400)元 = 8 600 元

由于可获得税前收益，故应当放宽信用期，提供现金折扣。

四、应收账款的日常管理

应收账款的管理难度比较大，在确定合理的信用政策之后，还要做好应收账款的日常管理工作，包括对客户的信用调查和分析评价、应收账款的催收工作等。

（一）调查客户信用

信用调查是指收集和整理反映客户信用状况的有关资料的工作。信用调查是企业应收账款日常管理的基础，是正确评价客户信用的前提条件。企业对客户进行信用调查主要通过两种方法：

1. 直接调查

直接调查是指调查人员通过与被调查单位进行直接接触，通过当面采访、询问、观看等方式获取信用资料的一种方法。直接调查可以保证收集资料的准确性和及时性，但也有一定的局限，往往获得的是感性资料，若不能得到被调查单位的合作，则会使调查工作难以开展。

2. 间接调查

间接调查是以被调查单位以及其他单位保存的有关原始记录和核算资料为基础，通过加工整理获得被调查单位信用资料的一种方法。这些资料主要来自以下几个方面：

（1）财务报表。通过财务报表分析，可以基本掌握一个企业的财务状况和信用状况。

（2）信用评估机构。专门的信用评估部门，因为它们的评估方法先进，评估调查细致，评估程序合理，所以可信度较高。

（3）银行。银行是信用资料的一个重要来源，许多银行都设有信用部，为其客户服务，并负责对其客户信用状况进行记录、评估。但银行的资料一般仅愿意在内部及同行进行交流，而不愿向其他单位提供。

（4）其他途径。如财税部门、工商管理部门、消费者协会等机构都可能提供相关的信用状况资料。

（二）评估客户信用

收集好信用资料以后，就需要对这些资料进行分析、评价。企业一般采用"5C"系统来评价，并对客户信用进行等级划分。在信用等级方面，目前主要有两种：一种是三类九等，即将企业的信用状况分为 AAA、AA、A、BBB、BB、B、CCC、CC、C 九等，其中 AAA 为信用最优等级，C 为信用最低等级。另一种是三级制，即分为 AAA、AA、A 三个信用等级。

（三）收款的日常管理

应收账款发生后，企业应采取各种措施，尽量争取按期收回款项，否则会因拖欠时间过长而发生坏账，使企业蒙受损失。因此，企业必须在对收账的收益与成本进行比较分析的基础上，制定切实可行的收账政策。通常企业可以采取寄发账单、电话催收、派人上门催收、法律诉讼等方式进行催收应收账款。然而催收账款会发生费用，某些催款方式的费用还会很高。一般说来，收账的花费越大，收账措施越有力，可收回的账款应越多，坏账损失也就越小。因此制定收账政策，要在收账费用和所减少坏账损失之间做出权衡。制定有效、得当的收账政策很大程度上靠有关人员的经验；从财务管理的角度讲，也有一些数量化的方法可以参照。根据应收账款总成本最小化的原则，可以通过比较各收账方案成本的大小对其加以选择。

（四）应收账款保理

保理是保付代理的简称，是指保理商与债权人签订协议，转让其对应收账款的部分或全部权利与义务，并收取一定费用的过程。保理又称托收保付，是指卖方（供应商或出口商）与保理商之间存在的一种契约关系；根据契约，卖方将其现在或将来的基于其与买方（债务人）订立的货物销售（服务）合同所产生的应收账款转让给保理商，由保理商提供下列服务中的至少两项：贸易融资、销售账户管理、应收账款的催收、信用风险控制与坏账担保。可见，保理是一项综合性的金融服务方式，其同单纯的融资或收账管理有本质区别。

应收账款保理是企业将赊销形成的未到期应收账款在满足一定条件的情况下，转让给保理商，以获得银行的流动资金支持，加快资金的周转。保理可以分为有追索权保理（非买断型）和无追索权保理（买断型）、明保理和暗保理、折扣保理和到期保理。

第三节　存　货　管　理

一、存货的功能

存货是指企业在生产经营过程中为销售或者耗用而储备的物资，包括材料、燃料、低值易耗品、在产品、半成品、产成品、商品等。存货管理水平的高低直接影响企业的生产经营能否顺利进行，并最终影响企业的收益、风险等状况。因此，存货管理是财务管理的一项重要内容。

存货管理的目标就是要尽力在各种存货成本与存货效益之间做出权衡，在充分发挥存货功能的基础上，降低存货成本，实现两者的最佳组合。存货的功能是指存货在企业生产经营过程中起到的作用。具体包括以下几个方面：

（一）保证生产正常进行

生产过程中需要的原材料和在产品，是生产的物质保证，为保障生产的正常进行，必须储备一定量的原材料；否则可能会造成生产中断、停工待料的现象。

（二）有利于销售

一定数量的存货储备能够增加企业在生产和销售方面的机动性与适应市场变化的能力。当企业市场需求量增加时，若产品储备不足就有可能失去销售良机，所以保持一定量的存货是有利于市场销售的。

（三）便于维持均衡生产，降低产品成本

有些企业产品属于季节性产品或者需求波动较大的产品，此时若根据需求状况组织生产，则可能有时生产能力得不到充分利用，有时又超负荷生产，这会造成产品成本的上升。

（四）降低存货取得成本

一般情况下，当企业进行采购时，进货总成本与采购物资的单价和采购次数有密切关系。而许多供应商为鼓励客户多购买其产品，往往在客户采购量达到一定数量时，给予价格折扣，所以企业通过大批量集中进货，既可以享受价格折扣，降低购置成本，也因减少订货次数，降低了订货成本，使总进货成本降低。

（五）防止意外事件的发生

企业在采购、运输、生产和销售过程中，都可能发生意料之外的事故，保持必要的存货保险储备，可以避免或减少意外事件的损失。

二、存货的持有成本

与持有成本有关的成本，包括以下三种：

（一）取得成本

取得成本是指为取得某种存货而支出的成本，通常用 TC_a 来表示。其又分为订货成本和购置成本。

1. 订货成本

订货成本是指取得订单的成本，如办公费、差旅费、邮资、电报电话费、运输费等支出，用 TC_b 表示。订货成本中有一部分与订货次数无关，如常设采购机构的基本开支等，称为固定的订货成本，用 F_1 表示；另一部分与订货次数有关，如差旅费、邮资等，称为订货的变动成本。每次订货的变动成本用 K 表示；订货次数等于存货年需要量 D 与每次进货量 Q 之商。订货成本的计算公式为

$$TC_b = F_1 + \frac{D}{Q}K$$

2. 购置成本

购置成本是指为购买存货本身所支出的成本，即存货本身的价值，经常用数量与单价的乘积来确定。年需要量用 D 表示，单价用 U 表示，于是购置成本为 DU。

订货成本加上购置成本，就等于存货的取得成本。其公式可表达为

取得成本 = 订货成本 + 购置成本 = 订货固定成本 + 订货变动成本 + 购置成本

即：

$$TC_a = F_1 + \frac{D}{Q}K + DU$$

（二）储存成本

储存成本是指为保持存货而发生的成本，包括存货占用资金所应计的利息、仓库费用、保险费用、存货破损和变质损失等，通常用 TC_c 来表示。

储存成本也分为固定成本和变动成本。固定成本与存货数量的多少无关，如仓库折旧、仓库职工的固定工资等，常用 F_2 表示。变动成本与存货的数量有关，如存货资金的应计利息、存货的破损和变质损失、存货的保险费用等，单位储存变动成本用 K_c 来表示。用公式表达的储存成本为

即　　　　　　　储存成本 = 储存固定成本 + 储存变动成本

$$TC_c = F_2 + K_c\frac{Q}{2}$$

（三）缺货成本

缺货成本是指由于存货供应中断而造成的损失，包括材料供应中断造成的停工损失、产成品库存缺货造成的拖欠发货损失和丧失销售机会的损失及造成的商誉损失等；如果生产企业以紧急采购代用材料解决库存材料中断之急，那么缺货成本表现为紧急额外购入成本。缺货成本用 TC_s 表示。如果以 TC 来表示储备存货的总成本，它的计算公式为

$$TC = TC_a + TC_c + TC_s = F_1 + \frac{D}{Q}K + DU + F_2 + K_c\frac{Q}{2} + TC_s$$

企业存货的最优化，就是使企业存货总成本（即上式 TC）的值最小。

三、最优存货量的确定

经济订货模型是确定最优存货量的基本模型，是建立在一系列严格假设基础上的。这些假设包括：存货总需求量是已知常数；订货提前期是常数；货物是一次性入库；单位货物成本为常数，无批量折扣；库存持有成本与库存水平

呈线性关系；货物是一种独立需求的物品，不受其他货物影响。

【例 10-7】 假设某公司每年所需的原材料为 104 000 件。即每周平均消耗 2 000 件。如果每次订购 10 000 件，则可满足公司 5 周的原材料需要。5 周后，原材料存货降至零，同时一批新的订货又将入库。这种关系可参考图 10-3a。现设该公司决定改变每次订货量为 5 000 件。这样，每次订货只能供公司两周半生产所需，订货的次数较前者增加了一倍，但平均库存水平只有前者一半，可参考图 10-3b。

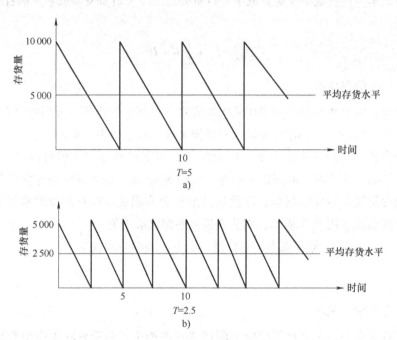

图 10-3 存货水平与订货

本例中，存货的相关成本表现为订货成本和持有成本。订货成本与订货次数成正比关系，而持有成本则与存货平均水平成正比关系。设公司每次订货费用为 20 元，存货年持有费率为每件 0.8 元。则与订货批量有关的存货年总成本 TIC 为

$$TIC = 20 \times \frac{104\ 000}{Q} + \frac{Q}{2} \times 0.8$$

式中，Q 为每次订货批量。

我们的目的是要使公司 TIC 最小化。由此例，我们可抽象出经济订货模型。存货的总成本为

$$TIC = K \times \frac{D}{Q} + \frac{Q}{2} \times K_c$$

式中，TIC 为与订货批量有关的每期存货的总成本；D 为每期对存货的总需求；Q 为每次订货批量；K 为每次订货费用；K_c 为每期单位存货持有费率。

使 TIC 最小的批量 Q 即为经济订货批量 EOQ。利用数学知识，可推导出

$$EOQ = \sqrt{\frac{2KD}{K_c}}$$

$$TIC = \sqrt{2KDK_c}$$

所以，我们可以算出公司的经济订货批量和最小存货成本

$$EOQ = \sqrt{\frac{2 \times 104\ 000 \times 20}{0.8}} 件 = 2\ 280.35\ 件$$

$$TIC = \sqrt{2KDK_c} = \sqrt{2 \times 20 \times 0.8 \times 104\ 000} 元/件 = 1\ 824.28\ 元/件$$

订货批量与存货成本、订货费用、持有成本的关系如图 10-4 所示。

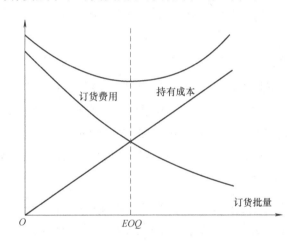

图 10-4　存货总成本与订货批量的关系

放宽经济订货基本模型的相关假设，就可以扩展经济订货模型，以使其适用范围更广。

四、存货的控制系统

库存管理不仅需要各种模型帮助确定适当的库存水平，还需要建立相应的库存控制系统。库存控制系统可以很简单，也可以很复杂。传统的库存控制系统有定量控制系统和定时控制系统两种，定量控制系统是指当存货下降到一定存货水平时即发出订货单，订货数量是固定的和事先决定的。定时控制系统是每隔一个固定时期，无论现有存货水平多少，即发出订货申请。这两种系统都较简单和易于理解，但不够精确。现在许多大型企业都已采用了计算机库存控

制系统。当库存数据输入计算机后，计算机即对这批货物开始跟踪。此后，每当有该货物取出时，计算机就及时做出记录并修正库存余额。当库存下降到订货点时，计算机自动发出订单，并在收到订货时记下所有的库存量。

第四节　流动负债管理

流动负债主要有短期借款、短期融资券、商业信用等。本节主要介绍短期借款和商业信用。

一、短期借款

企业的借款通常按其流动性或偿还时间的长短，划分为短期借款和长期借款。短期借款是指企业同银行或其他金融机构借入的期限在 1 年（含 1 年）以下的各种借款。短期借款通常规定以下内容：

（一）信贷额度

信贷额度也即贷款限额，是借款企业与银行在协议中规定的借款最高限额，信贷额度的有效期限通常为 1 年。一般情况下，在信贷额度内，企业可以随时按需要支用借款。但是，银行并不承担必须贷款的义务。如果企业信誉恶化，即使在信贷限额内，企业也可能得不到借款。此时，银行不会承担法律责任。

（二）周转信贷协定

周转信贷协定是银行具有法律义务地承诺提供不超过某一最高限额的贷款协定。在协定的有效期内，只要企业借款总额未超过最高限额，银行必须满足企业任何时候提出的借款要求。企业要享用周转信贷协定，通常要对贷款限额的未使用部分付给银行一笔承诺费用。

【例10-8】　某企业与银行商定的周转信贷额度为 10 000 万元，年度内实际使用了 5 000 万元，承诺费率为 0.5%，企业应向银行支付的承诺费为

$$信贷承诺费 = (10\ 000 - 5\ 000)万元 \times 0.5\% = 25\ 万元$$

（三）补偿性余额

补偿性余额是银行要求借款企业在银行中保持按贷款限额或实际借用额一定比例计算的最低存款余额。对于银行来说，补偿性余额有助于降低贷款风险，补偿其可能遭受的风险；对借款企业来说，补偿性余额则提高了借款的实际利率，加重了企业的负担。

【例10-9】　某企业向银行借款 1 000 万元，利率为 6%，银行要求保留 10%

的补偿性余额，则企业实际可动用的贷款为 900 万元，该贷款的实际利率为

$$借款实际利率 = 1\,000 \times 6\% \div 900 = 6\% \div (1 - 10\%) = 6.67\%$$

（四）贴现法计息

银行借款利息的支付方式一般为利随本清法，又称收款法，即在借款到期时向银行支付利息。但有时银行要求采用贴现法，即银行向企业发放贷款时，先从本金中扣除利息，而到期时借款企业再偿还全部本金。采用这种方法，企业可利用的贷款额只有本金扣除利息后的差额部分，从而提高了贷款的实际利率。

【例 10-10】 某企业从银行取得借款 200 万元，期限 1 年，利率 6%，利息 12 万元。按贴现法付息，企业实际可动用的贷款为 188 万元，该借款的实际利率为

$$借款实际利率 = \frac{200 \times 6\%}{188} = \frac{6\%}{1 - 6\%} = 6.38\%$$

二、商业信用

商业信用是指企业在商品或劳务交易中，以延期付款或预收货款方式进行购销活动而形成的借贷关系，是企业之间的直接信用行为，也是企业短期资金的重要来源。商业信用产生于企业生产经营的商品、劳务交易之中，是一种"自动性筹资"。

（一）商业信用的形式

1. 应付账款

应付账款是供应商给企业提供的商业信用。由于买方往往在到货一段时间后才付款，商业信用就成为企业短期资金来源。如企业规定对所有账单均见票后若干日付款，商业信用就成为随生产周转而变化的一项内在的资金来源。当企业扩大生产规模，其进货和应付账款相应增长，商业信用就提供了增产需要的部分资金。

商业信用条件常包括以下两种：

（1）有信用期，但无现金折扣。如"N/30"表示 30 天内按发票金额全数支付。

（2）有信用期和现金折扣，如"2/10，N/30"表示 10 天内付款享受现金折扣 2%，若买方放弃折扣，30 天内必须付清款项。

供应商在信用条件中规定有现金折扣，目的主要在于加速资金回收。企业

在决定是否享受现金折扣时，应仔细考虑。通常，放弃现金折扣的成本是高昂的。

2. 应计未付款

应计未付款是企业在生产经营和利润分配过程中已经计提但尚未以货币支付的款项，主要包括应付职工薪酬、应缴税金、应付利润或应付股利等。以应付职工薪酬为例，企业通常以半月或月为单位支付职工薪酬，在应付职工薪酬已计但未付的这段时间，就会形成应计未付款。它相当于职工给企业的一种信用。应缴税金、应付利润或应付股利也有类似的性质。应计未付款随着企业规模的扩大而增加，企业使用这些自然形成的资金无须付出任何代价。但企业不是总能控制这些款项，因为其支付是有一定时间的，企业不能总拖欠这些款项。所以，企业尽管可以充分利用应计未付款，但并不能控制这些账目的水平。

3. 预收货款

预收货款是指销货单位按照合同和协议规定，在发出货物之前向购货单位预先收取部分或全部货款的信用行为。购买单位对于紧俏商品往往乐于采用这种方式购货；销货方对于生产周期长，造价较高的商品，往往采用预收货款方式销货，以缓和本企业资金占用过多的矛盾。

（二）商业信用筹资的优缺点

1. 商业信用筹资的优点

（1）商业信用容易获得。商业信用的载体是商品购销行为，企业总有一批既有供需关系又有相互信用基础的客户，所以对大多数企业而言，应付账款和预收账款是自然的、持续的信贷形式。商业信用的提供方一般不会对企业的经营状况和风险作严格的考量，企业无须办理像银行借款那样复杂的手续便可取得商业信用，有利于应对企业生产经营之急需。

（2）企业有较大的机动权。企业能够根据需要，选择决定筹资的金额大小和期限长短，同样要比银行借款等其他方式灵活得多。甚至如果在期限内不能付款或交货时，一般还可以通过与客户的协商，请求延长时限。

（3）企业一般不用提供担保。通常，商业信用筹资不需要第三方担保，也不会要求筹资企业用资产进行担保。这样，在出现逾期付款或交货的情况时，可以避免像银行借款那样面临的抵押资产被处置的风险，企业的生产经营能力在相当长的一段时间内不会受到限制。

2. 商业信用筹资的缺点

（1）商业信用筹资成本高。尽管商业信用的筹资成本是一种机会成本，但由于商业信用筹资属于临时性筹资，其筹资成本比银行信用要高。

（2）容易恶化企业的信用水平。商业信用的期限短，还款压力大，对企业现金流量管理的要求很高。如果长期和经常性地拖欠账款，会造成企业的信誉恶化。

（3）受外部环境影响较大。商业信用筹资受外部环境影响较大，稳定性较差，即使不考虑机会成本，也是不能无限利用的。一是受商品市场的影响，如当求大于供时卖方可能停止提供信用；二是受资金市场的影响，当市场资金供应紧张或有更好的投资方向时，商业信用筹资就可能遇到障碍。

【要点回顾】

1. 持有现金主要出于以下三种需求：交易性需求、预防性需求和投机性需求。但现金存量过多，它所提供的流动性边际效益便会随之下降，从而使企业的收益水平下降。因此，需要确定最佳现金持有量，具体方法有：成本模型、存货模型、随机模型。

2. 应收账款作为企业为扩大销售和盈利的一项投资，也会发生一定的成本。所以企业需要在应收账款所增加的盈利和所增加的成本之间做出权衡。应收账款管理就是分析赊销的条件，使赊销带来的盈利增加大于应收账款投资产生的成本增加，最终使企业现金收入增加，企业价值上升。

3. 存货是指企业在生产经营过程中为销售或者耗用而储备的物资，包括材料、燃料、低值易耗品、在产品、半成品、产成品、商品等。存货管理水平的高低直接影响着企业的生产经营能否顺利进行，并最终影响企业的收益、风险等状况。存货管理的目标就是要尽力在各种存货成本与存货效益之间做出权衡，在充分发挥存货功能的基础上，降低存货成本，实现两者的最佳组合。

4. 信贷额度亦即贷款限额，是借款企业与银行在协议中规定的借款最高限额，信贷额度的有效期限通常为1年。一般情况下，在信贷额度内，企业可以随时按需要支用借款。

5. 周转信贷协定是银行具有法律义务地承诺提供不超过某一最高限额的贷款协定。在协定的有效期内，只要企业借款总额未超过最高限额，银行必须满足企业任何时候提出的借款要求。企业要享用周转信贷协定，通常要对贷款限额的未使用部分付给银行一笔承诺费用。

6. 补偿性余额是银行要求借款企业在银行中保持按贷款限额或实际借用额一定比例计算的最低存款余额。对于银行来说，补偿性余额有助于降低贷款风险，补偿其可能遭受的风险；对借款企业来说，补偿性余额则提高了借款的实际利率，加重了企业的负担。

7. 商业信用是指企业在商品或劳务交易中，以延期付款或预收货款方式进行购销活动而形成的借贷关系，是企业之间的直接信用行为，也是企业短期资金的重要来源。

【复习题】

1. 应用"5C"系统评估顾客信用标准时，客户的"能力"是指（　　）。

A. 偿债能力　　　B. 营运能力　　　C. 盈利能力　　　D. 发展能力

2. 下列各项中，与企业储备存货无关的成本是（　　）。

A. 取得成本　　　B. 管理成本　　　C. 储存成本　　　D. 缺货成本

第十一章

全面预算及绩效评价

【本章要点】

1. 了解本量利分析的含义、基本假设及基本公式。
2. 掌握边际贡献的含义及计算。
3. 掌握保本点分析及保利分析。
4. 了解标准成本法。
5. 了解差异分析的方法。
6. 了解全面预算的含义、作用及分类。
7. 了解全面预算体系。
8. 了解全面预算的编制方法。
9. 了解责任中心的划分方法及含义。
10. 掌握投资中心绩效评价的两种方法。

第一节　本量利分析

预算真正的精妙之处在于它的逻辑架构。由于预算中的数字与数字之间都是用数学函数联系起来的，因此它就像一个模拟器，可以用来进行各种经营情况的推演。本量利分析就是进行这种推演时可以采用的一种非常简单而实用的工具。

本量利分析是一种财务模型，它反映了产品销售价格、销售数量、单位变动成本、总固定成本和经营利润之间的互动关系。

一、本量利分析的含义

本量利分析（Cost- Volume- Profit Analysis，简称 CVP 分析），是在成本性分

析和变动成本计算的基础上，通过研究企业在一定期间内的成本、业务量和利润三者之间的内在联系，揭示变量之间的内在规律，为企业预测、决策、规划和业绩考评提供必要财务信息的一种定量分析方法。本量利分析主要包括保本分析、安全边际分析、目标利润分析等内容。

本量利分析作为一种完整的方法体系，在企业经营管理工作中的应用十分广泛。运用本量利分析可以预测在保本、保利条件下应实现的销售量或销售额；与风险分析相结合，可以为企业提供降低经营风险的方法和手段，以保证企业实现既定目标；与决策分析相联系，可以用于企业进行有关的生产决策、定价决策和投资项目的可行性分析，为全面预算、成本控制、责任会计应用等提供理论准备。

二、本量利分析的基本假设

在本量利分析中，成本、业务量和利润之间的数量关系是建立在一系列假设基础上的。这些假设有助于建立简单数学模型来反映成本、业务量和利润之间的关系。

（1）总成本由固定成本和变动成本两部分组成，只有变动成本会随着业务量的变化而变化。该假设要求企业所发生的全部成本按其性态区分为变动成本和固定成本，并且变动成本总额与业务量成正比例变动，固定成本总额保持不变。在相关范围内，固定成本总额和单位变动成本通常是与业务量大小无关的。因此，按成本性态划分成本是本量利分析的基本前提条件，否则，便无法判断成本的升降是由于业务量规模变动引起的还是成本水平本身升降引起的。

（2）总收入和总成本与总业务量是线性关系。该假设要求销售收入必须随业务量的变化而变化，两者之间应保持完全线性关系，因此，当销售量在相关范围内变化时，产品的单价不会发生变化。同时，总成本与总业务量也是线性关系。

（3）单位售价、单位变动成本和固定成本是已知的，并且在相关范围内保持不变。

（4）产品产销结构稳定。假设同时生产销售多种产品的企业，其销售产品的品种结构不变。即在一个生产与销售多种产品的企业，以价值形式表现的产品的产销总量发生变化时，原来各产品的产销额在全部产品的产销额中所占的比重不会发生变化。这是因为在产销多种产品的情况下，保本点会受到多种产品的贡献和产销结构的影响，只有在产销结构不变的基础上进行的保本分析才是有效的。

（5）产销平衡，即生产的产品数量已被成功销售出去。假设当期产品的生产量与业务量相一致，不考虑存货变动对利润的影响。即假定每期生产的产品总量总是能在当期全部售出，产销平衡。假设产销平衡，主要是在保本分析时不考虑存货的影响。因为保本分析是一种短期决策，仅仅考虑特定时期全部成本的收回，而存货中包含了以前时期的成本，所以不在考虑范围之内。

三、本量利分析的基本关系式

本量利分析所考虑的相关因素主要包括销售量、单价、销售收入、单位变动成本、固定成本、营业利润等。这些因素之间的关系可以用下列基本公式来反映：

利润 = 销售收入 − 总成本

= 销售收入 − （变动成本 + 固定成本）

= 销售量 × 单价 − 销售量 × 单位变动成本 − 固定成本

= 销售量 × （单价 − 单位变动成本） − 固定成本

这个方程式是明确表达本量利之间数量关系的基本关系式。它含有五个相互联系的变量，给定其中四个变量，便可求出另外一个变量的值。本量利分析的基本原理就是在假设单价、单位变动成本和固定成本为常量以及产销一致的基础上，将利润、产销量分别作为因变量与自变量，给定产销量，便可以求出其利润，或者给定目标利润，计算出目标产量。

四、边际贡献

边际贡献（又称边际利润、贡献毛益等）是指产品的销售收入减去变动成本后的余额。边际贡献有两种表现形式：一种是绝对额，分为边际贡献总额和单位边际贡献；另一种是相对数。边际贡献率是指边际贡献与销售额的比率。

边际贡献总额是产品销售收入减去变动成本后的余额；单位边际贡献是产品销售单价减去单位变动成本后的差额；边际贡献率是边际贡献总额与销售收入的比率，或单位边际贡献与单价的比率。三者之间可以相互转换，计算公式及转换关系可以表示为

边际贡献总额 = 销售收入 − 变动成本 = 销售量 × 单位边际贡献

= 销售收入 × 边际贡献率

单位边际贡献 = 单价 − 单位变动成本 = 单价 × 边际贡献率

$$边际贡献率 = \frac{边际贡献总额}{销售收入} = \frac{单位边际贡献}{单价}$$

边际贡献率还可以根据变动成本率来计算

$$变动成本率 = \frac{变动成本总额}{销售收入} = \frac{单位变动成本}{单价}$$

$$边际贡献率 = 1 - 变动成本率$$

根据本量利的基本关系,利润、边际贡献和固定成本之间的关系可表示为:

$$利润 = 边际贡献 - 固定成本 = 销售量 \times 单位边际贡献 - 固定成本$$

$$= 销售收入 \times 边际贡献率 - 固定成本$$

上述公式表明,企业的边际贡献与营业利润有着密切的关系:边际贡献首先用于补偿企业的固定成本,只有当边际贡献大于固定成本时才能为企业提供利润,否则企业将亏损。

五、保本点分析

保本点分析是基于本量利的基本关系原理所进行的盈亏平衡分析或盈亏临界点分析。它主要研究如何确定保本点及相关因素的影响,以提供超过保本业务量企业就会盈利,低于保本业务量企业就会亏损等决策信息。

保本点(也称盈亏临界点)是指企业收入和成本相等的经营状态,即边际贡献等于固定成本,企业处于既不盈利也不亏损的状态。通常用一定的业务量或业务额来表示,如保本点销售量或保本点销售额,简称保本量或保本额。

1. 保本量分析

保本量的计算公式,可以从利润计算公式推导得到

$$利润 = 单价 \times 销量 - 单位变动成本 \times 销量 - 固定成本$$

令利润 = 0,此时的销售量即为保本量:

$$0 = 单价 \times 保本量 - 单位变动成本 \times 保本量 - 固定成本$$

$$保本量 = \frac{固定成本}{单价 - 单位变动成本}$$

由于 $$单价 - 单位变动成本 = 单位边际贡献$$

故 $$保本量 = \frac{固定成本}{单位边际贡献}$$

【例 11-1】 ABC 公司销售甲产品,单价为 4 元/件,单位变动成本为 1.50 元,固定成本为 2 000 元,要求计算甲产品的保本量。

$$保本量 = 2\,000 \text{元} \div (4 - 1.5) \text{元/件} = 800 \text{件}$$

2. 保本额分析

保本额的计算公式,同样可以从利润的计算公式中推导得出:

$$利润 = 销售额 \times 边际贡献率 - 固定成本$$

令利润 = 0，此时的销售额即为保本额：

$$0 = 保本额 \times 边际贡献率 - 固定成本$$

$$保本额 = \frac{固定成本}{边际贡献率}$$

【例11-2】　ABC 公司销售甲产品，单价为 4 元/件，单位变动成本为 1.50 元，固定成本为 2 000 元，要求计算甲产品的保本额。

$$保本额 = 2\,000\,元 \div \left[(4-1.5) \div 4\right] = 2\,000\,元 \div 0.625 = 3200\,元$$

在多品种情况下，由于不同品种产品销售量加总没有意义，因此，多品种情况下总体盈亏平衡状态下的销售额即保本额更有意义。

保本点分析的主要作用在于使企业管理者在经营活动发生之前，对该项经营活动的盈亏临界点即保本点做到心中有数。企业管理者总是希望企业的保本点越低越好，因为保本点越低，企业的经营风险就越小。

从保本点的计算公式可以看出，降低保本点的途径主要有三个：

（1）降低固定成本总额：即在其他因素不变时，通过降低固定成本来降低保本点。

（2）降低单位变动成本：即在其他因素不变时，通过降低单位变动成本来降低保本点。

（3）提高销售单价：即在其他因素不变时，通过提高单价来降低保本点。

以上三种措施可以单独使用，也可以结合使用。

六、保利分析

企业经营的目的是要盈利，即实现目标利润，否则就无法生存和发展。

保利分析，就是要计算保证目标利润得以实现必须达到的销售量或销售额，即计算目标利润销售量或目标利润销售额，简称保利量或保利额。

1. 保利量分析

$$目标利润 = 单价 \times 销量 - 单位变动成本 \times 销量 - 固定成本$$

$$保利量 = \frac{固定成本 + 目标利润}{单价 - 单位变动成本} = \frac{固定成本 + 目标利润}{单位边际贡献}$$

2. 保利额分析

保利额可在保利量计算公式的基础上乘以单价加以计算，也可以利用固定成本加目标利润再除以边际贡献率计算，其公式为

$$保利额 = \frac{固定成本 + 目标利润}{单价 - 单位变动成本} \times 单价 = \frac{固定成本 + 目标利润}{边际贡献率}$$

【例 11-3】 ABC 公司销售甲产品，单价为 4 元/件，单位变动成本为 1.50 元，固定成本为 2 000 元，目标利润为 2 500 元，要求计算甲产品的保利量和保利额。

保利量（目标利润销售量）=（2 000 + 2 500）元 ÷（4 - 1.5）元/件 = 1 800 件

保利额（目标利润销售额）=（2 000 + 2 500）元 ÷ [（4 - 1.5）÷ 4] = 7 200 元

第二节 标准成本法与差异分析

全面预算、差异分析等管理工具，是从标准成本制度逐步发展起来的。标准成本是全面预算体系的基础。差异分析不仅是标准成本法的基本要求，也是预算控制的一种基本方法。

一、标准成本法

（一）标准与预算

就成本而言，标准和预算都是预定的成本，都有助于管理计划与控制。然而，在成本项目的表达方式上存在差异。标准是单位量，而预算是总量。因此，通常习惯说一个单位产品的直接人工标准成本是 5 元，如果公司生产 6 000 单位产品，则 30 000 元的直接人工成本就是预算人工成本。标准是指每单位产品的预算成本。因此，标准与每个构成整个预算的单个成本成分相联系。

预算与标准在会计处理上也存在重大差异。除了把制造费用应用于生产批别和步骤，成本会计系统不会使用预算数据做账。相反，成本会计系统可以使用标准成本。

（二）标准成本与标准成本法概念

标准成本是指在理想经营条件下或正常的经营条件下，企业努力达到的产品成本水平。也就是说，标准成本有两个标准，一是理想标准，是指理想的经营条件下最佳的业绩水平；二是正常标准，是指预期正常经营条件下能达到的有效的业绩水平。

大多数经理认为理想标准会降低整个工厂的士气，因为它们无法或很难实现。所以，实务中，企业一般按照正常水平来制定标准成本，以保证该标准是严格但可达到的正常标准。这个正常标准考虑了工间短休、机器故障和其他生产过程中正常的偶然事件。

标准成本法是指企业以预先制定的标准成本为基础，通过比较标准成本与实际成本，核算和分析成本差异、解释成本差异动因、实施成本控制、评价经济业绩的一种成本管理方法。

企业应用标准成本法的主要目标是，通过标准成本与实际成本的比较，揭示与分析标准成本与实际成本之间的差异，并按照例外管理的原则，对不利差异予以纠正，以提高工作效率，不断改善产品成本。

（三）标准成本的制定

标准成本的制定，是一项艰巨的工作。企业需要设立由采购、生产、技术、营销、财务、人事、信息等有关部门组成的跨部门临时性组织，进行产品的标准成本制定。企业一般应结合经验数据、行业标杆或实地测算的结果，运用统计分析、工程试验等方法加以制定。

为了制定产品生产的标准成本，有必要为每一种生产成本要素——直接材料、直接人工和制造费用设定标准，每一种要素的标准都包括应支付的价格标准和应使用的数量标准。下面分别说明三种生产成本要素的标准成本制定。

1. 直接材料标准成本的制定

直接材料标准成本是指直接用于单位产品生产的材料标准成本，包括标准单价和标准用量两方面。

直接材料的标准单价通常采用企业编制的计划价格，以订货合同的价格为基础，并考虑到未来物价、供求等各种变动因素后按材料种类而分别计算。

直接材料的标准用量，一般采用统计方法、工业工程法或其他技术分析确定。它是现有技术条件下生产单位产品所需的材料数量，包括必不可少的消耗以及各种难以避免的损失。

【例11-4】　假定XY公司A产品消耗甲、乙、丙三种直接材料，并为每种材料制定了标准单价和标准用量，其中甲材料的标准单价为50元/kg，标准用量为4kg/件；乙材料的标准单价为25元/kg，标准用量7kg/件；丙材料的标准单价35元/kg，标准用量10kg/件。其直接材料标准成本的计算如表11-1所示。

表11-1　A产品直接材料标准成本

项　目	标准成本		
	甲　材　料	乙　材　料	丙　材　料
标准单价（1）（元/kg）	50	25	35
标准用量（2）（kg/件）	4	7	10

（续）

项　　目	标 准 成 本		
	甲　材　料	乙　材　料	丙　材　料
标准成本 (3) = (2) × (1) （元/件）	200	177	350
单位产品直接材料标准成本 (4) = Σ(3)（元）	727		

2. 直接人工标准成本的制定

直接人工标准成本是指直接用于产品生产的人工标准成本，包括标准工时和标准工资率。在制定直接人工的标准工时时，一般由生产部门负责，会同技术、财务、信息等部门，对产品生产所需作业、工序、流程工时进行技术测定，并考虑正常的工作间隙，以及适当考虑生产条件的变化，生产工序、操作技术的改善，相关工作人员主观能动性的充分发挥等因素，合理确定单位产品的工时标准。

在制定直接人工的标准工资率时，一般由人事部门负责，根据企业薪酬制度以及国家有关职工薪酬制度改革的相关规定等制定。

【例 11-5】　假定 XY 公司 A 产品生产经测算单位产品标准工时为 2 小时/件，标准小时工资率为 11.8 元/小时。则 A 产品直接人工标准成本的计算如表 11-2 所示。

表 11-2　A 产品直接人工标准成本

项　　目	标　　准
小时标准工资率 (1)	11.8 元/小时
单位产品工时用量标准 (2)	2 小时/件
单位产品直接人工标准成本 (3) = (1) × (2)	23.6 元/件

3. 制造费用标准成本的制定

制造费用标准成本应区分变动制造费用项目和固定制造费用项目分别进行。前者随着产量的变动而变动；后者相对固定，不随产量波动。所以，制定制造费用标准成本时，也应分别制定变动制造费用和固定制造费用的标准成本。

变动制造费用是指通常随产量变化而成正比例变化的制造费用。变动制造费用的标准用量可以是单位产量的燃料、动力、辅助材料等标准用量，也可以是产品的直接人工标准工时，或者是单位产品的标准机器工时。标准用量的选择需考虑用量与成本的相关性，制定方法与直接材料的标准用量以及直接人工的标准工时类似。

变动制造费用的标准价格可以是燃料、动力、辅助材料等标准价格，也可以是小时标准工资率等。制定方法与直接材料的价格标准以及直接人工的标准工资率类似。

固定制造费用是指在一定的产量范围内，其费用总额不会随产量变化而变化，保持固定不变的制造费用。固定制造费用一般按照费用的构成项目实行总量控制；也可以根据需要，通过计算标准分配率，将固定制造费用分配至单位产品，形成固定制造费用的标准成本。

【例 11-6】 沿用例 11-5 中的资料，假定 A 产品月标准产量是 8 000 件，预算变动制造费用总额为 48 000 元，预算固定制造费用总额为 188 000 元。A 产品的制造费用标准成本计算如表 11-3 所示。

表 11-3 A 产品制造费用标准成本

项　　目		标　　准
工时	单位产品工时标准（1）	2 小时/件
	月标准总工时（2）	16 000 小时
变动制造费用	标准变动制造费用总额（3）	48 000 元
	标准变动制造费用分配率（4）=（3）÷（2）	3 元/小时
	变动制造费用标准成本（5）=（1）×（4）	6 元/件
固定制造费用	标准固定制造费用总额（6）	188 000 元
	标准固定制造费用分配率（7）=（6）÷（2）	11.75 元/小时
	固定制造费用标准成本（8）=（1）×（7）	23.5 元/件
单位产品制造费用标准成本（9）=（5）+（8）		29.5 元

XY 公司 A 产品的标准成本可汇总如表 11-4 所示。

表 11-4 A 产品标准成本

项　　目	标准（元/件）
直接材料	727
直接人工	23.6
制造费用	29.5
合计	780.1

二、差异分析

标准成本的主要作用之一是确定脱离标准的差异。差异是指实际总成本与标准总成本的差额。通常差异用总金额来表示，而不是以每单位来表示。标准总成本通常就是预算总成本。

因此，差异分析是一种与预算有直接关系的、非常有价值的控制方法。它是将实际发生的情况与预算的情况进行比较，以发现不利差异或有利差异。比较显著的不利差异或有利差异可以引起企业管理者的重视，并促使他们采取行动，以实现以下两个主要目的：

（1）找到问题的根源，使企业管理层和员工更好地改进以后的工作。

（2）找到问题的相关责任人，使绩效考核更加合理。

差异分析中经常用到的两个方法是：一是成本差异分析，二是弹性预算分析。这里主要介绍成本差异分析。

成本差异是指一定时期生产一定数量的产品所发生的实际成本与相关预算的标准成本间的差额。凡实际成本大于标准成本的称为超支差异（不利差异）；凡实际成本小于标准成本的则称为节约差异（有利差异）。

（一）直接材料成本差异的计算分析

直接材料成本差异是指直接材料实际成本与标准成本之间的差额，该项差异可分解为直接材料价格差异和直接材料数量差异。直接材料价格差异是指在采购过程中，直接材料实际价格脱离标准价格所形成的差异；直接材料数量差异（也叫直接材料效率差异）是指在产品生产过程中，直接材料实际消耗量脱离标准消耗量所形成的差异。

材料总差异＝实际用量×实际价格－标准用量×标准价格

材料数量差异＝实际用量×标准价格－标准用量×标准价格

材料价格差异＝实际用量×实际价格－实际用量×标准价格

直接材料数量差异形成的原因是多方面的，有生产部门原因，也有非生产部门原因。如产品设计结构、原料质量、工人的技术熟练程度、废品率的高低等，都会导致材料耗用数量的差异。材料数量差异的责任需要通过具体分析才能确定，但往往主要应由生产部门承担。

材料价格差异的形成受各种主客观因素的影响，较为复杂，如市场价格、供货厂商、付款账期、运输方式、采购批量等的变动，都可能导致材料的价格差异。但由于它与采购部门的关系更为密切，所以其差异应主要由采购部门承担责任。

【例11-7】　沿用例11-4中的资料，A产品甲材料的标准单价为50元/kg，标准用量为4kg/件。假定企业本月投产A产品8 000件，领用甲材料35 000kg，其实际价格为45元/kg。其直接材料成本差异为：

直接材料成本差异＝（35 000×45－8 000×4×50）元＝－25 000 元（有利）

其中，

直接材料数量差异＝[（35 000－8 000×4）×50]元＝150 000 元（不利）

直接材料价格差异＝[35 000×（45－50）]元＝－175 000 元（有利）

通过以上计算可以看出，A 产品本月耗用甲材料发生 150 000 元不利差异（超支差异）。这是由于生产部门耗用量超过标准用量所致，应该查明材料耗用量超标的具体原因，以便改进工作，节约材料用量。由于材料价格降低节约了175 000 元，从而抵消了一部分由于材料超标耗用而形成的成本超支，使得甲材料的总成本节约 25 000 元。这是材料采购部门的工作成绩，也应分析原因，并巩固和发扬成绩。

（二）直接人工成本差异的计算分析

直接人工成本差异是指直接人工实际成本与标准成本之间的差额，该差异可分解为工资率差异和人工效率差异。

工资率差异是指实际工资率脱离标准工资率形成的差异，计算时按照实际工时计算确定；人工效率差异是指实际工时脱离标准工时形成的差异，计算时按标准工资率计算确定。

人工成本总差异＝实际工时×实际工资率－标准工时×标准工资率

人工效率差异＝实际工时×标准工资率－标准工时×标准工资率

人工工资率差异＝实际工时×实际工资率－实际工时×标准工资率

直接人工效率差异是数量差异，其形成原因也是多方面的，工人技术状况、工作环境和设备条件的好坏等，都会影响效率的高低，但主要责任还是在生产部门。

工资率差异是价格差异，其形成原因比较复杂，工资制度的变动、工人的升降级、加班或临时工的增减等都将导致工资率差异。一般地，这种差异的责任不在生产部门，劳动人事部门更应对其承担责任。

【例 11-8】　沿用例 11-5 中的材料，A 产品标准工资率为 11.8 元/小时，标准工时为 2 小时/件，工资标准为 23.6 元/件。假定企业本月实际生产 A 产品8 000 件，用工 14 000 小时，实际应付直接人工工资 150 000 元。其直接人工成本差异的计算如下：

直接人工成本差异＝（150 000－8 000×23.6）元＝－38 800 元（有利）

其中：

直接人工效率差异＝[（14 000－8 000×2）×11.8]元＝－23 600 元（有利）

直接人工工资率差异＝[14 000×（150 000÷14 000－11.8）]元＝－15 200

元（有利）

通过以上计算可以看出，该产品的直接人工成本总体上节约 38 800 元。其中，人工效率差异节约 23 600 元，工资率差异节约 15 200 元。可见生产部门在生产组织上的成绩是值得肯定的。工资率上的有利差异则要分析是工资标准调低所致还是其他原因，比如把不熟练的工人替代熟练的工人。

（三）变动制造费用成本差异的计算和分析

变动制造费用的差异是指变动制造费用的实际发生额与变动制造费用的标准成本之间的差额，该差异可分解为变动制造费用的价格差异和数量差异。变动制造费用的价格差异，是指燃料、动力、辅助材料等变动制造费用的实际价格脱离标准价格的差异；变动制造费用项目的数量差异，是指燃料、动力、辅助材料等变动制造费用的实际消耗量脱离标准用量的差异。变动制造费用的成本差异的计算和分析原理与直接材料和直接人工成本差异的计算和分析相同。它可以分解为耗费差异和效率差异两部分。其计算公式为

变动制造费用成本差异 = 总变动制造费用 − 标准变动制造费用

= 实际工时 × 实际变动制造费用分配率 − 标准工时 × 标准变动制造费用分配率

= 变动制造费用效率差异 + 变动制造费用耗费差异

变动制造费用效率差异 = （实际工时 − 标准工时）× 标准变动制造费用分配率

变动制造费用耗费差异 = 实际工时 × （实际变动制造费用分配率 − 标准变动制造费用分配率）

其中，效率差异是用量差异，耗费差异属于价格差异。变动制造费用效率差异的形成原因与直接人工效率差异的形成原因基本相同。

【例 11-9】 沿用 11-6 中的资料，A 产品标准变动制造费用分配率为 3 元/小时，标准工时为 2 小时/件。假定企业本月实际生产 A 产品 8 000 件，用工 14 000 小时，实际发生变动制造费用 44 000 元。其变动制造费用成本差异计算如下：

变动制造费用成本差异 = （44 000 − 8 000 × 2 × 3）元 = −4 000 元（有利）

变动制造费用效率差异 = [（14 000 − 8 000 × 2）× 3]元 = −6 000 元（有利）

变动制造费用耗费差异 = [14 000 × （44 000 ÷ 14 000 − 3）]元 = 2 000 元（不利）

通过以上计算可以看出，A 产品变动制造费用节约 4 000 元，这是提高效率的结果。由于费用分配率的提高使得变动制造费用发生超支，从而抵消了一部分变动制造费用的节约额。应该查明费用分配率提高的具体原因。

（四）固定制造费用成本差异的计算分析

固定制造费用成本差异，是在固定制造费用实际成本与其标准成本之间的差额，其计算公式为

固定制造费用成本差异 = 实际固定制造费用 − 标准固定制造费用（预算）

= 实际工时 × 实际固定制造费用分配率 − 标准工时 × 标准固定制造费用分配率

标准固定制造费用分配率 = 固定制造费用预算总额 ÷ 预算产量下的标准总工时

由于固定制造费用相对固定，实际产量与预算产量的差异会对单位产品所应承担的固定制造费用产生影响，所以，固定制造费用成本的差异分析有其特殊性。可以采用两差异分析法，即将总差异分为耗费差异和能量两个差异两部分进行分析。其中，耗费差异是指固定制造费用的实际金额与固定制造费用预算金额之间的差额；而能量差异则是指固定制造费用预算金额与固定制造费用标准的差额。

耗费差异 = 实际固定制造费用 − 预算产量下标准固定制造费用

= 实际固定制造费用 − 工时标准 × 预算产量 × 标准分配率

= 实际固定制造费用 − 预算产量下标准工时 × 标准分配率

能量差异 = 预算产量下标准固定制造费用 − 实际产量下标准固定制造费用

= （预算产量下标准工时 − 实际产量下标准工时）× 标准分配率

【例 11-10】　沿用例 11-6 中的资料，A 产品固定制造费用标准分配率为 11.75 元/小时，标准工时为 2 小时/件。假定企业 A 产品预算产量为 9 000 件，实际生产 A 产品 8 000 件，用工 14 000 小时，实际发生固定制造费用 190 000 元。其固定制造费用的成本差异计算如下：

固定制造费用成本差异 = （190 000 − 8 000 × 2 × 11.75）元 = 2 000 元（不利）

耗费差异 = （190 000 − 9 000 × 2 × 11.75）元 = −21 500 元（有利）

能量差异 = [（9 000 × 2 − 8 000 × 2）× 11.75]元 = 23 500 元（不利）

从以上计算可以看出，该企业 A 产品固定制造费用超支 2 000 元，主要是由于生产能力不足，实际产量小于预算产量所致。

（五）分析结果反馈

标准成本差异分析是企业规划、预算与控制的重要手段。在成本差异的分析过程中，企业应关注各项成本差异的规模、趋势及可控性。对于反复发生的大额差异，企业应进行重点分析与处理。通过差异分析，企业管理人员可以进一步揭示实际执行结果与标准不同的深层次原因。

企业应定期或不定期对标准成本进行修订和改进。一般情况下，标准成本

的修订工作由标准成本的制定机构负责。企业应至少每年对标准成本进行一次定期测试，通过编制成本差异分析报表，确认是否存在因标准成本不准确而形成的成本差异。当该类差异较大时，企业应按照标准成本的制定程序，对标准成本进行修订。除定期测试外，企业也应该及时对标准成本进行修订与补充。

三、商业银行的标准成本及差异分析

（一）标准成本控制法

标准成本控制法是银行在建立成本控制标准的基础上，对成本支出进行控制分析的方法。它具有事前估算成本、事中及事后计算分析成本并揭露矛盾的功能。包括标准成本的制定以及成本差异的计算分析。

（二）银行筹资标准成本

银行筹资标准成本是依据国家利率政策通过对一定时期社会资金的总量和市场占有率以及资金结构的调查、分析而制定的，用来评价实际筹资成本、衡量资金盈利能力的一种预计成本，是要经过努力才能达到的一种标准。

银行筹资标准成本有两种含义：一种是单位资金的标准成本，即体现商业银行筹资目标的单位资金标准利率，包括标准存款利率和标准借款利率；另一种是实际筹集资金总额的标准成本，是根据实际筹集资金量和单位资金的标准利率计算出来的：

$$筹资标准成本 = 实际筹资额 \times 单位资金标准利率$$

需要强调的是，在实际工作中，银行应区别存款和借款分别制定存款标准成本和借款标准成本，同时也可以根据管理目标的不同对存款标准成本和借款标准成本予以细化。如活期存款标准成本和定期存款标准成本等。

以下是一个制定存款标准成本的实例，如表 11-5 所示。

表 11-5　某银行计划存款数与计划利息支出数　　　　单位：亿元

全年计划单位存款数	全年计划利息支出数	全年计划储蓄存款数	全年计划利息支出数
3 300	53.52	200	2.72

$$单位存款标准利率 = 利息支出标准总额 \div 存款数量标准总额$$

根据表 11-5，单位存款的标准利率为 1.62%，储蓄存款的标准利率为 1.36%。

（三）成本差异计算与分析

商业银行的标准成本是一种预算或目标成本，由于种种原因，商业银行的

实际成本会与目标成本不符。实际成本与标准成本之间的差额，称为成本差异。为了消除这种偏差，需要对产生的成本差异进行分析，找出原因和对策，以便采取措施加以纠正。

以存款利息支出差异为例。存款利息支出差异形成的基本原因有两个：一是存款付息利率脱离标准；二是吸收的存款脱离标准。前者按实际存款额计算，称为利率差异；后者按标准利率计算，称为数量差异。

存款利息支出差异 = 实际利息支出 − 标准利息支出

利率差异 = 实际存款额 × (实际利率 − 标准利率)

数量差异 = (实际存款额 − 标准存款额) × 标准利率

第三节　全面预算

一、全面预算的定义

全面预算是企业对其内部一定期间的各项经济活动的计划安排，包括但不限于财务活动、投资活动和经营活动。全面预算管理作为一种全方位、全过程、全员参与编制与实施的预算管理模式，凭借其计划、协调、控制、激励、评价等综合管理功能，整合和优化配置企业资源，提升企业运行效率，成为促进企业实现发展战略的重要抓手。正如美国著名管理学家戴维·奥利所指出的：全面预算管理是为数不多的几个能把组织的所有关键问题融合于一个体系之中的管理控制方法之一。

二、全面预算的作用

战略是将组织优势与市场机会相结合的规划，以期实现组织的长短期目标。"预算"是"规划"的基础，因为成功的预算需要很好地协调组织的资源与组织战略。预算还可用于根据既定目标进行绩效评估。

(1) 全面预算是企业战略执行的重要工具。企业制定了战略规划目标后，战略落地和目标分解都必须通过全面预算这一管理工具进行量化实施。全面预算发挥着对企业战略规划和年度经营计划进行量化并细化的重要作用，是将战略和企业的日常经营活动有机联系起来的桥梁，是实现企业战略目标的重要工具。图 11-1 展示了全面预算管理与战略的关系。

(2) 全面预算可以实现企业内部各个部门之间的协调。从系统论的观点来看，局部计划的最优化，对全局来说不一定是最佳的。因为各级各部门因其职

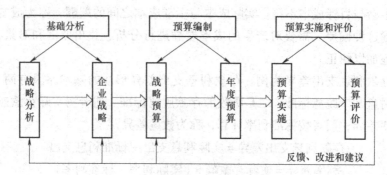

图 11-1　全面预算管理与战略的关系

责不同，往往会出现相互冲突的现象。各部门之间只有协调一致，才能最大限度地实现企业整体目标。

（3）全面预算可以有效控制业务活动。编制预算的目的就是为了实现目标管理。预算通过将企业总体经营目标分解转化为各个具体部门的工作任务，督促全体员工按企业总体安排开展各项业务活动，自觉执行各项预算指标；同时，通过日常核算跟踪和分析经济活动偏离预算的各种差异，并针对差异，采取措施，改进工作，实现过程控制。

（4）全面预算是高效配置资源的工具。首先，企业通过全面预算能够分析所拥有的资源是否支撑企业的战略规划目标和年度预算目标；其次，由于资源的稀缺性和各预算责任主体对资源需求的无限性，必须借助全面预算对有限的资源进行整合和分配，尽量将资源向能为企业带来更大价值的业务领域和管理环节倾斜；最后，对各个预算责任主体资源的分配也应和其预算目标的下达及资源投入产出回报的考核相联系。

（5）全面预算为业绩考核提供重要依据。全面预算首先是各级单位经营层对出资人的经营业绩承诺；其次又是全员参与，精心筹划的产物。预算是考核评价各责任中心与员工经营成果的重要标杆。预算规定的主要经济指标能否完成，完成情况好坏，是评价、考核、奖惩相关部门、单位工作的依据。

三、全面预算的分类

1. 按内容分类

根据内容不同，企业预算可以分为经营预算（营业预算）、资本支出预算和财务预算。

经营预算是指与企业日常经营活动直接相关的经营业务的各种预算。例如对于一般制造性企业，它主要包括销售预算、生产预算、直接材料预算、直接人工预算、制造费用预算、产品成本预算、销售费用预算和管理费用预算等。

资本支出预算是指对企业在预算期有关固定资产投资、权益性投资等支出的预算。

财务预算是指企业在预算期内反映有关预计现金收支、财务状况和经营成果的预算，主要包括现金预算和预计财务报表。财务预算作为全面预算体系的最后环节，它是从价值方面总括地反映企业营业预算与资本支出预算的结果，故也称为总预算，其他预算则相应称为辅助预算或分预算。显然，财务预算在全面预算中占有举足轻重的地位。

2. 按预算指标覆盖的时间分类

根据预算指标覆盖的时间长短，企业预算可分为短期预算和长期预算。

通常将预算期在 1 年以内（含 1 年）的预算称为短期预算，预算期在 1 年以上的预算称为长期预算。预算的编制时间可以视预算的内容和实际需要而定，可以是 1 周、1 月、1 季、1 年或若干年等。在预算编制过程中，往往应结合各项预算的特点，将长期预算和短期预算结合使用。一般情况下，企业的营业预算和财务预算多为 1 年期的短期预算，年内再按季或月细分，而且预算期间往往与会计期间保持一致。

四、全面预算体系

全面预算是由经营预算、资本支出预算和财务预算等类别的一系列预算构成的体系，各项预算之间相互联系、关系复杂。图 11-2 以商业银行为例，形成了全面预算体系中各项预算之间的关系。

五、全面预算编制方法

企业全面预算的构成内容比较复杂，编制预算需要采用适当的方法。常用的预算方法主要包括增量预算法与零基预算法、固定预算法与弹性预算法、定期预算法与滚动预算法，这些方法广泛应用于经营预算的编制。

（一）增量预算与零基预算

按预算编制的出发点不同，预算编制方法分为增量预算法和零基预算法。这两种方法主要用于成本费用预算的编制。

1. 增量预算法

增量预算法又称调整预算法，是指以基期的成本费用水平为基础，结合预算期内有关业务量的变化，对基期的成本费用水平进行适当调整，以确定预算

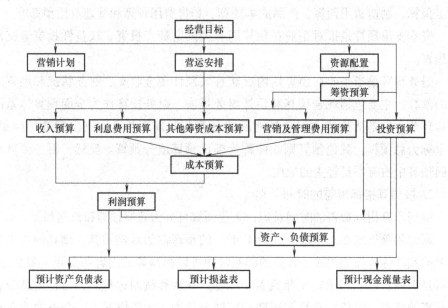

图 11-2　商业银行全面预算体系

注：引自吴开，沈正一. 现代商业银行成本管理［M］. 上海：上海财经大学出版社，2007.

期的预算数的预算编制方法。

增量预算法的前提条件是：①现有的业务活动是企业所必需的；②原有的各项业务都是合理的。

增量预算法的缺点是当预算期的情况发生变化时，预算数会受到基期不合理因素的干扰，可能导致预算的不准确，不利于调动各部门达成预算目标的积极性。

2. 零基预算法

零基预算法是针对传统增量预算法的不足提出的一种预算编制方法。它是指在编制预算时，不以过去的成本费用支出的实际水平为基础，一切从零开始，根据预算期的实际需要和可能，逐项审定各预算项目开支的必要性和数额，并经综合平衡来确定预算数的预算编制方法。运用零基预算法编制费用预算的具体步骤是：

（1）根据企业预算期利润目标、销售目标和生产指标等，分析预算期各项费用项目，并预测费用水平。

（2）拟订预算期各项费用的预算方案，权衡轻重缓急，划分费用支出的等级并排列先后顺序。

（3）根据企业预算期预算费用控制总额目标，按照费用支出等级及顺序，分解落实相应的费用控制目标，编制相应的费用预算。

应用零基预算法编制费用预算的优点是不受前期费用项目和费用水平的制约，能够调动各部门降低费用的积极性，但其缺点是编制工作量大。

零基预算也适用于企业其他各项预算的编制，特别是不经常发生的预算项目或预算编制基础变化较大的预算项目。

（二）固定预算与弹性预算

按业务量基础数量特征的不同，预算编制方法可分为固定预算法和弹性预算法两大类。

1. 固定预算法

固定预算法又称静态预算法，是指在编制预算时，只根据预算期某一固定的业务量水平来编制预算的方法。

固定预算方法存在适应性差和可比性差的缺点，一般适用于经营业务稳定的企业，也广泛用于政府机构、非营利事业单位，也可用于编制固定费用预算。

2. 弹性预算法

弹性预算法又称动态预算法，是指在特定的业务量范围内，按照预算期可预见的一系列业务量水平来编制预算的方法。它是在成本性态分析（将成本区分变动成本和固定成本）的基础上，依据成本、业务量和利润之间的联动关系，来编制预算期内相关的业务量水平的预算。

与按固定业务量水平编制的固定预算相比，弹性预算有两个显著特点：①弹性预算是按一系列业务量水平编制的，从而扩大了预算的适用范围；②弹性预算是按成本性态分类列示的，在预算执行中可以计算一定实际业务量的预算成本，以便于预算执行的评价和考核。

表 11-6 就是采用弹性预算法编制的预算。

表 11-6　××行××储蓄所预算

××××年 单位：千元

项　　目	单位预算数	预计业务量（吸储额）			
		365 000	410 000	455 000	500 000
一、收入	3.80%	13 870	15 580	17 290	19 000
二、变动成本	2.18%	7 957	8 938	9 919	10 900
1. 利息支出	2.10%	7 665	8 610	9 555	10 500

（续）

项　目	单位预算数	预计业务量（吸储额）			
		365 000	410 000	455 000	500 000
2. 变动筹资费用	0.08%	292	328	364	400
其中：运钞费	0.030%	109.50	123.00	136.50	150.00
电脑运行费	0.013%	47.45	53.30	59.15	65.00
邮电费	0.020%	73.00	82.00	91.00	100.00
印刷费	0.017%	62.05	69.70	77.35	85.00
三、固定成本		980	980	980	980
其中：员工工资及附加		630	630	630	630
业务宣传费		6	6	6	6
保险费		108	108	108	108
折旧费		—	—	—	—
租赁费		31	31	31	31
水电费		29	29	29	29
维修费		78	78	78	78
安全保险费		86	86	86	86
其他费用费		12	12	12	12
四、利润		4 933	5 662	6 391	7 120

　　（三）定期预算与滚动预算

　　按预算期的时间特征不同，预算编制方法可分为定期预算法和滚动预算法两类。

　　1. 定期预算法

　　定期预算法是以固定不变的会计期间（通常是指年度）作为预算期间编制预算的方法。采用定期预算法编制预算，保证预算期间与会计期间在时期上配比，便于依据会计报告的数据与预算的比较，考核和评价预算的执行结果，但不利于前后各个期间的预算衔接，不能适应连续不断的业务活动过程的预算管理。

　　2. 滚动预算法

　　滚动预算法又称连续预算法或永续预算法，是在上期预算完成情况的基础上，调整和编制下期预算，并将预算期间逐期连续向后滚动推移，使预算期间保持一定的时期跨度。采用滚动预算法编制预算，按照滚动的时间单位不同可分为逐月滚动、逐季滚动和混合滚动。

（1）逐月滚动方式。逐月滚动方式是指在预算编制过程中，以月份为预算的编制和滚动单位，每个月调整一次预算的方法。

如在 20×1 年 1 月至 12 月的预算执行过程中，需要在 1 月末根据当月预算的执行情况，修订 2 月至 12 月的预算，同时补充下一年 20×2 年 1 月份的预算；到 2 月末可根据当月预算的执行情况，修订 3 月至 20×2 年 1 月的预算，同时补充 20×2 年 2 月份的预算；以此类推。

逐月滚动预算方式示意图如图 11-3 所示。按照逐月滚动方式编制的预算比较精确，但工作量较大。

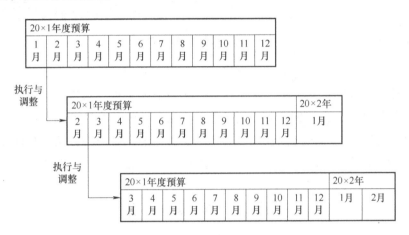

图 11-3　逐月滚动预算方式示意图

（2）逐季滚动方式。逐季滚动方式是指在预算编制过程中，以季度为预算的编制和滚动单位，每个季度调整一次预算的方法。

逐季滚动编制的预算比逐月滚动的工作量小，但精确度较差。

（3）混合滚动方式。混合滚动方式是指在预算编制过程中，同时以月份和季度作为预算的编制和滚动单位的方法。这种预算方法的理论依据是：人们对未来的了解程度具有对近期的预计把握较大，对远期的预计把握较小的特征。混合滚动预算方式示意图如图 11-4 所示。

运用滚动预算法编制预算使预算期间依时间顺序向后滚动，能够保持预算的持续性，有利于结合企业近期目标和长期目标考虑未来业务活动，使预算与实际情况更相适应，充分发挥预算的指导和控制作用。

预算方法多种多样，但各有优缺点，选择何种预算编制方法是保证预算科学性、可行性的重要基础。在实践操作过程中，没必要强调编制方法的一致性，而是根据不同的预算项目的特点和性质选择不同的编制方法，可以在同一个预

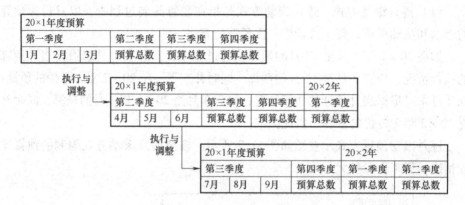

图 11-4 混合滚动预算方式示意图

算项目中选择较多种预算方法，也可以互相交叉使用，也可以在不同预算项目中选择多数相同的预算方法，不论什么方法只要能与现有环境相匹配就是正确的。预算管理要结合客观事实，预算管理方法也需随着事件的发展而改变，预算方法可以在不同阶段变换使用，总归一点，不管选择何种方法，必须要与企业实际情况相吻合，从而能切实提高企业预算编制的适用性和前瞻性。

第四节 绩 效 评 价

一、责任中心概述

实行分权制的公司将内部部门和经营单位，按照各自承担的责任和权限大小，划分为成本、利润、投资等责任中心，将公司整体的绩效目标分解落实到各内部各责任中心，并成为各责任中心绩效评价依据，是分权制公司绩效评估通行的做法。

成本中心是指其管理者能够对成本但不能对收入或投资资金进行控制的营业分部。利润中心是指其管理者既能对收入也能对成本实施控制的营业分部。投资中心是指其管理者对收入、成本以及经营资产的投资都能实施控制的营业分部。

（一）银行的责任中心

银行的责任中心是指享有一定的经营管理权限、承担一定的经济责任，并且能够合理计量和考核其经济责任履行情况的银行内部责任部门或责任单位。它是根据责任会计的需要而建立起来的用于控制和考核的单元。

　　银行责任会计的基本思路是对横向和纵向的机构、部门，按照责、权、利相结合的原则进行分解，合理划分责任单元，通过对责任单元经营管理活动的预算、分析、控制、考核来达到总体控制的目标。因此，责任中心的设计与划分是银行管理会计实务中最基础的一环。

　　（二）银行责任中心的设立

　　按照责、权、利相结合的思想，以独立或相对独立的经济业务和经营任务为基础，以管理权限和经济责任相结合为依据，以相关性和可控性为标准，根据银行内部职能分工体系，可将银行责任中心划分为费用中心、成本中心、利润中心和投资中心，如表11-7所示。

表 11-7　银行责任中心的划分

类　　型	含　　义	实　　例
费用中心	费用中心是指有权发生费用，而没有相应收入来源，只对费用进行控制和考核的责任中心	按照银行经营特点和管理要求，可将各职能部门设计为费用中心，如行政部门、办公室、劳动人事、稽核、监察、保卫、工会、调查统计、会计及其他纯职能部门等。这些部门的共同特点是纯粹的职能机构、管理机构和辅助机构，一般不存在收入来源，也不发生直接业务成本，而只发生费用消耗，对管理和控制的核心是费用开支的控制
成本中心	成本中心是指只对业务成本和费用负责，不承担主营业务收入实现责任的筹资业务部门或机构，主要是对外营业机构、储蓄及信用卡营业机构等	这类部门与机构虽可以通过成本加成转移资金来获取内部利润，但这种利润人为因素较大，可控性不强，并且主要是依靠降低成本而实现的，因此，将其设立为成本中心较为可行和合理
利润中心	利润中心是指既有成本费用支出，又有收入来源，既对成本进行控制和考核，又对收入和利润进行控制和考核的责任中心，如信贷部门、计划部门等	这些部门可以取得内部或外部资金来源资金拆借融通，在一定程度和权限范围内拥有对外的信贷资金投放权利，并取得资金投放收益。利润中心没有权利决定该中心的资产投资水平
投资中心	投资中心是指既对成本费用、收入、利润负责，又有权决定该中心资产投资规模并对投资效益负责的单位或部门	投资中心所要求的经济权限很多，几乎等同于一个完全独立的企业，而在我国银行"统一法人"体制下，特别是随着国家金融政策和金融监管体制的日趋完善，投资权利逐渐集中，从狭义的"投资"概念看，中、基层银行并不存在完全意义上的投资中心。但我们可以结合银行的经营特点，扩大"投资"概念的内涵，可以设立两类"人为"的投资中心：一是纵向划分的一些责任中心，如各分理处；二是由于债转股或其他投资而需设立的资产管理机构

实践中，各个银行应该根据自身实际情况具体划分责任中心。以某省级银行为例，其将总行视为最大的利润中心，分行、支行是下级利润中心；总行的部门依据具体职能，区分成本中心类型；分行的部门依据其具体职能，区分成本中心类型；支行作为最末级的利润中心，网点是特殊的成本中心；支行的部门依据其具体职能，区分成本中心类型，如表 11-8 所示。

表 11-8　某银行责任中心划分及管理意义

	责任中心具体划分	管 理 意 义
总行	总行是最大的利润中心，分行、支行是下级利润中心 总行的部门依据其具体职能，区分成本中心类型	总分支行作为实线汇报的利润中心，体现了总分支结构作为＊＊银行的管理模式 总行的部门依据其具体职能，区分成本中心类型。其细度是责任中心会计应该达到的细度，及核算会计需要考虑核算到此细度 总行层面各部门作为成本中心归集的成本，将向下级利润中心（分行）分摊
分行	分行是利润中心，分行的部门依据其具体职能，区分成本中心类型	分行及下属的支行作为利润中心，对于＊＊银行来说，是一个具有业务自主权的组织，有相当的资源调配的权利，承担了实现银行传略目标的主要责任 分行成本中心的细度，就是责任中心会计的细度 分行层面的成本中心归集的成本，将向下级利润中心（支行）分摊
支行和网点	支行作为最末级的利润中心，网点是特殊的成本中心 支行的部门依据其具体职能，区分成本中心类型	依据××银行的管理现状，支行拥有相对独立的资源调配权利，理应承担利润考核的义务，应作为利润中心管理 支行下的网点，其资源调配的能力有限，虽然其需要考核收入，但其管理更偏向与成本中心，所以将其定性为特殊的成本中心 支行层面的成本中心归集的成本，不再进行向利润中心的分摊

注：表中内容出自廖继全. 价值经营的创新平台：新一代银行管理会计．［M］. 北京：企业管理出版社，2016.

二、投资中心绩效评估

由于投资中心能够控制或显著影响可使用的投资资本，因此评价投资中心绩效的标准，是评价其是否赚取了足够的投资报酬。这里介绍两种衡量投资中心投资绩效的基本方法。

1. 投资报酬率

投资报酬率（ROI）被定义为经营净利润与平均经营资产的比率。

$$投资报酬率 = 经营净利润 \div 平均经营资产$$

一个投资中心的投资报酬率越高，那么，投资于该中心的每元经营资产所能产生的利润就越高。

ROI 是评估投资中心投资绩效最广泛使用的财务指标。原因在于使用资产额不同的两个投资中心，无法直观比较哪个中心绩效更好。比如，A 中心赚了100 万元利润，B 中心赚了 200 万元利润，我们是否可以得出结论认为 B 中心获利更好呢？答案是否定的，因为我们需要考虑两个中心各自使用了多少资本投资。假如 A 中心使用了 400 万元资本投资，B 中心使用了 1 600 万元资本投资，那么 A 中心的投资回报率是 25%，B 中心的投资回报率则只有 12.5%。

投资资本有其他用途，企业管理层希望确定投资于某一部门的资本收益是否超过该部门的资本机会成本。在上面的举例中，ROI 指标表明 A 中心的绩效更好。

投资报酬率可用于比较不同业务的回报，如集团内的其他部门或外部竞争对手。投资报酬率在所有类型的组织中都被广泛使用了多年，因此大多数管理者都了解这个指标所反映的内容，并认为它具有相当重要的意义。

尽管投资报酬率得到了广泛的应用，但当用这个指标来评估投资中心经理的绩效时，仍然存在许多问题。比如，最主要的问题之一就是目标一致性问题。例如，可以通过使企业整体更糟的行动来提高投资中心投资报酬率，反之，降低投资中心投资报酬率的行动可能使企业整体更美好。换句话说，基于投资报酬率评估投资中心经理的绩效可能不鼓励目标一致性。

例如，X 投资中心和 Y 投资中心各有一个 1 000 万元的可投资项目，X 中心的拟建项目报酬率为 20%，低于当前 X 中心投资报酬率 25%，Y 中心的拟建项目报酬率 13%，高于当前 Y 中心的投资报酬率 9%，如表 11-9 所示。

表 11-9　X 和 Y 投资中心可投资项目情况　　　　　单位：元

	X 投资中心	Y 投资中心
可投资项目	1 000 万	1 000 万
可控贡献	200 万	130 万
拟建项目报酬率	20%	13%
当前投资报酬率	25%	9%

假设这两个项目都不会导致不可控成本的任何变化，公司的总资本成本为15%。X 中心的经理不愿意再投资 1 000 万元，因为拟投项目的报酬率为 20%，这将降低现有的总投资报酬率 25%。另一方面，Y 中心的经理希望投资 1 000 万元，因为 13% 的拟投项目报酬率超过了目前 9% 的报酬率，这将增加该中心的整

体投资报酬率。因此，两个中心的经理会做出不符合公司最大利益的决定。公司应接受报酬率超过资本成本15%的项目，但X中心经理将拒绝有20%潜在回报的项目投资，Y中心经理将接受有13%潜在回报的项目投资，这将降低公司总体的回报。因此，投资报酬率会导致目标不一致问题。

管理者也有动力做出错误的资产处置决策。考虑到X中心经理的资产收益率为19%，Y中心经理的资产收益率为12%的情况。X中心经理可以通过处置资产来增加投资报酬率，而Y中心的投资报酬率则会随着资产的出售而下降。当资产的回报低于资本成本时，资产处置是适当的。因此，应保留X中心的资产，并出售Y中心的资产（假设资产可以按账面价值出售）。因此，两位经理都可以通过做出不符合公司最佳利益的决策来提高投资报酬率。

2. 剩余收益

为了克服投资报酬率的一些功能失调的后果，可以使用剩余收益（RI）方法。为了评估投资中心经理的绩效，剩余收益被定义为投资中心赚取的高于经营资产最低必要报酬的经营净收益。计算公式为

剩余收益 = 经营净收益 −（平均经营资产 × 最小必要回报率）

对于拟投资的项目而言，平均经营净资产可以用拟投资额来计算，最小必要回报通常是指企业所要求的资本成本。

如果用剩余收益来衡量投资中心的管理绩效，那么在以自己的最佳利益行事的同时，鼓励管理者以公司的最佳利益行事的可能性更大，从而解决目标一致性问题。

回到我们之前关于X和Y中心投资决策的说明，剩余收益计算如表11-10所示。

表 11-10　X和Y投资中心剩余收益计算表　　　　单位：元

	X投资中心	Y投资中心
拟投资项目	1 000 万	1 000 万
可控贡献	200 万	130 万
资本成本费用（投资成本的15%）	150	150
剩余收益	50	−20

计算结果表明，如果两位经理都接受该项目，X中心的剩余收益将增加，Y中心的剩余收益将减少。因此，X中心的经理会投资，而Y中心的经理不会投资。这些行为对公司整体而言是最有利的。

三、平衡计分卡

（一）平衡计分卡简介

平衡计分卡是由罗伯特·卡普兰博士和大卫·诺顿博士开发的一种战略规划和管理系统，在组织中广泛使用，以使业务活动与组织的愿景和战略保持一致。

平衡计分卡作为一个绩效衡量框架，核心思想是衡量战略目标不能仅局限在财务目标上，还应体现在多层次的非财务指标上，以使管理者和高管对组织绩效有一个更加"平衡"的看法。

管理者通过确定应该做什么和衡量什么，也有助于改善内部和外部沟通，并根据战略目标监控组织绩效。

平衡计分卡建议从四个角度对组织进行绩效评估：财务、客户、内部业务流程以及学习与成长。

（1）财务角度。这一角度评估了回报率、盈利能力增长和成本管理。但财务数据关注的是历史业绩。因此，这些财务指标不足以指导和评估必须做出的通过对客户、供应商、员工、流程、技术和创新的投资创造未来价值的业务决策。

卡普兰和诺顿说，过分强调财务角度可能导致其他角度的"不平衡"局面。可能需要在此类别中包括其他财务相关数据，如风险评估和成本效益数据。

（2）客户角度。最近的管理理念表明，越来越多的人认识到以客户为中心和客户满意的重要性。如果客户不满意，他们最终会找到其他满足他们需求的供应商。因此，从这个角度来看，业绩不佳是未来下滑的主要指标，尽管目前的财务状况可能看起来不错。在制定满意度指标时，应根据客户类型和向关键客户群体提供产品或服务的过程类型对客户进行分析。

（3）内部业务流程角度。这个角度涉及内部业务流程。基于这一角度的衡量可以让管理者了解他们的业务运行状况，以及其产品和服务是否符合客户的要求。企业创造新产品以满足客户需求的能力、生产和交付流程以及售后服务都是从这个角度进行评估的。基准可以根据主要竞争对手、当前产品价格、客户甚至以前的员工设定。

（4）学习与成长角度。这一角度确定了组织必须超越的能力，以实现为客户和股东创造价值的卓越内部流程。它还包括员工培训和与个人和企业自我提高相关的企业文化态度。

平衡计分卡四个角度之间具有因果关系，财务指标是企业的最终目标，而要实现财务目标就要实现客户目标；而要实现客户目标就要先实现流程目标；最后，要实现流程目标就要实现学习和成长目标。在这个因果链中，结果端又被称为滞后指标，而原因端又被称为领先指标或绩效驱动因素。

（二）平衡计分卡的优缺点

1. 优点

（1）通过查看企业绩效的四个角度，可以形成企业绩效的平衡视图。除了考虑企业的财务业绩外，平衡计分卡还使管理层能够考虑企业是否满足其他目标，例如客户满意度、市场份额等。

（2）平衡计分卡引导管理层考虑长远发展。利益相关者可以根据企业的短期、中期和长期目标来评估企业。

（3）通过使用平衡记分卡，企业可以确保实施的任何战略行动都符合目标，从而达到预期的结果。

2. 缺点

平衡计分卡不是解决问题的工具。相反，它只是从四个角度评估和发展企业的推荐方法。计分卡上包含的财务信息有限。相反，为了成功地实施，平衡计分卡没有提供底线分数，也没有提供带有明确建议的统一视图。它只是一个指标列表。一个企业不能依赖平衡计分卡作为唯一衡量绩效的指标。

此外，平衡计分卡未能充分反映利益相关者的需求。例如，它不涉及人力资源方面、政治问题、新监管框架的影响以及企业的社会责任。

📖【要点回顾】

1. 本量利分析是研究企业在一定期间内的成本、业务量和利润三者之间的内在联系的一种定量分析方法，主要包括保本分析、安全边际分析、保利分析（目标利润分析）等内容。

2. 标准成本法是成本控制的有效方法，标准成本既为预算编制提供基础依据，也为差异分析提供参考标准。

3. 将企业内部部门和经营单位，按照各自承担的责任和权限大小，划分为成本、利润、投资等责任中心，将企业整体的绩效目标分解落实到各内部各责任中心，并成为各责任中心绩效评价的依据，是分权制公司绩效评估通行的做法。

4. 投资报酬率和剩余收益是评估投资中心绩效的两种基本方法。

5. 平衡计分卡是一种战略规划和管理系统，作为一个绩效衡量框架，其核心思想是衡量战略目标不能仅局限在财务目标上，还应体现在多层次的非财务指标上，以使组织管理者对组织绩效有一个更加"平衡"的看法。

【复习题】

1. 假设 A 公司生产销售一种产品——甲，售价是 5 元/件，单位变动成本是 1 元/件，固定成本是 10 000 元，A 公司甲产品的保本量是（　　）。

A. 2 000 件　　　　　　　　B. 10 000 件

C. 2 500 件　　　　　　　　D. 1666.67 件

2. 直接材料成本的用量差异的计算公式是（　　）。

A. 实际用量 ×（实际单价 – 标准单价）

B. （实际用量 – 标准用量）× 标准单价

C. （实际用量 – 标准用量）× 实际单价

D. 以上都不对

3. 全面预算是由多个预算组成的体系，你认为以下答案哪个正确？（　　）。

A. 经营预算　　　　　　　　B. 财务预算

C. 资本支出预算　　　　　　D. 以上都是

第十二章

信息技术在会计与财务中的应用

第一节　ERP 系统概述

一、ERP 系统的定义

ERP 是英文 Enterprise Resource Planning 的简称，即企业资源计划，也称为企业资源规划。ERP 是对企业的所有资源进行计划、控制和管理的一种手段。

ERP 系统是一个信息技术工业术语，它是集成的、基于多模块的应用软件包，为企业的各种相关业务职能提供服务。ERP 系统是一个战略工具，它通过集成业务流程，可以帮助企业提高经营和管理水平，有助于企业优化可以利用的资源。ERP 系统有助于企业更好地管理其业务、指导资源的利用和制订未来的计划。ERP 系统允许企业根据当前行业的最佳管理实践标准化其业务流程。

从系统的角度来看，ERP 系统是一个有着自己的目标、组成部分和边界的有机统一的系统。只有当 ERP 系统的各个组成部分的运行达到协调一致时，ERP 系统才能真正地发挥出效能。

（一）ERP 系统的目标

ERP 系统的目标是改进和流线化企业的内部业务流程，然后在此基础上提高企业的管理水平、降低成本以及增加效益。一般情况下，在实施 ERP 系统时，需要对企业的当前业务流程进行再造。

（二）ERP 系统的组成部分

ERP 系统包括四个组成部分：ERP 软件、流线化的业务流程、终端用户以及支持 ERP 软件的硬件和操作系统。

（1）ERP 软件。ERP 系统的核心是 ERP 软件。ERP 软件是一种基于模块的应用程序。每一个软件模块都自动化企业内部的某个职能领域的业务活动。一般情况下，ERP 软件涉及产品计划、零部件采购、库存管理、产品分销、订单跟踪以及财务管理和人力资源管理等职能。

（2）流线化的业务流程。管理学家 Anthony 把企业中的业务流程划分为三个层次，即战略计划层、管理控制层和业务操作层。ERP 软件作为一种企业级的管理解决方案，应该支持企业各个层次业务流程的流线化。实践证明，许多成功的 ERP 系统正是因为集成了跨职能部门的业务流程而达到了预期的目标。

（3）终端用户。ERP 系统的终端用户是企业中各个层次的员工，既包括企业底层的业务人员，也包括企业高层的决策人员和中层管理人员。

（4）支持 ERP 软件的硬件和操作系统。据统计，UNIX 操作系统由于具有较高的安全性、可靠的稳定性和强大的网络功能而成为当前运行 ERP 软件的主要操作系统。除此之外，Windows 操作系统和 Linux 操作系统也是运行 ERP 软件的比较常用的操作系统。

（三）ERP 系统的边界

一般认为，ERP 系统的边界小于实施该 ERP 系统的企业边界。相对来说，供应链管理系统、客户关系管理系统和电子商务系统的边界扩展到实施了这些系统的企业供应商、合作伙伴和客户。在实践中，如果 ERP 系统的实施涉及与企业外部信息系统的集成，那么意味着这种实施内容包括 ERP 系统和其他系统。

二、ERP 系统的特点

ERP 系统把企业中的各个部门和职能集成到了一个计算机系统中，它可以为各个职能部门的不同需求提供服务。ERP 系统提供了一个单一的计算机程序，它既可以满足财务部门员工成本核算的需求，也可以满足人力资源部门员工绩效考核的工作需要，还可以满足仓库管理部门员工提高物料管理水平的需求。在 ERP 系统出现之前，企业中的许多职能部门都有自己单独的计算机系统，这些系统都有特殊的优化方式，以便满足这些职能部门的需求。实际上，目前很多企业或多或少都采用了一些各种各样的基于计算机辅助管理的信息系统。而

ERP系统把它们合并在一个单独的计算机系统中，在一个单独的数据库系统下运行，以便各个职能部门共享数据和互相通信。这种集成方式可以大大提高企业各项业务的运行效率。

例如，分析与客户签订订单这项业务流程。在采用ERP系统之前，一般情况下，当与客户签订一个订单时，该订单纸张就开始在企业中从一张办公桌到另一张办公桌的旅行，在不同的计算机系统中一遍遍输入。这种订单处理方式就产生了一系列的问题：订单的处理时间经常性地被延迟，同一个订单由于在不断地输入计算机的重复过程中经常会产生不同的数据而造成订单错误，甚至有些订单纸张被丢失等。同时，在整个企业范围内，没有人准确地知道某一个订单的当前状态、它位于企业中的哪一个位置。财务部门由于无法登录仓库的计算机系统而不知道某种指定的物料是否收到或指定的产品是否已经运输出去。各职能部门形成数据孤岛，信息沟通壁垒高。而ERP系统可以将那些在执行业务流程中重复进行的工作自动化管理。订单完成工作包括从客户那里获取订单、传输订单和记账等。通过使用ERP系统，当客户服务代表从客户那里得到订单时，他就拥有了该订单的所有信息，例如该客户的订单历史、企业的库存水平和产品开始运输时间等。企业中的每一个员工都可以看到同一个系统界面，该订单就通过ERP系统按照已经定义好的路径自动地传到下一个部门。查找订单在什么地方，只需登录ERP系统并且按照订单处理路径寻找即可。

ERP系统试图集成企业中跨职能的所有部门到单个信息系统的企业级信息系统，以便满足各个不同职能部门的信息需求。ERP系统的主要优点在于，协调了各部门之间的工作，提高了跨职能部门的业务流程的执行效率。ERP系统的实现有助于数据仓库的建立，这是因为ERP系统提高了数据的可访问性，管理人员在需要执行决策时可用分钟级的时间实时访问所需的信息。ERP系统提供了跟踪业务活动的实际成本的能力，允许企业执行基于活动的成本管理方法（也称作业成本管理）。

ERP系统可以在企业的业务操作层、管理控制层和战略计划层这三个层次上都提供支持和流线化业务流程。

（1）在业务操作层，ERP系统可以降低业务成本。ERP系统是一个试图将企业各业务部门的业务流程集成到一个企业级业务流程的信息系统。ERP系统的主要优点在于协调各个业务部门，提高业务流程的整体效率。实施ERP系统之后，妥善运用即可降低业务成本，例如，降低库存控制成本、降低生产成本、降低市场营销成本和降低客户服务成本等。

（2）在管理控制层，ERP系统可以促进实时管理的实施。实施ERP系统之后，可以促进实时管理的实施。ERP 系统提供了对数据更有效的访问，管理人员可以以分钟级的速度实时访问用于决策的信息。ERP 系统提供了跟踪各项活动成本的功能，有助于企业实行作业成本法。管理控制的工作实际上就是及时发现问题并解决问题的过程，ERP 系统的使用大大提高了管理人员及时发现问题并解决问题的能力。

（3）在战略计划层，ERP 系统可以支持战略计划。ERP 系统的一个重要作用就是支持战略计划中的资源计划。不过，在许多企业实际的 ERP 系统中，由于战略计划的复杂性和缺乏与决策支持系统的充分集成等原因，资源战略计划的功能被大大削弱，而只强调具体的业务执行计划。如何更好地提高 ERP 系统的战略计划功能，是 ERP 系统今后发展的一个重要方向。

三、ERP 系统的发展及现状

制造资源计划（Manufacturing Resource Planning，MRP）是 ERP 系统的初期形式，为 ERP 系统的发展提供了指导思想，MRPⅡ是对生产加工型企业的整体资源进行合理有效配置的管理体系，以生产计划为主要管理思想的企业管理运行模式，首次提出将企业运行细化到各个方面，例如经营生产、销售、采购、加工、财务等方面的计算机辅助运营系统。ERP 作为 MRPⅡ的高级阶段，在实施 MRPⅡ的基础上，拓展了信息化管理模式，给企业带来的效益远比 MRPⅡ的效益更具优势。

由于信息化发达国家的信息化优势，其国家整体信息化的程度较高，生产制造企业运用 ERP 系统进行生产管理是比较常见的。目前汽车零部件制造行业排名世界前列的企业大多都是运用 ERP 系统多年且相对成熟的企业，例如美国康明斯、日本电装和丰田纺织、韩国现代摩比斯、德国博世和大陆集团、法国弗吉亚、加拿大麦格纳等，无一不是运用 ERP 几十年的公司。在 ERP 尚未引进我国时，沈阳鼓风机厂便引入了 MRPⅡ系统对企业运行进行管理，这是国内第一次引进 MRPⅡ的企业。在 1984 年，沈阳鼓风机厂为了引进国外先进制造技术，在国外企业调研阶段，了解到了国外大型制造企业正在运用信息化管理手段，彻底改变之前的管理模式，大幅度提高了企业的运行效率和生产效率，于是决定引进先进的管理技术手段，将 IBM 公司的 COPICS 软件引进，带来了企业甚至是整个行业的管理方式变革。进入 20 世纪 90 年代后，国内的工业企业的发展速度迎来新高，这也使得对 ERP 系统的需求不断增强，企业运行 ERP 的案例也逐渐增多，ERP 的作用被国内企业逐渐认可。国际巨头软件公司看到了国内的广阔应用前景，瞄准国内新的 ERP 软件市场。同时，国内知名软件公司也开始了对 ERP 信息系统的开发和研究，逐渐形成了适合国内企业运行模式的本土化 ERP 软件，逐渐形成了以金蝶系统、用友系统、浪潮软件为龙头的国内 ERP 软件开发应用市场。

我国企业的 ERP 系统程度到底如何呢？中国证监会于 2014 年对我国上市公司的 ERP 系统及目前所处阶段进行了调查（见表 12-1），结果显示：我国上市公司的财务会计系统上线比例最高，有 78.79% 的上市公司正式上线了财务会计系统，15.37% 的上市公司在规划/实施/试行财务会计系统，仅有 1.56% 及 4.27% 的上市公司尚未规划或不适用财务会计系统；其次为供应链管理（57.86%）、销售与分销管理（55.56%）及成本控制（54.21%）。商务智能/数据服务系统在这些公司中正式上线的比例最少，仅为 22.27%。总体来说，我国上市公司 ERP 系统处于规划/实施/试行及正式上线的比例为 77.61%。

表 12-1　ERP 系统及目前所处阶段

系　统	样　本　量	尚未规划（%）	规划/实施/试行（%）	正式上线（%）	不　适　用（%）
财务会计	1919	1.56	15.37	78.79	4.27
供应链管理	1863	7.51	22.28	57.86	12.35
销售与分销管理	1845	8.73	21.41	55.56	14.31
成本控制	1830	8.03	28.42	54.21	9.34
人力资源管理	1848	10.82	28.79	52.22	8.17
生产计划	1820	8.19	24.95	49.40	17.47
客户关系管理	1792	16.35	32.98	37.33	13.34
商务智能/数据服务	1751	24.33	36.95	22.27	16.45
其他	186	3.23	18.28	62.37	16.13
合计	14 854	10.45	26.14	51.47	11.94

注：资料来源：赵立新，等. 企业内部控制研究——基于中国上市公司调查数据［M］. 北京：中国财政经济出版社，2015.

第二节　财务共享概述

一、财务共享服务的概念与发展

（一）财务共享服务的概念

随着企业规模日益扩大、业务类型不断增加，企业分公司、子公司的多个财务机构使财务人员与管理费用快速膨胀，导致统一协调财务越来越困难。这些现实严重毁损着企业的核心价值，传统财务管理模式已经成为制约企业发展的瓶颈，应运而生的财务共享是财务转型的必然。

财务共享服务是通过将集团企业分散在各个区域运营单元中易于标准化和规范化的财务业务进行流程再造与标准化，并集中到相对独立的财务共享服务中心进行处理。

企业建造一个财务共享服务中心（Financial Shared Service Center），是将企业原本分散在各业务单元的日常性、重复性、程式化、通用性的工作放在人力成本较低的地区进行集中处理。财务共享中心不仅能降低人工成本，发挥标准化和专业化优势，还能使各业务单元腾出更多精力用于核心业务，这已被许多大型集团企业，尤其是跨国企业采用。具体来说，财务共享服务中心对所有成员单位采用相同的标准作业流程，废除冗余的步骤和流程，对"来料"进行加工，输出高质量的财务数据，并消除了由于分散的地域、独立的规则造成的信息孤岛。财务共享服务中心保证了数据逻辑的有序以及财务信息的准确性和及时性，并且拥有成员单位的所有财务数据，数据的汇总、分析不再费时费力，更容易做到跨地域、跨部门整合数据。因此，财务共享服务中心可以说是企业集团的财务服务平台，是各成员单位的会计业务运作中心、财务数据中心和服务中心。账务共享服务中心建立在信息技术及系统之上，有效支撑了集团制度的标准化、流程的科学化和精简化，实现了降低成本、提高效率、强化集团内部风险控制的目标。

（二）财务共享服务的发展

1. 发展阶段

财务共享服务从孕育到诞生，从成熟到发展，伴随着财务管理模式的变革，经历了四个阶段：分散——集中——共享——外包。而在当今社会技术日新月异的大环境下，账务共享服务中心的未来在四阶段的基础上，将不断向更为广阔的方向发展。

（1）分散。财务共享服务的发展与企业自身的经营和发展密不可分。在初期，会计核算通常采用按会计主体进行分级核算的模式，即下属公司仍保留原来固有的一套财务组织。财务机构随着企业经营的扩张而扩张，一般来讲每建设一个分公司或分支机构，在达到一定人员或业务规模后，就会设置一个财务机构支撑当地的财务需求，这就造成了必然的分散型财务核算模式。此种模式在大型企业中非常常见，各个分子公司设置财务部门，独立核算，定期将报表层层上报并汇总合并。

这些分散的财务管理部门"在不同的地方以相同的标准做事",自身业务处理完整,但存在着不少弊端:①管理层次多,会计主体多,存在大量内部交易,核算复杂,合并报表的工作量大,财务报告层次多、流程长、效率低;②各下属公司通常开设各自的银行账户,资金被分散沉淀和闲置,资金周转速度慢、使用效率低;③会计信息准确性和及时性差,对决策支持功能弱,集团无法对下属公司的运行状况实施有效、及时的监管,形成了一个个信息孤岛,使得集团整体的信息收集和政策制定都存在信息的死角,埋下风险隐患。

(2)集中。20世纪90年代Internet和ERP技术的发展,使企业财务信息系统的集中成为可能,集中的财务模式得以发展。集中式财务管理,即集团总部将财务人员、银行账户、资金乃至资源配置权、管理控制权都集中于总部,以此来加强整个集团的财务管控。通过集中处理业务,简化了核算层次,避免了内部交易抵销不充分现象,缩短了财务报告流程,并规范了会计核算,加强了财务监控能力。同时集中核算促进了资金集中管理,降低了资金沉淀和资金成本。集中的财务管理模式规避了分散模式下所存在的诸多问题,加强了企业对分支机构的集中控制,通过将人员和业务集中"在同一个地方以相同的标准做事",打破原来的壁垒,使信息得以充分共享,财务政策得到有力执行。

(3)共享。随着经济全球化和信息化的发展,在资源有限的条件下,基于价值链的管理,寻找新的经济增长点和企业增值模式,资源的整合成为企业目标的关键,财务共享服务应运而生。

财务共享服务对流程进行优化再造,对操作进行标准化,对人员进行专业化分工,以一个独立运营的"服务部门"方式再造了财务核算,相对于财务集中而言,其财务工作方式、理念都发生了质的变化。由财务共享服务中心对财务业务进行集成封装,一个服务端(共享服务中心)向多个客户端(成员单位)提供服务,客户端共享服务端的资源。服务端可以根据不同单位业务量的多少在其内部的账务处理单元实现负载均衡。因此,财务会计的工作是对多个企业相同的流程进行的专业化分工处理,在对某一个企业进行账务处理时,不必掌握全部的财务流程就可胜任。

由于基础的财务工作由专业的财务会计人员来完成,保证了会计记录和报告的规范、标准。财务管理人员则从繁杂的财务工作中解放出来,将精力集中于经营分析和战略规划,提高了对企业的经营决策支持,财务管理人员的职能得以转型,成为企业管理者的参谋、业务伙伴和企业策略合伙人。

（4）外包。共享服务充分发展后，又将向社会化方式进一步延伸。各企业的财务工作可能会外包给社会上更专业和更具成本优势的财务外包公司，企业内部的财务部门则专注于对信息的监管、使用和需求规划。外包具有流程效率、灵活性、可扩展性，以及在合约的约束下不断改进等优点。

2. 我国财务共享服务的发展和现状

2005 年以来，财务共享服务概念逐渐被引入国内。大量企业从各自的实际情况考虑发现，建立财务系统以及业务系统，都需要投入大量资金用于信息化系统建设，引入并运用财务共享服务模式，借助财务共享服务实现业务与财务系统互联互通，实现资源整合，是大型集团企业财务管理的必然趋势。

自 2006 年开始，越来越多的知名企业在我国设立财务共享服务中心。例如，2009 年，DHL、安永、美国百得集团纷纷在我国设立共享服务中心；2011 年，澳新银行、ANZ 继班加罗尔和马尼拉之后在成都成立了第三个财务共享服务中心。与此同时，海尔、苏宁、华为、中兴、阳光保险等一批中国企业也开始实践财务共享。近年，随着"一带一路"倡议的兴起，以中国交建为代表的大量中国建筑企业率先走出去。在走出去的过程中，也开始大量建设财务共享服务中心。在这个过程中，财务共享服务得到了新的发展和突破，管控与服务并重的财务共享服务理念逐渐成熟并被大型集团所接受，我国的财务共享服务发展开始走在世界前列。

政府也在全国范围内加大推进财务共享服务。2013 年 12 月底，财政部下发的《企业会计信息化工作规范》明确提出分公司、子公司数量多、分布广的大型企业、企业集团应当探索利用新 IT 技术促进会计工作的集中，逐步建立财务共享服务中心。国资委在《关于加强中央企业财务信息化工作的通知》中强调"企业应根据集团"十二五"发展规划，结合集团信息化纲要有计划分步骤组织实施、做到与集团整体信息化规划同步、系统集成、标准统一、信息共享"。2014 年 11 月，财政部 2014-27 号文《财政部关于全面推进管理会计体系建设的指导意见》中指出：鼓励企业充分利用专业化分工和信息技术优势，建立财务共享服务中心，加快会计职能从核算到管理决策的转变和管理会计工作的有效开展。在 2015 年 12 月，国家税务总局发布《关于推行通过增值税电子发票系统开具的增值税电子普通发票有关问题的公告》，规定自 2015 年 12 月 1 日起全国推行增值税电子普通发票，明确电子发票打印与纸质发票具有同等效力。这些都体现了我国政府对企业财务共享服务建设的重视。财务共享服务中心已经成为新型财务管理模式的大势所趋和必然途径。

二、管控服务型财务共享

（一）管控服务型财务共享的概念

管控服务型财务共享是大型集团企业通过建立统一的财务共享服务中心，将企业分散在各个区域运营单元中易于标准化和规范化的财务业务进行流程再造与标准化，集中处理，降低成本、提升业务处理效率，同时借助共享服务中心的数据及流程支撑，纵向上加强对下属运营单元的管控力度，横向上向业务进行延伸，实现财务业务一体化，全面支撑集团企业的管理决策，更好地为经营管理服务。

相对于传统财务共享服务专注于提升效率，降低运营成本，局限于服务、效率、规模三个方面，新型的管控服务型财务共享方案以"借助共享模式、加强财务管控"为核心，打造"柔性共享、精细管控、业财一体"的新模式，帮助集团企业实现共享服务中心与财务管控之间的深度融合。管控服务型财务共享与传统财务共享都是建立在信息技术及系统之上的。不同的是，它的管理目标有两个：一是通过提供集团企业的制度标准化、运行流程简约化的运行机制，实现降低成本、提高效率的目标；二是强化集团内部集中管控，降低运行风险的目标。管控服务型财务共享更强调管控和服务并重，而且管控是首要目标。在企业日常经营活动中，管控组织是相对刚性的，是业务执行的保障，通常来讲，财务共享服务中心组织的建立不应该破坏原有的业务管控体系，原有的独立核算主体不变、财务管理监督权不变以及成员单位的财务审批权、资金所有权及使用权保持不变，共享组织是服务组织，可根据企业的特点灵活设置，提供的服务内容也可以按需规划，强调管控组织和共享组织刚柔并济。

相较于以费控系统为主的一般服务型财务共享建设，管控服务型财务共享服务中心的工作流程不是以报账为起点，而是业务驱动，即先有业务后有财务，强调横向的业务财务一体化管控，其信息化更加强调与业务系统的集成，在原有集团财务及 ERP 系统基础上，建立共享平台与业务系统的横向连接，包括由业务系统发起报账流程及从报账系统追溯业务单据，提供全价值链的财务管理服务。

管控服务型财务共享服务中心的建设与一般服务型财务共享服务中心，除了管控与业财一体化上有很大不同外，还有其他特点。表12-2从发展背景与动机、价值创造、组织定位、组织发展、组织考核、人员来源、职能角色、选址、信息系统、后期需集成的外部系统、业务流程、业务流程优化重点几个方面进行了对比。管控服务型财务共享服务中心不需要选择一个独立于总部和下属单位以外的第三地作为办公地点，可以在原有的集团财务管理机构的基础上进行适当的财务组织变动而形成。

表 12-2　管控服务型财务共享与一般服务型财务共享对比表

战略地位	一般服务型财务共享服务中心	管控服务型财务共享服务中心
发展背景与动机	经济发展缓慢和全球化扩张的产物，成本因素是企业推行财务共享服务所考虑的首要因素，泰勒主义和福特主义是其存在的理由和根源	经济迅猛发展、企业集团规模迅速扩大、财务监管理念和手段落后，财务核算"被空心化"
价值创造	效率提升、运营成本降低、服务满意	财务信息质量提升、财务风险可控、战略支撑
组织定位	趋向成为独立运营的利润中心，将营利性作为重要的业务发展依据	主要面向集团内部进行业务扩展，强调业务的可靠性和稳定性，对于规模扩张和营利性要求并不突出
组织发展	独立的服务机构，企业服务资源共享	集团财务部下属职能部门之一
组织考核	利润中心，依据服务水平协议进行收费，可以向外部提供服务	成本中心，财务部主要面向内部提供财务服务
人员来源	社会外聘，注重低成本，一般采用计件工资	部分来自内部，一般不采用计件工资
职能角色	去智能化，定位于基础性服务平台，只是在服务水平协议框架内考虑其追求的主要目标——服务、效率和规模	管控模式仍立足于财务领域和职能，并在提供财务共享服务时考虑企业集团内部其他专业性财务管理要求
选址	综合考虑成本、地方政策支持、人力资源、人员成本、综合办公成本、城市基础、IT 设施等因素	一般前期选址在总部所在地
信息系统	财务共享系统趋于独立，系统设计重视业务人员的操作便捷性	系统设计重视业务流程的协同性，财务共享系统与 ERP 系统有机集成
后期需集成的外部系统	差旅系统、行政办公系统	业务系统、差旅管理、税务管理等
业务流程	追求流程精简、优化、强调服务客户	注重内控细化和完善
业务流程优化重点	优化、创新服务流程，降低服务成本	根据内控制度进一步强化管控力度，强调对经营管理和决策的支撑

注：资料来源：王兴山. 数字化转型中的财务共享［M］. 北京：电子工业出版社，2018.

（二）管控服务型财务共享服务中心构建核心

建立管控服务型财务共享服务中心有两个核心：①通过柔性共享化服务于已经固化的组织。让共享服务组织与原有企业的行政组织、经营组织、财务组织一一对应，让共享服务中心在不同范围可以任意改变，可以按不同主线建立共享服务中心，如按板块、按产业、按区域、按项目、按照集团总部等。通过柔性共享，集团总部能够建立起财务大数据仓库，进行多维度的分析，支持领导决策，进一步加强集团总部的管控力度。再者，柔性共享化服务在为二级集团、三级集团提供会计服务的同时又不会影响这些集团原有管控关系。②建立能够实现业务财务融合的管控服务型财务共享服务中心。横向打通业务系统与共享平台，由业务推送生成报账单，完成财务数据有业务来源，可追溯联查，同时财务提供数字化服务，对业务进行指导及事中管控，实现全价值链财务管理支持。集成业务系统与财务共享平台，业务流程统一在报账平台发起，或者由业务系统发起后统一推送至报账平台，由财务人员统一处理，数出一门。借助数字化工具，从移动报账到电子发票到影响识别到电子归档，实现全程电子化作业模式，提高工作效率，同时也解决部分实务票据异地管理的难题。各类业务单据推送到共享中心作业池后，由主任或组长对工作任务统一分配、统一调度，根据派工规则分配任务到不同的作业岗位，并由作业人员进行处理，优质高效地提供财务服务。利用财务共享的资源整合优势和大数据技术，财务部门可以为企业提供满足内部精细要求的管理报告，甚至对业务过程进行事前预测、事中控制和事后指导。

（三）管控服务型财务共享服务中心信息化支撑

管控服务型财务共享服务中心是一个建立在 ERP 系统基础之上的业务、财务的数据存储及信息处理中心[⊖]。企业通过 ERP 将其分布在各个单元的零散的财务及业务数据搜集整合在共享服务中心，进行标准化和规范化处理，从而达到提高业务处理效率、降低流程重复率的效果，帮助企业精简业务、实现业财一体化、提升业务处理的能力及效率，为企业经营管理及管理决策提供更好的服务。所谓的业财一体化，是指管控服务型财务共享中心利用其信息化平台，连接了包括项目管理、人力资源、供应链、OA、资产管理、成本管理等系统在内的业务系统，通过制定标准化规则，将业务数据推送到共享中心统一入口。其中，业务部门审批、控制在业务系统中完成；财务审批、支付、收款等在财务共享服务中心中完成。这样做可以减少重复的信息录入，保证工作留痕，增加系统的控制点。通过业务流程和权限管理，每种业务数据被推送到对应业务组处理，并统一形成总账凭证、收支结果、对外披露报表等。

相较于以费控系统为主的一般财务共享信息系统，管控服务型财务共享的

⊖ 管控服务型财务共享服务中心的 ERP 系统跳出了传统企业边界，从供应链范围去优化企业的资源。

ERP 系统更加强调业财一体化。其工作流程不再是以报账为起点，而是以业务为驱动，将管控前移，即先有业务后有财务。业务数据推送生成报账单，为财务数据来源提供依据，方便追溯联查，强调横向的一体化管控，其信息化更加注重与业务系统的横向连接，包括由业务系统发起报账流程及从报账系统追溯业务单据，提供全价值链的财务管理服务。

总的来说，业财一体化运作模式如图 12-1 所示。企业通过对制度、流程的梳理，规范了从业务到财务，包括业务中心、成本中心、资金中心、税务中心、财务共享服务中心在内的标准化的业务作业流程。企业依据真实业务数据反映其实际经营状况，达到业务与财务的高效协同。且业务与财务数出一门，有助于业务部门与财务部门明确权责，规范业务过程，规避运营风险，真正做到了在一个平台上实现业财融合。

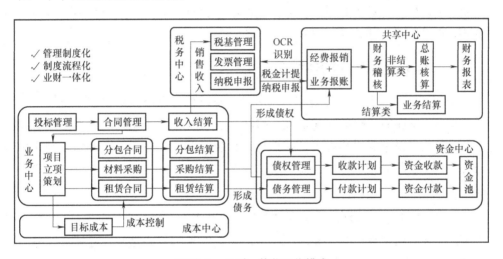

图 12-1　业财一体化运作模式

除了 ERP 系统之外，管控服务型财务共享服务中心信息系统的建设还有赖于五大平台的运作与实施，即运营支撑平台、运营管理平台、业务操作平台、网上报账平台、资金结算平台。五大平台与企业内部 ERP 系统无缝集成，帮助企业构建完整的管控服务型财务共享信息系统的整体框架，有助于企业精简运营和管理，真正实现财务业务的信息化落地。

（1）运营支撑平台主要对财务共享服务中心的业务开展和运营进行基础信息管理，包括共享中心的定义、作业规则管理及共享中心服务参数定义等。

（2）运营管理平台包括作业管理、质量管理、绩效管理、实现按业务类别自动分配任务，支持对作业任务的质量管理、绩效管理及对员工和组织运营 KPI

指标实施分析的绩效看板等。

（3）业务操作平台实现工作池分配任务、业务单据及凭证的审核审批、资金支付、实物及电子档案管理等。

（4）网上报账平台将企业报账支付数据湾区电子化，利用信息技术再现业务活动，为每笔支出建立单独的审计线索。

（5）资金结算平台通过参数配置满足不同企业由于共享服务中心和资金中心的组织定位及分工差异形成的多种共享模式下的结算场景，实现报账、结算、线上支付的一体化管理。利用网上报账平台、业务操作平台以及资金结算三大平台系统，实现完整的从费用申请到生成凭证，再到结算完成的全过程管理。

通过这套完整的信息系统总体框架，企业能够建设信息化的管控服务型财务共享服务中心，从而提升企业财务业务的处理效率及质量，改变原有的财务职能定位，创新财务管理模式，充分发挥财务共享服务对基础财务核算业务的监控和指导作用，提升企业财务业务管理水平。

三、新 IT 技术对财务共享的推动

新一代 IT 技术推动了企业变革与创新，推动财务共享走向普及。企业向互联、共享、智能的云财务时代发展：移动互联网改变了企业组织形态，进而满足了财务共享服务实时化办公的需求；在新技术推动作用下，智能化和数据化的财务共享服务势不可挡。互联、共享、智能的财务共享服务模式，也必定能够反过来促进企业财务转型。

（一）移动互联是财务共享服务不可避免的趋势

移动互联网是移动和互联网融合的产物，继承了移动随时、随地、随身和互联网分享、开放、互动的优势。

对于财务共享服务来说，随着网络条件的不断改善，基于 APP 方式的在线审批日趋流行，信息内容日益丰富。通过移动终端进行数据报表的展示，也是财务共享服务应用的一种形式。数据管理职能更大限度地纳入财务共享中心，基于移动终端的数据发布成为改善用户体验的重要形式。实时性、形象化在移动智能终端得到完美体现。

通过移动报账、审批、随时随地办公，财务共享服务能够提升用户体验。随着 APP 的普及，在一个移动应用中集成较多的财务共享服务功能成为趋势。财务共享服务在移动互联网方面的应用场景主要包括移动审批、移动决策支持、移动商旅及保障，以及移动运营管理等。

移动审批将费用控制系统中的审批环节迁移到移动端，使得业务领导的审

批不再受到地域的限制；通过移动应用，各级业务部门管理者将实时了解关键业务报表及指标，进而做出管理决策；将移动应用与企业商旅系统、费控系统相集成，实现从移动端进行事前申请、审批、商旅执行管理，以及事后通过移动客户端进行表单填写、原始票据拍照采集等报账处理；将财务共享服务中心的内部运营管理向移动端进行移植，员工能够通过移动端查看自身的绩效情况，进行考勤、请假、任务调整申请等处理，从而构建一套基于各种移动互联网应用场景下的财务共享服务运营管理体系。可以说，移动互联模式的财务共享服务是商业社会不可避免的趋势。

（二）云计算为财务共享服务提供技术支撑

云计算包括后台硬件的云集群、软件的云服务、人员的云共享等不同的形态。云计算如何为财务共享服务带来价值？硬件方面，云计算通过充分共享网络硬件资源，利用云基础设施有效降低财务共享服务系统的 IT 投入。此外，通过云存储也可以降低财务共享服务中心的存储成本。软件方面，云计算能够免除企业的软件开发和硬件投入。财务共享服务中心自身可以理解为服务端，为大量的客户端提供云端服务。基于云架构的财务共享平台可以快速、简便地对接商旅云、发票云、采购云、营销云等公有云或合作伙伴的云平台，实现企业的全互联，构建商业新生态。

通过上云共享，可以实现与客户、供应商的连接，企业流程由内部延伸到整个产业链，建立更全面的端到端流程，实现产业链协同。与供应商、客户以及物联网的连接，能够推动业财融合，实现业财税一体化。

（三）财务共享服务形成财务大数据

财务共享服务中心首先是聚集了企业财务方面的信息和数据，而业财一体化的财务共享服务中心则纳入了企业的业务数据，财务共享服务中心实质上拥有和管理了企业几乎全部的内部经营数据，在此基础上辅以互联网数据和企业内部的物联网数据，就构成了完整的企业大数据。

依托数据提供决策支持是企业财务部门长期以来努力的目标，财务共享服务和大数据的结合，推动了这一进程。财务共享服务中心自身运营管理的专业化弥补了传统财务部门在数据处理专业化能力上的不足，为财务承担数据管理职能提供了可能性，推动财务会计向业财融合和管理会计的转变。

首先，当财务共享服务中心具备了数据管理基础和技术手段后，绩效分析、预算分析、盈利分析等内容都将成为可能。在这种模式下，财务共享服务中心将从原先的费用中心、报账中心、结算中心衍生出数据中心的职能。其次，在财务共享服务流程中，从销售到收款流程皆与客户有关。在该流程中，分析客户付款行为、评估客户信用等级、洞察客户的信用风险、预测信用额度策略对销售收入乃至整个商业模式的影响意义深远。

（四）财务共享服务让财务更智能

智能化被普遍应用，是在数字时代全面来临的背景下产生的。在管理会计领域，"互联网＋"能提高会计的智能化水平，财务共享则是智能化必须要推进的步骤。

财务的工作要面对企业众多的流程以及庞大而复杂的数据，在给财务职能部门提出挑战的同时，也为企业提供了分析业务的重要机会。具备更强大预测功能的分析工具正在不断地推陈出新。例如此前，四大会计师事务所之一的德勤推出的"德勤财务机器人"就引起了广泛关注[⊖]。

基于目前常见的集团财务职能划分，"财务机器人"这样的职能化技术最容易发挥效用的地方在交易型财务处理及内部风险管控两大部分。尤其对于依托财务共享服务模式进行企业财务管理转型的企业，财务共享服务中心的主要职责恰恰就是交易型财务处理及部分控制审核，再加上特有的标准化及流程化，使得财务机器人具备了良好的应用环境，这也是为什么国内的财务共享服务中心建设浪潮之后，财务机器人技术备受关注的原因。

财务机器人的有效应用应该建立在企业内部具备一定标准化、规则化的前提下，而这也正是为什么企业要首先考虑建设财务共享服务中心的原因。通过持续推进标准化作业，规范化业务处理，再做财务机器人的应用才能收到良好的投入效益。

智能化是企业数字化转型的最终目标，而财务共享服务中心建设，是实现企业数字化转型的重要环节，是企业财务智能化的关键平台。基于财务共享服务模式下的智能财务平台，将带来几方面的深入变革：从业务视角看，智能财务共享服务平台有助于业务与财务的深度融合，让业务人员懂得他们的每一个

⊖ 2017 年，德勤研发的财务机器人"小勤"，是能够部署在服务器或计算机上的应用程序。它的主要功能包括：替代财务流程中的手工操作；管理和监控各自动化财务流程；录入信息，合并数据并汇总统计；根据既定的业务逻辑进行判断；识别财务流程中的优化点；专票管理和纳税申报、往来结转和盘点、开票等。普华永道、安永和毕马威也相继推出了财务机器人解决方案。浪潮推出财务机器人 Sara（Smart and Reliable Assistant），具备流程自动化、批量任务处理和 AI 三个层面的能力，提供了智能预测、自然语言交互、图像识别等功能，涵盖财务共享、税务管理、财务核算、全面预算等领域。

动作都会对财务产生结果；从财务视角看，智能的财务共享服务平台让财务人员的视野深入业务的全流程，进而理解每一笔账背后的业务逻辑，还原一本"最真实的账"；从管理视角看，企业交易端的信息完全透明化，将日常采购和支出的业务活动置于财务共享服务中心的支撑和管控之下，让管理者心中有一本"明白账"，这为下一步管理会计更好地发挥规划、预测、决策、控制、评价等功能提供了大量真实、可靠的信息，进而让分析更精准、管理更高效。

除了前文中提到的移动互联网、云计算、大数据和人工智能推进了财务共享服务的普及，其他的新 IT 技术也在深深地影响着我国会计领域的发展，如表 12-3 所示。这些新 IT 技术互相融合、互相促进，共同推进财务共享服务的普及与应用。

表 12-3　2019 年影响我国会计人员的十大 IT 技术

排　名	技 术 名 称	总 体 结 果
1	财务云	72.1%
2	电子发票	69.5%
3	移动支付	50.7%
4	数据挖掘	46.9%
5	数字签名	44.5%
6	电子档案	43.1%
7	在线审计	41.4%
8	区块链发票	41.1%
9	移动互联网	39.6%
10	财务专家系统	37.7%

注：资料来源：上海国家会计学院"2019 年影响中国会计从业人员的十大信息技术评选"。

建设业财一体化的财务共享，既是财务转型的过程，也是企业应用大数据和推动管理会计落地的过程。基于财务共享服务中心平台，融入大数据与 AI 技术，为智能决策、流程优化提供支持，最终构建企业大脑，这也是智慧企业的重要组成部分。

📖 【要点回顾】

1. ERP 是对企业的所有资源进行计划、控制和管理的一种手段，同时也是一个信息技术工业术语，它是集成的、基于多模块的应用软件包，为企业的各种相关业务职能提供服务，有助于企业更好地管理其业务、指导资源的利用和制订未来的计划。ERP 系统把企业中的各个部门和职能集成到了一个计算机系统中，它可以为各个职能部门的不同需求提供服务。

2. 财务共享服务是通过将集团企业分散在各个区域运营单元中易于标准化和规范化的财务业务进行流程再造与标准化，并集中到相对独立的财务共享服务中心进行处理。

3. 管控服务型财务共享是大型集团企业通过建立统一的财务共享服务中心，是一个建立在 ERP 系统基础之上的业务、财务的数据存储及信息处理中心，可帮助集团企业实现财务共享服务中心与财务管控之间的深度融合，与传统的财务共享服务存在一定不同。

4. 在新技术推动作用下，智能化和数据化的财务共享势不可挡。互联、共享、智能的财务共享服务模式，也必定能够反过来促进企业财务转型。

 【复习题】

1. 下列关于 ERP 系统的表述中，不正确的是（　　）。

A. ERP 是"企业资源计划"的简称

B. ERP 系统是信息技术和先进管理思想的结合体

C. ERP 系统还不能实现应用间的协同工作

D. ERP 系统是为企业决策层及员工提供决策运行手段的管理平台

2. 以下不属于管控服务型财务共享中心特点的是（　　）。

A. 借助共享模式、加强财务管控

B. 独立的服务机构、企业服务资源共享

C. 注重内控细化和完善

D. 系统设计重视业务流程的协同性

参考文献

[1] 财政部会计资格评价中心. 财务管理 [M]. 北京：中国财政经济出版社，2019.

[2] 陈虎，孙彦丛. 财务共享服务 [M]. 北京：中国财政经济出版社，2018.

[3] 陈信元. 会计学 [M]. 5版. 上海：上海财经大学出版社，2018.

[4] 崔宏. 财务报表阅读与信贷分析实务 [M]. 北京：机械工业出版社，2017.

[5] 崔智敏，陈爱玲. 会计学基础 [M]. 6版. 北京：中国人民大学出版社，2018.

[6] 葛家澍. 会计基础知识 [M]. 上海：上海人民出版社，1993.

[7] 葛家澍，刘峰. 会计学导论 [M]. 上海：立信会计出版社，1998.

[8] 龚翔，施先望. 会计学原理 [M]. 大连：东北财经大学出版社，2019.

[9] 国际会计师职业道德准则理事会. 国际职业会计师道德守则2012 [M]. 中国注册会计师协会，译. 北京：中国财政经济出版社，2013.

[10] 国际会计准则理事会. 国际财务报告准则A部分 [M]. 中国会计准则委员会，译. 北京：中国财政经济出版社，2015.

[11] 国际会计准则理事会. 国际财务报告准则B部分 [M]. 中国会计准则委员会，译. 北京：中国财政经济出版社，2015.

[12] 胡玉明. 财务报表分析 [M]. 大连：东北财经大学出版社，2008.

[13] 怀尔德，等. 会计学原理 [M]. 崔学刚，译. 21版. 北京：中国人民大学出版社，2015.

[14] 韦安特，基梅尔，基索. 会计学原理 [M]. 陈宋生，译. 9版. 北京：中国人民大学出版社，2012.

[15] 会计从业资格考试辅导教材编写组. 会计基础 [M]. 成都：西南财经大学出版社，2015.

[16] 加里森，诺琳，布鲁尔. 管理会计：原书第14版 [M]. 罗飞，等译. 北京：机械工业出版社，2018.

[17] 李海波，蒋英. 新编会计学原理——基础会计 [M]. 19版. 上海：立信会计出版社，2018.

[18] 李伟. 成本控制方法在股份制商业银行的应用 [J]. 金融会计，2004（10）：41-42.

[19] 廖继全. 价值经营的创新平台：新一代银行管理会计 [M]. 北京：企业管理出版社，2016.

[20] 刘峰. 会计学基础 [M]. 北京：高等教育出版社，2006.

[21] 美国管理会计师协会. 财务报告、规划、绩效与控制 [M]. 舒新国，赵澄，译. 4版.

北京：经济科学出版社，2017.

［22］财政部会计资格评价中心. 财务管理［M］. 北京：经济科学出版社，2019.

［23］闪四清. ERP 系统原理和实施［M］. 北京：清华大学出版社，2017.

［24］王兴山. 数字化转型中的财务共享［M］. 北京：电子工业出版社，2018.

［25］吴开，沈正一. 现代商业银行成本管理［M］. 上海：上海财经大学出版社，2007.

［26］吴水澎. 会计学原理［M］. 北京：经济科学出版社，2011.

［27］吴水澎，叶少琴. 会计学原理［M］. 北京：经济科学出版社，2011.

［28］吴水澎. 会计学原理［M］. 沈阳：辽宁人民出版社，2008.

［29］吴水澎. 会计学原理［M］. 3 版. 北京：经济科学出版社，2008.

［30］于晓红，梁毕明，李娜. 财务管理［M］. 北京：北京大学出版社，2014.

［31］张庆龙，聂兴凯，潘丽靖. 中国财务共享服务中心典型案例［M］. 北京：电子工业出版社，2016.

［32］赵立新，林斌，郭军旺等. 企业内部控制研究——基于中国上市公司调查数据［M］. 北京：中国财政经济出版社，2015.

［33］中国注册会计师协会. 财务成本管理［M］. 北京：中国财政经济出版社，2019.

［34］中国注册会计师协会. 会计［M］. 北京：中国财政经济出版社，2019.

［35］中国注册会计师协会. 中国注册会计师职业道德守则［M］. 北京：中国财政经济出版社，2009.

［36］中华人民共和国财政部. 企业会计准则［M］. 北京：经济科学出版社，2019.

［37］中华人民共和国财政部会计司编写组. 企业会计准则讲解（2006）［M］. 北京：人民出版社，2007.

［38］中华人民共和国财政部. 企业会计准则应用指南［M］. 上海：立信会计出版社，2019.